P
2480
33 ✓

Burkhard E. Lehmann

Rationalität im Alltag?

Zur Konstitution
sinnhaften Handelns
in der Perspektive
interpretativer
Soziologie

Münster **Waxmann** New York

CIP-Titelaufnahme der Deutschen Bibliothek

Lehmann, Burkhard:
Rationalität im Alltag? : Zur Konstitution
sinnhaften Handelns in d. Perspektive
interpretativer Soziologie / Burkhard E.
Lehmann. - Münster; NewYork : Waxmann, 1988
  (Internationale Hochschulschriften ; 2)
  Zugl.: Münster (Westfalen), Univ., Diss., 1987
  ISBN 3-89325-003-4
NE: GT

ISSN 0932-4763
Internationale Hochschulschriften
ISBN 3-89325-003-4
© Waxmann Verlag GmbH, Münster/New York 1988
Postfach 8603, 4400 Münster , F.R.G.
Waxmann Publishing Co.
P.O. Box 1318, New York, NY 10028, U.S.A.

Zu Abbildung 2, S. 189: M. C. Escher: Bildergalerie; © Cordon Art, DeBaaren, Niederlande

Das Werk einschließlich aller seiner Teile ist urheberrechtlich geschützt. Jede Verwertung ist ohne Zustimmung des Verlages unzulässig. Das gilt insbesondere für Vervielfältigungen, Übersetzungen, Mikroverfilmungen und die Einspeicherung und Verarbeitung in elektronischen Systemen.

Umschlaggestaltung: Gregor Pleßmann
Printed in Germany

Vorbemerkung

Eine Arbeit, die Begriffe wie Handeln, Rationalität, Alltag und Konstitution in ihrem Titel führt, sieht sich mancherlei Prätentionen und Erwartungen ausgesetzt. Ihnen gilt es, um Mißverständnissen vorzubeugen, von Beginn an entgegenzutreten. Für diejenigen, die hoffen, Neues oder Altbekanntes über den traditionsreichen Begriff der Rationalität zu erfahren, wird die Mühe der Lektüre enttäuschend sein. Sicher wird auch der Leser, der seine Kenntnisse auf dem Gebiet handlungstheoretischer Diskussionen erweitern möchte, von dem vorliegenden Text nicht recht befriedigt sein. Hier werden keine Stellungnahmen für oder gegen eine analytische Handlungstheorie abgewogen. Noch weit weniger liefert der Text Aufschluß darüber, was jeder von uns tut, wenn er im Getriebe des Alltags handelnd sich zu behaupten trachtet. Was erwartet werden kann, ist allein dies: Eine von der "Wende zum Alltag" inspirierte Auseinandersetzung mit den theoretischen Grundpositionen Max Webers, Alfred Schütz' und der Ethnomethodologen, die am Begriff der Rationalität des Alltagshandelns geführt werden soll, so wie sie ihn verstehen. Allein das Interesse daran sollte die Lust am Text motivieren.

Mein Dank gilt der Friedrich-Ebert-Stiftung, die mich als Stipendiat aufgenommen und gefördert hat. Herrn Prof. Dr. Eickelpasch schulde ich die Geduld, mit der er meine Arbeit betreute. Durch seine konstruktive Kritik, seine hilfreichen Ratschläge und Hinweise trug er zur Verflüssigung von manchem "Hirngerinsel" bei, das den Gang der Argumentation verbarrikadierte. Bedanken möchte ich mich sodann bei all denen, die meinem Arbeitsprozeß ihre freundschaftliche Anteilnahme entgegengebracht haben. Schließlich danke ich Dorothea Küppers dafür, daß sie die Metarmorphosen eines "elenden Skribenten" an ihrer Seite mit übergroßem Verständnis und zahlreichen Ermunterungen begleitete.

Inhaltsverzeichnis

1.0 Einleitung 1

2.0 Alltagsweltliche und wissenschaftliche Deutung des sozialen Handelns als Problem der Verstehenden Soziologie 9
  2.1 Das rationale Handlungsverstehen von Max Weber 9
  2.2 Der Typus rationalen Handelns und die "Rationalität" des Alltagshandelns 15
    2.2.1 Webers Handlungstypologie 15
    2.2.2 Die "qualitative Rationalität" des Alltagshandelns ... 20
  2.3 Die Rationalisierung sozialen Handelns in historischen Lebensformen 31
    2.3.1 Alltag und Charisma in der Soziologie Max Webers .. 33
      2.3.1.1 Die Konzeption des Außeralltäglichen (Charisma) . 34
      2.3.1.2 Die Außeralltäglichkeit des Handelns 40
      2.3.1.3 Die Veralltäglichung des Charisma oder die Rückkkehr zum Alltag, dem rationalen, dauerhaften und verstehbaren Handeln 41
      2.3.1.4 Die Kategorie des Alltags - das rationale Handeln 49
  2.4 Beherrschen Ideen oder Interessen das Alltagshandeln? . 53
  2.5 Die Konstitution rationalen Handelns in der historischen Lebensform des okzidentalen Rationalismus 60
  2.6 Handeln in einer gottlosen, von außeralltäglichen Ideen abgeschnittenen Welt 69
    2.6.1 Die These vom Sinn- und Freiheitsverlust 71
  2.7 Das Problem rationalen Handelns in der "entzauberten Welt" 78

3.0 Die Rationalität des Alltagshandelns in der Perspektive phänomenologisch orientierter Sozialtheorie 89
3.1 Alfred Schütz' Versuch einer Bewältigung der Erblast Max Webers - Anspruch auf Fundierung des Sinn- und Handlungsverstehens 93
   3.1.1 Die Wiederentdeckung des Alltags 101
   3.1.2 Die Welt des Alltagshandelns 106
3.2 Das Verhältnis von Handlung, Situation und Wissen ... 115
   3.2.1 Die Definition der alltäglichen Handlungssituation .. 116
3.3 Die Strukturen des Wissens und die Rationalität des Handelns 123
3.4 Die Genese des Alltagswissens und die Verstehbarkeit des Handelns 129
3.5 Typisierung und Rationalisierung 134
3.6 Methodologische versus alltagsweltliche Rationalität. Das Verfahren kontrollierten Fremdverstehens 145

4.0 Der ethnomethodologische Beitrag zum Verständnis der Konstitution rationalen Handelns innerhalb der Alltagswelt .. 157
4.1 Der Problemansatz 157
4.2 Rationalität als Merkmal alltagspraktischer Handlungen . 167
4.3 Die Darstellbarkeit praktischer Handlungen 169
   4.3.1 Die Kontextabhängigkeit alltagspraktischer Darstellungen und das Problem situativer Transzendenz 175
   4.3.2 Das Konzept der Selbstorganisation praktischer Erklärungen 185
4.4 Die Methoden der Rationalitätserzeugung 193
   4.4.1 Die "dokumentarische Methode der Interpretation" . 193
   4.4.2 Die "Basis-Regeln" 197

5.0 Schlußbetrachtung 205

6.0 English Summary 213

7.0 Literaturverzeichnis 215

1.0 Einleitung

Man mag es für das Ritual einer zunehmend selbstbewußter werdenden Wissenschaft halten, daß sie von Zeit zu Zeit die Notwendigkeit einer Bestandsaufnahme verspürt, um, mit mancherlei Stolz und Kritik, das Erreichte einem nicht selten verblüfften Publikum vorzuführen. Gelegentlich fällt bei einem solchen internen Rechenschaftsbericht das Augenmerk auch auf jene Entwicklungstendenzen, die eine neue inhaltliche und theoretische Ausrichtung erwarten lassen. Glaubt man der Rhetorik mancher zeitgenössischen Ortsbestimmung der Soziologie, dann scheint sich gegenwärtig innerhalb des Faches - aber auch in seinen Nachbardisziplinen - ein Führungswechsel zwischen dem normativ-analytischen und dem interpretativen Paradigma anzubahnen. Darauf deutet jedenfalls das Aufkommen einer Reihe von neuen interpretativen Forschungsansätzen und Verfahren hin, die das bisherige Wissenschaftsverständnis zum Teil radikal in Frage stellen. Angeführt wird die Liste der "Neuen Richtungen in der soziologischen Theorie" von phänomenologisch inspirierten Sozialphilosophien. Insbesondere die von dem Husserl-Schüler Alfred Schütz inaugurierte Rehabilitierung vorwissenschaftlicher Erfahrung hat unter dem Stichwort "Alltag" zu einer expansiven Flut von Literatur über Themen des Alltagslebens, Alltagshandelns und -bewußtseins geführt, an denen selbst unorthodoxe Richtungen des Marxismus ihr Interesse bekunden. Einen nicht minder großen Anteil an der zunehmend alltagstheoretischen Ausrichtung der Soziologie kommt der Ethomethodologie zu, die - in ihrer Programmatik den Kerngedanken von Alfred Schütz verpflichtet - lange Zeit lediglich als "Kuriosum" oder "Geheimtip" gehandelt wurde. Stärker in den Vordergrund getreten sind aber auch die Ansätze von Paul Ricoeur (Bühl 1972) und Merleau Ponty (Grathoff/Sprondel 1976), die zum Teil großzügige Anleihen bei Husserl machen. In dichter Folge hinter den phänomenologischen Theorien rangieren post-wittgensteinianische Strömungen, die die

Sprachspielkonzeption des - durch seine "Philosphischen Untersuchungen" vom Positivismus geläuterten - Oxforder Philosophen zum Schlüsselkonzept soziologischer Analyse machen wollen und dabei die Soziologie in pure Linguistik aufzulösen drohen. Schließlich machen hermeneutische Positionen einen weiteren, nennenswerten Teil der neuen Interpretationsparadigmen aus. Zur Diskussion stehen hier u.a. die von Oevermann et al. angeregten Überlegungen zu einer objektiven Hermeneutik in den Sozialwissenschaften.

Inzwischen hat aber auch die analytische Wissenschaftstheorie ihr rigoroses Programm einer Einheitswissenschaft preisgegeben. Die orthodoxe Vorstellung, wonach die Überprüfung von Theorien an vorgeblich unabhängigen Meßstandards allein einen Erkenntnisfortschritt bewirkt, ist durch die gemäßigtere These von der Paradigmaabhängigkeit des Wissenszuwachses abgelöst worden.

Ausschlaggebend für diese Entwicklung war vor allem die im Anschluß an den Positivismusstreit in der westdeutschen Soziologie von Kuhn (1971), Lakatos, Musgrave (1970) und Feyerabend (1976) vorgenommene Problematisierung kritisch-rationaler Forschungslogik. Erst die Zurückweisung des positivistischen Monopolanspruchs auf gesicherte Erkenntnis machte den Weg für alternative Forschungsansätze frei. Daneben aber scheint eine vielerorts diagnostizierte "Krise der Sozialwissenschaften" die sich anbahnende "interpretative Wende" (Rabinow/Sullivan 1979) mitbewirkt zu haben. Diese Krise besteht nach Auffassung einiger Autoren darin, daß viele der ehrgeizigen Versprechungen vergangener Tage bis heute nicht eingelöst werden konnten. So stellt Habermas beispielsweise fest:

> "Die soziologische Forschung vermochte Maßstäben, wie sie beispielsweise durch Parsons umfassende Theorie gesetzt waren, nicht zu genügen; die Keynesianische Wirtschaftstheorie versagte auf der Politikebene wirksamer Maßnahmen; und in der Psychologie scheiterte der universelle Erklärungsanspruch der Lerntheorie - sie hatte ja als das Paradebeispiel für eine exakte Verhaltenswissenschaft gedient" (1983, S. 30).

Zurückgeblieben ist der Eindruck lebenspraktischer Bedeutungslosigkeit mancher elegant klingender theoretischer Konzeptionen und Entwürfe. Nur allzu deutlich scheint sich offenbar die von Wittgenstein - ähnlich auch von Husserl und einer Reihe anderer namhafter Autoren - aufgestellte Behauptung zu bewahrheiten, daß selbst dann, "wenn alle *möglichen* wissenschaftlichen Fragen beantwortet sind, unsere Lebensprobleme noch gar nicht berührt sind" (Wittgenstein 1977, S. 114). Andere Autoren hingegen behaupten, daß von einer Krise der Wissenschaften keine Rede sein kann. Im Gegenzug unterstellen sie eine "Krise der Alltags- bzw. Lebenswelt". In ihrer Argumentation stützen sie sich dabei nicht selten auf die von Habermas neuerdings in die Diskussion eingeführte These von der "inneren Kolonialisierung der Lebenswelt". Diese These besagt, daß durch eine Hypertrophie der Subsysteme zweckrationalen Handelns (Wirtschaft, Staat und Verwaltung) ein Übergreifen ökonomischer und administrativer Rationalität auf sämtliche Bereiche der Lebenswelt bewirkt wird, die deren auf Verständigung angelegte kommunikative Infrastruktur zerstört. Anders als Habermas sieht Elisabeth List den entscheidenden Usurpator, der den Alltag unter seine Imperative zwingt, in den modernen Wissenschaften. Sie schreibt:

> "Angesichts der fortschreitenden 'Verwissenschaftlichung' aller Lebensbereiche muß man sagen, daß der Alltag noch nie so kolonisiert war, und daß die Wissenschaft an diesem Prozeß der Kolonialisierung noch nie so erfolgreich beteiligt war wie heute" (1983, S. 11).

Das Aufkommen der neuen interpretativen Ansätze und Verfahren, die in Anspielung auf einen Titel Emile Durkheims bereits als "New Rules of Sociological Method" gepriesen werden, ist Ausdruck eines auf breiter Front sich verändernden theoretischen und methodologischen Selbstverständnisses der Soziologie und ihrer Nachbarwissenschaften. Soweit in Ansätzen erkennbar, handelt es sich hierbei einerseits um eine Abkehr von makrosoziologischen Strukturkonzepten, d.h. von jenen umfassend angelegten Theorien, die sich in ihrem Auflösungs- und Rekombinationsvermögen wechselseitig zu übertreffen hoffen (vgl. Habermas/Luhmann 1971). Andererseits wird das neue Selbstverständnis durch ein lebhaftes Interesse an der Beschäftigung und Auseinandersetzung mit Grundproblemen einer verstehenden Methodologie geprägt, die jenseits der klassischen Debatte um Verstehen und Erklären liegt. Diese Kontroverse kann heute, trotz einiger Nachläufer, als abgeschlossen betrachtet werden. Mit der post-empiristischen Wende der analytischen Wissenschaftstheorie ist das Problem in den Vordergrund gerückt, welche Rolle dem Verstehen im Rahmen des Forschungsprozesses zugebilligt werden soll. In "Defence of Objektivity" schreibt Mary Hesse dazu:

> "I take it that it has been sufficiently demonstrated, that data are not detachable from theory, and that their expression is permeated by categories; that the language of theoretical science is irreducibly metaphorical and unformalizable, and that the logic of science is circular interpretation,

reinterpretation, and self-correction of data in terms of theory, theory in terms of data" (1972, S. 9).

Mary Hesse zieht aus diesen Beobachtungen den Schluß, daß die theoretische Beschreibung von Daten stets einen Interpretationsprozeß erfordert, den sie nach dem Modell des Verstehens analysiert wissen möchte. Demgegenüber wird von Vertretern der neuen Interpretationsparadigmen geltend gemacht, daß die Sozialwissenschaften vor die Aufgabe einer "doppelten Hermeneutik" (Giddens) gestellt sind. Das heißt: "Wenn die paradigmaabhängige theoretische Beschreibung von Daten eine Stufe 1 der Interpretation erfordert, die alle Wissenschaften vor strukturell *ähnliche* Aufgaben stellt, dann läßt sich für die Sozialwissenschaften die Unumgänglichkeit einer Stufe 0 der Interpretation nachweisen" (Habermas 1981, Bd. 1, S. 162). Anders als in den Naturwissenschaften hat es der Sozialwissenschaftler immer schon mit einer symbolisch vorstrukturierten und vorinterpretierten Wirklichkeit zu tun, die auf die Deutungsakte der in der Sozialwelt Lebenden zurückweist. Sie haben ihre Welt bereits im voraus einer sinnhaften Interpretation unterzogen. Äußerst prägnant formuliert Alfred Schütz:

> Die in der Weise der Naturwissenschaftler erforschte Welt der Natur 'bedeutet' den Molekülen, Atomen und Elektronen gar nichts. Das Beobachtungsfeld des Sozialwissenschaftlers, also die soziale Wirklichkeit, hat dagegen eine besondere Bedeutungs- und Relevanzstruktur für die in ihr lebenden, handelnden und denkenden menschlichen Wesen. *Sie* haben diese Welt, in der sie die Wirklichkeit ihres täglichen Lebens erfahren, in einer Folge von Konstruktionen des Alltagsverstandes bereits vorher ausgesucht und interpretiert. Diese ihre eigenen gedanklichen Gegenstände bestimmen ihr Verhalten, indem sie es motivieren" (Schütz 1971a, S. 68).

Da der Objektbereich der Sozialwissenschaften also bereits vor jedem theoretischen Zugriff eine ihm eigene Sinn- und Bedeutungsstruktur aufweist und damit prinzipiell verstehbar ist, d.h. eine ihm spezifische Form von Rationalität besitzt, muß es die Aufgabe des Sozialwissenschaftlers sein, verstehend an den subjektiv-sinnhaften Konstruktionen der Alltagshandelnden anzuknüpfen.

Diese Forderung liegt bereits dem von Max Weber entwickelten Ansatz einer Verstehenden Soziologie zugrunde. Sie wird von ihm als eine Wissenschaft definiert, "welche soziales Handeln deutend verstehen und dadurch in seinem Ablauf und seinen Wirkungen ursächlich erklären will" (Weber 1972, S. 1). Gegenstand des sozialwissenschaftlichen Verstehens soll ausschließlich der von den

Handelnden subjektiv gemeinte Sinn sein, *den sie - und nur sie - mit ihren Handlungen verbinden*, indem sie es an dem Verhalten anderer orientieren. Die Einlösung dieses "hermeneutischen Anspruchs" stellt die Verstehende Soziologie Webers vor beträchtliche Schwierigkeiten. Denn im Unterschied zu den Alltagshandelnden verfügt der verstehende Soziologe über keinen originären Zugang zu den von ihm untersuchten Sinnphänomenen. Sie bleiben dem Blick eines noch so gut geschulten Beobachters verborgen, der als Wissenschaftler *von außen* das Szenario seines Untersuchungsfeldes zu verstehen versucht. Angesichts dieser scheinbar aporetischen Situation vertritt Weber die Auffassung, daß der Sozialwissenschaftler darauf angewiesen ist, mit den Mitteln der Begriffsbildung seinen Gegenstand interpretativ zu erschließen. Der Tendenz nach folgt er damit der Position des Neukantianismus, ohne jedoch - die von Rickert begriffstheoretisch begründete - Auseinanderdividierung der Wissenschaften in Kultur- und Naturwissenschaften mitzumachen.

"*Empirische* Erkenntnis auf dem Gebiet des 'Geistigen' und auf demjenigen der 'äußeren' 'Natur', der Vorgänge 'in' uns und derjenigen 'außer' uns ist stets an die Mittel der 'Begriffsbildung' gebunden, und das Wesen eines 'Begriffs' ist auf beiden sachlichen 'Gebieten' logisch das gleiche" (Weber 1982, S. 126).

Das Wesen eines Begriffs besteht für Weber weder in seiner Abbildfunktion noch darin, emanistisch Wirklichkeiten hervorzubringen. Wie Schluchter treffend formuliert, gibt es für Weber letztlich "keine Überwindung des hiatus irrationalis zwischen Begriff und Begriffenem, sondern nur die gültige denkende Ordnung des Wirklichen als Resultat seiner Umbildung im Begriff" (1979, S. 24f.). Das wird besonders an der Aufstellung sogenannter Idealtypen deutlich, die Weber als ein Mittel zur Deutung der sozialen Wirklichkeit einführt. Sie bezeichnen rein gedankliche Konstruktionen, die "durch einseitige *Steigerung eines* oder *einiger* Gesichtspunkte und durch Zusammenschluß einer Fülle von diffus und diskret, hier mehr, dort weniger, stellenweise gar nicht, vorhandenen *Einzel*erscheinungen" (Weber 1982, S. 191) gewonnen werden. Die Funktion dieser "Gedankengebilde" oder "Utopien" (Weber) besteht darin, die in der Sozialwelt angenommenen Tendenzen zur Sinnentsprechung und Sinnübereinstimmung durch Subsumtion unter einen einheitlichen Gesichtspunkt restlos durchsichtig, rational und damit verstehbar zu machen. Das höchste Maß an Evidenz der Deutung billigt Weber hierbei dem Typus des zweckrationalen Handelns zu, der mehr als jedes andere wissenschaftliche Interpretationsschema ein Maximum an Verstehbarkeit alltäglicher Handlungen garantieren soll.

"Die Konstruktion eines streng zweckrationalen Handelns ... dient ... seiner evidenten Verständlichkeit und seiner - an der Rationalität haftenden - Eindeutigkeit wegen, als Typus ('Idealtypus'), um das reale ... Handeln ... zu verstehen" (Weber 1972, S. 3).

Die rationale Evidenz dieses Typus sagt allerdings nichts über seine empirische Gültigkeit aus. Mit der Konstruktion eines rein zweckrationalen Handelns ist keineswegs die Annahme verbunden, daß alles alltägliche Handeln auch tatsächlich dem wissenschaftlichen Handlungsmodell entspricht. Das würde nämlich voraussetzen, daß der Handelnde sein Handeln an "Zweck, Mittel und Nebenfolgen orientiert und dabei sowohl die Mittel gegen die Zwecke, wie die Zwecke gegen die Nebenfolgen, wie endlich auch die verschiedenen möglichen Zwecke gegeneinander rational *abwägt* (Weber 1972, S. 13). Bevor überhaupt Aussagen über die Rationalität des alltäglichen Handelns gemacht werden können, ist es nach Weber zunächst einmal zweckmäßig festzustellen, "wie das Handeln bei Kenntnis aller Umstände und aller Absichten der Mitbeteiligten und bei streng zweckrationaler, an der uns gültig scheinenden Erfahrung orientierter Wahl der Mittel verlaufen *wäre*" (Weber 1972, S. 2f.). Erst im Anschluß daran läßt sich durch eine Art von Abstandsmeßverfahren, bei dem der Typus des zweckrationalen Handelns probeweise an das alltägliche Handeln herangetragen wird, dessen wahre Rationalität oder auch Nicht-Rationalität in Erfahrung bringen. Ob das "Sondierungsvehikel" Zweckrationalität und das reale Handeln im "konkreten Einzelfall zusammentreffen, ist dann eine Frage, die als Resultat des kontrollierten Erfahrungserwerbs zu beantworten ist" (Prewo 1979, S. 218).

Die Behauptung Webers, daß der Typus des zweckrationalen Handelns lediglich ein zum Zweck der Deutung komponierter "idealer Grenzfall" ist, der über das Vorliegen alltäglicher Handlungsrationalität keinerlei Angaben macht, überzeugt im Grundsatz nicht. Denn schließlich soll der Idealtypus durch einseitige Steigerung einzelner Elemente der Erfahrung (vgl. Weber 1982, S. 191) und nicht durch bloßes Imaginieren gebildet werden. Der Typus der Zweck-Mittel-Rationalität setzt mithin immer schon einen Bezug zum Objektbereich sozialwissenschaftlicher Erfahrung - zur Alltagswelt, wie wir im folgenden sagen werden - voraus. Ziel der vorliegenden Arbeit ist es, unter der Frage nach der Konstitution rationalen Handelns in der Alltagswelt, diesem fundamentum in re des wissenschaftlichen Deutungsmodells nachzugehen.

Die angesprochenen erkenntnistheoretischen Grundlagen von Webers verstehender Methodologie hat Alfred Schütz einer grundlegenden Kritik unterzogen. Ausgehend von der Feststellung, daß Weber "an der radikalen Rückführung seiner Ergebnisse auf eine gesicherte philosophische Grundposition (ebensowenig lag), wie an der Erhellung der Unterschichten der von ihm aufgestellten Grundbegriffe" (Schütz 1974, S. 15), unternahm Alfred Schütz den Versuch, die Schlüsselbegriffe der Verstehenden Soziologie philosphisch zu fundieren. Dieser Versuch ist nicht frei von einer gewissen Aporetik. Einerseits arbeitet Schütz energisch heraus, daß erst eine Analyse der alltäglichen Handlungsstrukturen das Fundament der Verstehbarkeit sozialer Wirklichkeit freilegt; andererseits aber hält er unbesehen an dem von Weber verwendeten methodischen Rüstzeug fest. Ebenso wie dieser, führt Schütz den Typus des zweckrationalen Handelns als ein Mittel zur Deutung der sozialen Wirklichkeit ein. Dabei stützt er sich auf das Argument, daß der Sozialwissenschaftler bei der Wahl seiner theoretischen Grundbegriffe an die Konzeption zweckrationalen Handelns gebunden ist, da er über keinen anderen Zugang zur sozialen Wirklichkeit verfügt.

> "Der Grund dafür (die Einführung des Typus zweckrationalen Handelns; B.L.) ist der, daß nur eine Handlung innerhalb des Rahmens der rationalen Kategorien wissenschaftlich diskutiert werden kann. Die Wissenschaft verfügt nicht über andere Methoden als die rationalen und kann deshalb keine okkasionellen Sätze verifizieren oder falsifizieren" (Schütz 1972, S. 48).

Auch Schütz nimmt damit eine Idealisierung gegenüber dem alltäglichen Handeln vor, von dem es heißt, daß es am Modell wissenschaftlicher Rationalität gemessen "bestenfalls partiell" rational ist. Damit wiederholt sich die bereits bei Weber aufgeworfene Frage nach der Rationalität der alltäglichen Handlungen - nach dem fundamentum in re des wissenschaftlichen Deutungsmodells. Dieses Modell ist von den Ethnomethodologen, die an Schütz' grundlagentheoretischem Versuch einer Fundierung der Verstehenden Soziologie anknüpfen, wiederholt in Frage gestellt worden. Sie sind der Meinung, daß "*a model* of rationality is necessary, but only for the task of deciding a definition of credible knowledge and then *only but unavoidably for scientific theorizing. It is not necessary and it is avoidable in theorizing activities employed in coming to terms with the affairs of everyday life*" (Garfinkel 1967, S. 280). Entschieden lehnen die Ethnomethodologen jede Rekonstruktion alltagsweltlicher Handlungen am Leitfaden der Zweckrationalität ab. Sie sehen in dem Abstandsmeßverfahren nichts weiter als einen "ironischen Vergleich", der mehr der Pflege wissenschaftlicher Eitelkeiten, denn der Erforschung des alltäglichen Handelns und seiner Rationalität dient. Nach Ansicht der Ethnomethodologen befinden sich die Wissenschaften in dem Irrtum, nur sie allein seien im Besitz von Methoden, die sie gegenüber den Alltagshandelnden mit einer besonderen Kompetenz ausstatteten. Die Wissenschaften verkennen, daß auch und gerade die Alltagshandelnden sich als Methodiker betätigen, und dies in einer Weise, die derjenigen professioneller Sozialforscher durchaus ebenbürtig ist. Bei der Abwicklung ihrer alltäglichen Angelegenheiten machen die Gesellschaftsmitglieder unablässig von einer Vielzahl von Ethno-Methoden Gebrauch. Aussagen über das Alltagshandeln und seine Rationalität lassen sich daher auch nicht durch Deutungen mittels einer wissenschaftlichen Methodik gewinnen, die dem realen Sich-Verhalten stets äußerlich bleibt. Notwendig ist vielmehr ein Nachvollzug, der aus der Binnenperspektive der handelnden Subjekte jene alltagsweltlichen Methoden aufdeckt, durch deren Anwendung rationales Handeln im Alltag möglich wird. Es scheint demnach so zu sein, daß die Ethnomethodologie aus ihrer Kritik an der etablierten Soziologie und den Folgerungen, die sie daraus zieht, zu einem ganz ungebrochenen, durch keine wissenschaftliche Methodik getrübten Verhältnis zur Rationalität des Alltagshandelns gelangt. Der Anspruch der Ethnomethodologie, durch einen radikalen Perspektivenwechsel die Fundamente alltäglicher Sinnkonstitution freizulegen und damit das für Weber und Schütz zentrale "Adäquanzproblem" gewissermaßen zu unterlaufen, soll hier als Kontrastfolie dienen, die die Stärken und Schwächen der "verstehenden" Ansätze von Weber und Schütz pointiert hervortreten läßt.

2.0 Alltagsweltliche und wissenschaftliche Deutung des sozialen Handelns als Problem der Verstehenden Soziologie

Das Verhältnis von alltagsweltlicher und wissenschaftlicher Interpretation sozialer Handlungen bezeichnet eines der Schlüsselprobleme der Verstehenden Soziologie. Nicht ohne Grund spricht daher auch Zijderveld von einem "most fundamental issue in the methodology of the social sciences" (1979, S. 190). Dieses Problem besteht darin, daß die vom Sozialwissenschaftler re-konstruierten Sinnzusammenhänge ihrem lebensweltlichen Pendant adäquat sein müssen. Andernfalls wäre die Deutung völlig arbiträr und ohne jeden real gültigen Aussagewert. Das aber würde den Anspruch der Verstehenden Soziologie geradezu auf den Kopf stellen. Ihr Ziel ist es ja gerade, den in der Sozialwelt real vorfindbaren Sinn zu explizieren, statt in objektivistischer Manier die wissenschaftlichen Deutungskategorien der sozialen Wirklichkeit überzustülpen. Die vom Sozialwissenschaftler gebildeten Sinn- und Bedeutungszusammenhänge müssen daher, um als Re-konstruktionen alltagsweltlicher Deutungen gelten zu können, stets ein erfahrungswissenschaftliches Fundament enthalten. Diesem "fundamentum in re" wissenschaftlicher Deutungen gilt im folgenden die Frage nach der Konstitution rationalen Handelns in der Alltagswelt. Sie soll zunächst an das Werk von Max Weber herangetragen werden.

2.1 Das rationale Handlungsverstehen von Max Weber

Max Weber hat das Programm einer Verstehenden Soziologie entworfen. Sie wird von ihm als eine Wissenschaft definiert, "welche soziales Handeln deutend verstehen und dadurch in seinem Ablauf und seinen Wirkungen ursächlich erklären will" (Weber 1972, S. 1). Aus dieser Formulierung geht zunächst hervor, daß Weber die Aufgabe der Soziologie als Interpretation und Erklärung sozialer Handlungen bestimmt. Soziale Handlungen bilden gewissermaßen die elementare Einheit, das "unterste Atom", die "Protozelle" soziologischer Analyse. Dieser Festlegung der Soziologie auf den Handlungsbegriff entspricht Webers konsequente ablehnende Haltung gegenüber der Verwendung jeglicher Art von Kollektivbegriffen wie Staat, Gruppe, Gesellschaft etc.. Solche begrifflichen Gebilde sind für ihn prinzipiell auf das Handeln der beteiligten Individuen zurückzuführen. "'Handeln'" - so heißt es an der bereits zitierten Stelle weiter - "soll dabei ein menschliches Verhalten ... heißen, wenn und insofern als der oder die Handelnden mit ihm einen subjektiven *Sinn* verbinden. 'Soziales' Handeln aber soll ein solches Handeln heißen, welches seinem von dem oder den Handelnden gemeinten Sinn nach auf das Verhalten *anderer* bezogen wird und daran in seinem Ablauf orientiert ist" (Weber 1972, S. 1)[1] Handeln unterscheidet sich demnach von einem bloß reaktiven Sichverhalten durch seine Sinnbezogenheit. Sie allein ermöglicht dessen interpretative Aneignung. Denn Verstehen ist immer schon korrelativ zu Sinn und nur das Verstandene ist letztendlich sinnhaft. Aufgabe des Sozialwissenschaftlers muß es demnach sein, den subjektiv gemeinten Sinn zu verstehen, den die Handelnden mit ihrem Handeln verbinden. Nachdrücklich hebt Weber hervor:

"Wir verlangen eine Interpretation auf den 'Sinn' des Handelns hin" (Weber 1982, S. 69)

Der hier vehement geforderte Rückgang auf den gemeinten Sinn ist gleichbedeutend mit der Anweisung an den Soziologen, den subjektiven Sinn des Handelns *objektiv* zu verstehen. Wie jede andere interpretierende Wissenschaft geht auch die Verstehende Soziologie auf eine möglichst rationale und evidente Deutung aus. Dem widerspricht keineswegs, daß Weber im Rahmen seiner Erörterung des Verstehensbegriffs selbst dem "einfühlenden Nacherleben" eine gewisse Erkenntnisfunktion zubilligt und trotz eines ausgeprägten "Antipsychologismus" seinen Ansatz zuweilen sogar in die Nähe eines "psychologischen Begreifens" rückt. Zweifellos aber erhält bei ihm das durch rationale Deutung erlangte Verständnis das Prädikat einer höherstufigen Form der Erkenntnis. Gerade das macht die Ab-

---

[1] Interessant ist in diesem Zusammenhang, daß das soziale Handeln an dem Verhalten anderer, nicht aber an deren Handeln orientiert sein soll.

grenzung seines Konzeptes von älteren, am Intuitionismus orientierten Verstehenstheorien aus.[2]

Im Mittelpunkt des von Weber favorisierten rationalen Deutungsverfahrens steht die Rekonstruktion sinnhaften Verhaltens am Leitfaden des Typus zweckrationalen Handelns. Dieser stellt eine - dem Methodenarsenal des Wissenschaftlers entnommene - rein gedankliche Konstruktion dar. Er verdankt seine erste Präferenz als Instrument zur Deutung der sozialen Wirklichkeit dem Umstand, daß das Zweckhandeln die "unmittelbar verständlichste" Art sinnhaften Verhaltens ist und daher der wissenschaftlichen Deutung zu einem Höchstmaß an Evidenz ihrer Auslegungen verhilft. Eindringlich weist Weber jedoch darauf hin, daß eine "sinnhaft noch so evidente Deutung (um ihres) Evidenzcharakters willen noch nicht beanspruchen (kann), auch die kausal gültige Deutung zu sein" (Weber 1972, S. 4). Das würde nämlich eine einzigartige Konkordanz von wissenschaftlichem Handlungsmodell und alltäglichem Handeln voraussetzen. Angesichts der von Weber unterstellten Tendenz, nach der das Alltagshandeln sich weitgehend dem traditionalen, nicht aber dem zweckrationalen Handeln nähert, ließe sich eine derartige Übereinstimmung wohl kaum aufrechterhalten, es sei denn um den Preis einer Umwidmung der konkreten Erkenntnisarbeit in eine Normierung des Handelns. Dem Abgleiten der Verstehenden Soziologie in eine rein normativistische Theorie ist Weber ebenso energisch entgegengetreten wie der Gefahr, einem erkenntnistheoretischen Realismus zu erliegen. Seiner Abwehr gilt der vorbeugende Hinweis, daß die Ausrichtung des Verstehens am Zweck-Mittel-Schema "kein rationalistisches Vorurteil der Soziologie" involviert. "Darüber, inwieweit in der Realität rationale Zweckerwägungen das *tatsächliche* Handeln bestimmen und inwieweit nicht, soll (der Typus, B.L.) nicht das Mindeste aussagen" (Weber 1972, S. 3). Statt eine Gegenstandsbestimmung zu enthalten, gibt der Typus lediglich an, "wie das Handeln bei Kenntnis aller Umstände und aller Absichten der Mitbeteiligten und bei streng zweckrationaler, an der uns gültig scheinenden Erfahrung orientierter, Wahl der Mittel verlaufen *wäre*" (Weber 1972, S. 2f.).

Obwohl Weber also deutlich zwischen der Ebene der wissenschaftlichen Deutung und derjenigen des alltäglichen Handelns unter-

---

[2] Vgl. hierzu besonders Dilthey.

scheidet, hat er dennoch eine Korrespondenz beider Ebenen für unverzichtbar gehalten. Um seinen Deutungsauftrag zu erfüllen, darf der Sozialwissenschaftler eben nicht bei der Formulierung eines bloß hypothetischen Handlungsverlaufs stehen bleiben. Die gedankliche, modellhafte Konstruktion bedarf grundsätzlich der Kontrolle durch den Erfolg, d.h. der Überprüfung an der empirischen Wirklichkeit. Erst durch die Konfrontation mit der Realität entfaltet der Typus seine eigentliche Deutungsfunktion. Im Unterschied zur Forschungslogik des Neo-Positivismus, der in der klassischen Variante die Falsifizierbarkeit von Hypothesen zum Credo seiner um kritisch-rationale Erkenntnis bemühten vorgeblichen Einheitswissenschaft erhebt, kommt es Weber jedoch nicht auf eine Prüfung der *Gültigkeit* seiner Hypothese an. Bei ihm ist das "Scheitern" des Deutungsmusters an der Erfahrungswirklichkeit gleichsam von Anbeginn in das Interpretationsverfahren mit eingebaut, ohne daß deshalb die Hypothese als falsch und daher unbrauchbar zurückgenommen werden müßte. Der Typus des zweckrationalen Handelns dient ihm nur als ein *Vergleichsmaßstab*, der an das alltägliche Handeln angelegt wird, um die "Tragweite" der zumeist "irrationalen" und "affektuell" bedingten Handlungsformen im Alltag abschätzen zu können (vgl. Weber 1983, S. 430). Webers Auffassung zufolge lassen diese sich nach abgeschlossenem Vergleichsverfahren als "Ablenkungen" vom zweckrational orientierten Handlungsverlauf darstellen und verstehen. Damit scheint sich das eingangs aufgeworfene Problem, wie nämlich gewährleistet werden kann, daß die soziologische Deutung sozialen Handelns den von den Handelnden gemeinten Sinn erfaßt und ihn nicht durch einen von dem Sozialwissenschaftler zugerechneten Sinn ersetzt, in eine Frage des systematischen Erfahrungserwerbs aufzulösen. Diese Auffassung vertritt zumindest Prewo. Er erläutert das Verfahren Webers wie folgt:

> "Ob rationale Evidenz und empirische Gültigkeit im konkreten Einzelfall zusammentreffen, ist dann eine Frage, die als Resultat des kontrollierten Erfahrungserwerbs zu beantworten ist. Die Qualität der Evidenz kann in die heuristischen Sondierungsschemata hineinkonstruiert werden, sie wird aber nicht von vornherein in die Sphäre des faktischen menschlichen Verhaltens hineingesehen" (Prewo 1979, S. 218f.).

Der hier von Prewo unterbreitete Interpretationsvorschlag muß auf dem Hintergrund seines Bemühens gesehen werden, den idealtypischen Konstruktivismus der Weber'schen Methodologie dem neukantianischen Erbe seines Wissenschaftsprogramms einzuverleiben. Prewo trifft damit die Intention eines weit verbreiteten

Topos der gängigen Weberrezeption.[3] Das belegt u.a. die Feststellung Mommsens:

> "Ähnlich wie die Kantischen Kategorien die Bedingung der Möglichkeit von Wirklichkeitserfahrung sind, wollte Weber ein Netz von idealtypischen Begriffen über die unendliche Mannigfaltigkeit der Wirklichkeit ausbreiten, um dem forschenden Beobachter dergestalt die Möglichkeit zu eröffnen, die empirische Realität durch Vergleichung mit iedealtypischen Begriffen so präzis als möglich denkend zu erfassen (Mommsen 1974, S. 226).

Ihren Rückhalt finden derartige Interpretationen in Aussagen Webers, die zum Teil wie Paraphrasierungen und Erläuterungen zu Grundannahmen des Neukantianismus klingen. Hierher gehört insbesondere jene bekannte Textstelle aus den "Gesammelten Aufsätzen zur Wissenschaftslehre" die besagt, daß uns in unmittelbarer Anschauung die Wirklichkeit als eine "schlechthin unendliche Mannigfaltigkeit von nach- und nebeneinander auftauchenden und vergehenden Vorgängen" (Weber 1982, S. 171) entgegentritt, in die erst mit Hilfe unserer Begriffe Ordnung gebracht werden kann. Daran anknüpfend haben verschiedene Interpreten den Schluß gezogen, daß die "Wirklichkeiten, mit denen es die Sozialwissenschaften zu tun haben, ... von diesen erst aus dem Chaos der wahrnehmbaren Erscheinungen methodisch herausdestilliert" werden müssen (Hartfiel 1968, S. 182). Neben Hartfiel vertritt Dux sogar die Meinung, daß das "Theorem, Wirklichkeit nur als selbst gesetzten Entwurf zu haben, unbedingt an den Anfang der Wissenschaftslehre Webers" (1974, S. 188) gehört. Beide Autoren übersehen allerdings, daß die These von der "prinzipiellen Irrationalität und Strukturlosigkeit" der Wirklichkeit nicht mit dem Objektbereich sozialwissenschaftlicher Erkenntnis gleichgesetzt werden darf. Dieser wird nämlich von Weber als ein "aus der Sinnlosigkeit des Weltgeschehens" bereits vor jedem methodischen Zugriff sinnhaft vorselegierter Erfahrungsbereich gekennzeichnet, für den er den Begriff Kultur reklamiert:

> "'Kultur' ist ein vom Standpunkt des *Menschen* aus mit Sinn und Bedeutung bedachter endlicher Ausschnitt aus der sinnlosen Unendlichkeit des Weltgeschehens" (Weber 1982, S. 180).

Zudem macht gerade das von Weber bei seinem idealtypischen Vorgehen verwendete Abstandsmeßverfahren deutlich, daß er mit

---

[3] Zur neukantianischen Interpretation von Webers Wissenschaftslehre vgl. insbesondere Baier (1969). Ähnlich wie Baier argumentiert auch Prewo (1979).

einem bereits vorkonstituierten und vorstrukturierten außerwissenschaftlichen Erfahrungsbereich rechnet. Denn logisch betrachtet setzt ein Vergleich immer schon ein *Vergleichsobjekt* voraus. Nur dadurch kann überhaupt eine Abweichung bzw. Übereinstimmung mit dem zum Vergleich herangezogenen Maßstab festgestellt werden.[4] Ohne ausdrücklich auf Webers idealtypisches Konzept einzugehen, argumentiert auch Habermas in seiner "Theorie des kommunikativen Handelns":

> "Ein Vergleich des faktischen Handlungsablaufs mit einem Modell, das die Handlung jeweils unter einem einzigen Rationalitätsaspekt (der propositionalen Wahrheit, der Wirksamkeit oder des instrumentellen Erfolgs, der normativen Richtigkeit, der Authentizität oder der Wahrhaftigkeit) stilisiert, erfordert eine von der rationalen Deutung *unabhängige* Handlungsbeschreibung" (Habermas 1981, Bd. 1, S. 171).

Weber war allerdings Neukantianer genug, um eine von der methodischen Bearbeitung des Gegenstandes unabhängige Handlungsbeschreibung auch nur in Erwägung zu ziehen. Mit hoher Wahrscheinlichkeit hätte er deshalb der von Schütz - im Rückgriff auf die Phänomenologie Husserls - inaugurierten Rehabilitierung vorwissenschaftlicher Erfahrung äußerst ablehnend gegenüber gestanden. Das belegt zudem seine von Scheler (1960, S. 342) überlieferte Polemik gegen Phänomenologen und andere "Tintenfischromantiker" (Weber).[5] Der von Weber aber dennoch in Anspruch genommene Bereich vortheoretischer Erfahrung wird bei ihm denn auch nicht real, sondern transzendental vorausgesetzt.[6]

> "Transzendentale Voraussetzung jeder *Kulturwissenschaft* ist, ... daß wir Kultur*menschen sind*, begabt mit der Fähigkeit und dem Willen, bewußt zur Welt *Stellung* zu nehmen und ihr einen *Sinn* zu verleihen" (Weber 1982, S. 180).

---

[4] Darauf macht auch Dux (1974) aufmerksam. Für ihn ist die Anlage von Webers Wissenschaftslehre durch einen inneren Widerspruch gekennzeichnet. Einerseits - so erklärt Dux - gehört das Theorem, Wirklichkeit nur als selbstgesetzten Entwurf zu haben, unbedingt an den Anfang von Webers Wissenschaftslehre. Andererseits aber dreht sich das "ideal-typische Erkenntnisbemühen um nichts anderes als darum, eine schon in sich selbst strukturierte Wirklichkeit zu erfassen" (Dux 1974, S. 205).

[5] Vgl. dazu den Versuch von Mühlmann (1966), Weber phänomenologisch zu deuten.

[6] Vgl. hierzu auch den Hinweis von Sprondel (1976, S. 181). Zum Begriff des Verstehens vgl. auch die Ausführungen von Apel (1955).

Ohne die grundlegende Annahme einer Sinnhaftigkeit der Erfahrungswelt wäre eine Soziologie, die auf das individualisierende Verstehen von Sinngebilden abzielt, gar nicht denkbar. An einer völlig sinn- und strukturlosen Wirklichkeit läßt sich nichts verstehen. Für den Zweck unserer Untersuchung ergibt sich daraus zunächst der wichtige Befund, daß Weber stets mit einer wie auch immer gearteten Sinnhaftigkeit des Alltagshandelns rechnet. Ungeklärt aber muß vorerst noch bleiben, was diese "Rationalität" des Alltags ausmacht, vor allem aber, in welcher Beziehung sie zu den wissenschaftlichen Rationalitätsstandards steht.

2.2 Der Typus rationalen Handelns und die "Rationalität" des Alltagshandelns

2.2.1 Webers Handlungstypologie

Geleitet von dem Interesse, der sinnverstehenden Analyse ein möglichst breit gefächertes begriffliches Fundament zu verschaffen, hat Weber im Rahmen seiner "soziologischen Kategorienlehre" eine Einteilung des Handelns in vier verschiedene Grundtypen vorgenommen. Sie repräsentieren eine selektive Auswahl aus der kaum überschaubaren Fülle möglicher Orientierungsarten des Handelns. Idealtypisch gesehen kann nach Weber das sinnhafte Verhalten bestimmt sein:

> "1. *zweckrational:* durch Erwartungen des Verhaltens von Gegenständen der Außenwelt und von anderen Menschen und unter Benutzung dieser Erwartungen als 'Bedingungen' oder als 'Mittel' für rational, als Erfolg, erstrebte und abgewogene eigene *Zwecke,*
> 2. *wertrational:* durch bewußten Glauben an den - ethischen, ästhetischen, religiösen oder wie sonst zu deutenden - unbedingten *Eigen*wert eines bestimmten Sichverhaltens rein als solchen und unabhängig vom Erfolg,
> 3. *affektuell*, insbesondere *emotional:* durch aktuelle Affekte und Gefühlslagen,
> 4. *traditional:* durch eingelebte Gewohnheit" (Weber 1972, S. 12).

Diese vier Grundformen des Handelns lassen sich als universale menschliche Verhaltensweisen begreifen, die in jeder Kultur und in jeder zeitgeschichtlichen Epoche vorkommen können. Für den Universalismus der Handlungstypen spricht nach Weber, daß die religiösen oder magischen Handlungen eines sogenannten "Wilden" nicht wesentlich weniger *subjektiv* zweckrational orientiert sind als die Kalkulationen eines auf Gewinnmaximierung bedachten Wirtschaftssubjekts. Die Fähigkeit zum wertrationalen, affektuellen und traditionalen Handeln gehört in den modernen Gesellschaften ebenso zur Ausstattung des Menschen wie in archaischen und traditionalen Gesellschaftsformationen.[7] Dennoch aber hebt Weber einschränkend hervor, daß seine Vierertypologie "keine irgendwie erschöpfende Klassifikation" der Orientierungsarten des Handelns darstellt. Die möglichen Zielperspektiven, die ein Handelnder mit seinem Handeln verfolgen kann, bezeichnen ausschließlich "für soziologische Zwecke geschaffene, begrifflich reine Typen, denen sich das reale Handeln mehr oder weniger annähert oder aus denen es - noch häufiger - gemischt ist" (Weber 1972, S. 13).

Bei näherer Betrachtung der Handlungstypen fällt auf, daß sie keineswegs so eindeutig definiert sind, wie man es normalerweise von soziologischen Grundbegriffen erwarten könnte. Statt eine klar umrissene Begriffsdefinition zu liefern, oszillieren die einzelnen Typen um einen nicht näher präzisierten definitorischen Kern. Das traditionale Handeln steht bei Weber einerseits am Rande zur "reaktiven Nachahmung", d.h. einem weithin mechanisierten Verhalten, dem meist jeder eindeutige Sinnbezug fehlt. Andererseits soll es zum wertrationalen Handeln tendieren, wenn die "Bindung an das Gewohnte" bewußt aufrechterhalten werden kann. Nicht weniger zweideutig ist das affektuelle Handeln definiert. Als "hemmungsloses Reagieren" auf bestimmte Reize liegt es an der "Grenze und oft jenseits dessen, was bewußt 'sinnhaft' orientiert ist" (Weber 1972, S. 12). Findet allerdings eine Sublimierung der Affekte statt, dann nähert sich nach Weber das affektuelle Handeln dem wert- bzw. sogar zweckrationalen Handeln an. "*Rein* wertrational handelt" indessen, "wer *ohne* Rücksicht auf die vorauszusehenden Folgen handelt im Dienst seiner Überzeugung von dem, was Pflicht, Würde, Schönheit, religiöse Weisung, Pietät, oder Wichtigkeit einer 'Sache' gleichviel welcher Art ihm zu gebieten scheinen" (Weber 1972, S. 12). Im Unterschied zu den bisher genannten Handlungsformen enthält die Erläuterung dieses Typus keine ergänzenden Ausführungen, die auf eine Ähnlichkeit des wertrationalen Handelns mit anderen Handlungsmodalitäten schließen lassen. Derartiger Hinweise bedarf es auch nicht, wenn man bedenkt, daß ja das traditionale und affektuelle Handeln sich bereits an der Schwelle zur Wertrationalität befinden. Schließlich kann selbst das zweckrationale Handeln wert-

---

[7] Vgl. hierzu auch Kahlberg (1981, S. 10).

rationale Bestimmungsmomente enthalten. Das gilt in Fällen, in denen eine Entscheidung zwischen alternativen Zwecken herbeigeführt werden muß. Das Handeln ist dann eben nur "in seinen Mitteln zweckrational". Während also das Zweckhandeln gegenüber dem an Werten orientierten Verhalten durchaus Offenheit demonstriert, wird es gegenüber dem traditionalen und affektuellen Handeln strikt abgegrenzt. Denn "zweckrational handelt, wer sein Handeln nach Zweck, Mittel und Nebenfolgen orientiert und dabei sowohl die Mittel gegen die Zwecke, wie die Zwecke gegen die Nebenfolgen, wie endlich auch die verschiedenen möglichen Zwecke gegeneinander rational *abwägt*: also jedenfalls *weder* affektuell (und insbesondere nicht emotional) *noch* traditional handelt" (Weber 1972, S. 13).

Die Ambivalenz, die den einzelnen Handlungstypen durchgängig anhaftet, läßt ihren theoretischen Nutzen äußerst fragwürdig erscheinen. Prewo spricht in seiner Beurteilung des von Weber vorgelegten Handlungsschemas denn auch nur noch von einer aus "Resten zu gewinnenden Brauchbarkeit". Sie reduziert sich für ihn auf den Versuch, die Rede von den Abweichungen, denen das Handeln bei der Konfrontation und dem Vergleich mit dem Typus des zweckrationalen Handelns unterliegt, zu illustrieren und material auszustaffieren (vgl. Prewo 1979, S. 364). Von einer stark eingeschränkten Zweckdienlichkeit der Handlungstypen geht auch Girndt aus. Mit Blick auf den logisch-systematischen Zusammenhang des von Weber errichteten Begriffsgebäudes erklärt er, daß die soziologischen Grundbegriffe sehr wohl auch ohne die vier Typen konzipierbar seien,[8] denen er jede Systematik ja sogar Systematisierbarkeit abspricht:

> "Bei jenen Typen menschlichen Verhaltens handelt es sich, da sie logisch inkonsistente Momente in eine (diffuse) Vorstellungseinheit zusammenfassen, gar nicht um systematische oder systematisierbare Begriffe..." (Girndt 1967, S. 57).

Dieses beinahe vernichtende Urteil hindert Girndt jedoch nicht daran, einen möglichen Gesichtspunkt anzugeben, nach dem die einzelnen Formen des Handelns geordnet sein könnten. Für Girndt stehen die Handlungstypen "in einer begrifflichen Reihe, die von der äußersten Irrationalität und daher Sinnfremdheit bis zur äußersten Rationalität

---

[8] Bemerkenswert ist in diesem Zusammenhang die Feststellung, daß in dem von Weber vor den "Soziologischen Grundbegriffen" (1921) abgefaßten Aufsatz "Über einige Kategorien der verstehenden Soziologie" (1913) die Handlungstypologie nicht vorkommt.

und damit höchsten Sinnhaftigkeit reicht" (Girndt 1967, S. 58). Demnach wäre die Handlungstypologie Webers konzeptionell so angelegt, daß sie die verschiedenen Modalitäten des Handelns in eine nach Graden der Rationalität abgestufte Rangfolge bringt. Das entspricht im Grundsatz auch der Auffassung von W. Schluchter, der den bisher wohl überzeugendsten Versuch zu einer Rekonstruktion der Weber'schen Handlungstypologie unternommen hat.[9] Schluchter geht von der Vermutung aus, daß die Handlungstypologie entlang der für das Zweckhandeln konstitutiven Gesichtspunkte aufgebaut sein könnte. Zweckrational handelt nach seiner Ansicht, wer "aus einem in einer Wertdiskussion durchsichtig gemachten Werthorizont absichtsvoll Zwecke wählt und bei ihrer Verwirklichung 'sowohl die Mittel gegen die Zwecke, die Zwecke gegen die Nebenfolgen, wie endlich auch die verschiedenen möglichen Zwecke gegeneinander' abwägt (Schluchter 1979, S. 191). Abweichend von der Weber'schen Definition des an Zwecken ausgerichteten Handelns setzt ein rational vollständig kontrolliertes Verhalten demzufolge neben der Berücksichtigung von Zwecken, Mittel und Nebenfolgen außerdem noch die Einbeziehung von Werten voraus. Zu den weniger rationalen Typen des Handelns gelangt man nun, indem man mindestens einen das zweckrationale Handeln formierenden Aspekt ausschaltet.[10] Auf diese Weise kommen dann die einzelnen Handlungstypen als eingeschränkte oder unvollständige "Zweckhandlungen" in den Blick. Die Einschränkung, der das wertrationale Handeln unterliegt, besteht in der Vernachlässigung der Folgen, die ein derartiges Handeln hervorruft. Beim affektuellen Handeln werden außer den Nebenfolgen zudem noch die Werte aus dem Bereich rationaler Kontrolle ausgeschieden. Schließlich besteht die Rationalität des traditionalen Sichverhaltens ausschließlich noch in einem Bezug auf Mittel.[11]

---

[9] An Schluchters Rekonstruktionsversuch knüpft auch Habermas (1981, Bd. 1, S. 380) an. Seiner Ansicht nach verfügt Weber zudem über die Version einer "inoffiziellen" Handlungstaxonomie, die von ihm nicht systematisch fruchtbar gemacht wurde. Leider bleibt Habermas den Nachweis schuldig, worin diese Version bestehen soll.

[10] Auch nach Münchs Auffassung charakterisiert Weber die Handlungstypen nur als Einschränkungen der Zweckrationalität (vgl. Münch 1982, S. 559).

[11] Das zweckrationale Handeln ist nach Weber zugleich der Ort persönlicher Freiheit. Er schreibt: "Je 'freier', d.h. je mehr auf Grund 'eigener', durch 'äußeren' Zwang oder unwiderstehlicher 'Affekte' nicht getrübter *Erwägungen*' der 'Entschluß' des Handelns einsetzt, desto restloser ordnet sich die Motivation ceteris paribus den Kategorien 'Zweck' und 'Mittel' ein, desto vollkommener vermag also ihre rationale Analyse und gegebenenfalls ihre Einordnung in ein Schema rationalen Handelns zu

Die Abstufungen des Handelns nach dem Grad ihrer Rationalität können dem folgenden Schaubild entnommen werden:

Handlungstyp	Gegenstand rationaler Kontrolle	Mittel	Zweck	Wert	Folge
zweckrational		+	+	+	+
wertrational		+	+	+	
affektuell		+	+		
traditional		+			

Quelle: Schluchter 1979, S. 192

Wurde bereits bei der Darstellung des von Weber favorisierten rationalen Deutungsverfahrens auf die methodische Vorrangstellung hingewiesen, die dem Typus des zweckrationalen Handelns zukommt, so unterstreicht die von Schluchter vorgenommene Rekonstruktion der Handlungstypologie Webers nochmals die Exponiertheit dieses Typus. Das an Zwecken, Werten, Mitteln und Nebenfolgen ausgerichtete Handeln gilt Weber nicht nur als Instrument zur Deutung der sozialen Wirklichkeit, sondern zugleich auch als *Maßstab* zur relationalen Bestimmung aller anderen Formen des menschlichen Verhaltens. Dabei gehört das zweckrationale Handeln keineswegs zu dem in der sozialen Wirklichkeit anzutreffenden Normalfall. Im Gegenteil: "Wirklich effektiv, d.h. voll bewußt und klar, sinnhaftes Handeln ist in der Realität stets nur ein Grenzfall", schreibt Weber (1972, S. 10). Das im Alltag am häufigsten vorkommende Handeln besteht für ihn in einem auf Gewohnheit beruhenden, rein routinemäßig ablaufenden Verhalten, dessen Sinn dem Handelnden kaum zu Bewußtsein gelangt.

---

gelingen ..." (Weber 1982, S. 132). Demgemäß läßt sich die Handlungstypologie Webers auch als eine Skala der Einschränkung von Freiheitsgraden des Handelns lesen. Vgl. zu dieser Thematik auch Levine (1981).

"Das *reale* Handeln verläuft in der großen Masse seiner Fälle in dumpfer Halbbewußtheit oder Unbewußtheit seines 'gemeinten Sinns'. Der Handelnde 'fühlt' ihn mehr unbestimmt, als daß der ihn wüßte oder 'sich klar machte', handelt in der Mehrzahl der Fälle triebhaft oder gewohnheitsmäßig" (Weber 1972, S. 10).

Das Alltagshandeln scheint Weber in dieser Charakterisierung also dem Typus des tradtitionalen Handelns zuzuordnen.

Vergleicht man die Art und Weise, in der das Alltagshandeln hier entwickelt wird, mit dem von Schütz entfalteten Begriff des alltäglichen Handelns, dann lassen sich zwischen beiden Konzeptionen auffallende Parallelen und Differenzen feststellen. Mit Weber teilt Schütz die Auffassung, daß das alltägliche Handeln aus einem auf Gewohnheit beruhenden Routineverhalten besteht. Aber schon die begriffliche Verarbeitung, die das Alltagshandeln bei beiden Autoren erfährt, läßt nach Seyfarth "unterschiedliche Erkenntnisstrategien" erkennen: "Während Schütz die Struktur des eingelebten Gewohnheitshandelns in seiner Unbestimmtheit zu erhellen sucht, grenzt Weber es im Typus des traditionalen Handelns gegen anderes, z.B. zweckrational bestimmtes Verhalten ab und läßt die Spannung zwischen bloßer Gewohnheit des Handelns, an der Grenze des sinnhaften, verstehbaren Handelns überhaupt, und bewußt traditionsbezogenem Handeln, an der Grenze zum wertrationalen, in der Schwebe" (Seyfarth 1979, S. 156). Entsprechend den unterschiedlichen Erkenntnisstrategien nimmt denn auch bei Schütz das Alltagshandeln im Rahmen seiner phänomenologischen Analysen einen breiten Raum ein. Bei Weber hingegen führt das alltägliche Gewohnheitshandeln eher das Dasein einer Residualkategorie. Deren Plazierung am Ende der Rationalitätsskala weist das Alltagshandeln als stark *eingeschränkt rational* aus. Diese Einschränkung beruht jedoch allein darauf, daß - mit Habermas argumentiert - Weber offenbar "nur die Zweck-Mittel-Beziehung einer teleologisch vorgestellten monologischen Handlung für einen rationalisierungsfähigen Aspekt" hält (Habermas 1981, Bd. 1, S. 379). Webers materiale Analysen deuten allerdings darauf hin, daß der Typus des zweckrationalen Handelns nur eine von mehreren Dimensionen der Rationalität umfaßt.

2.2.2 Die "qualitative Rationalität" des Alltagshandelns

Der unbestrittene grundlagentheoretische Charakter von Webers methodologischen und begrifflichen Selbstexplikationen täuscht nur allzu leicht darüber hinweg, daß er der Erörterung wissenschaftstheoretischer Fragen und Probleme keinen sonderlich herausragenden Stellenwert eingeräumt hat. Autobiographischen Notizen zufolge stufte Weber sich auf dem Gebiet der Erkenntnistheorie eher als gut informierten Laien, denn als profunden Sachkenner ein.[12] Auch wenn ein derart freimütiges Bekenntnis lediglich gegen jede Art von prätentiöser Selbstinszenierung spricht, bleibt jedenfalls festzuhalten, daß Weber an der systematischen Entfaltung seiner sich nicht selten selbst genügenden Logik der Forschung nicht interessiert war. *Sein primäres Erkenntnisinteresse galt der Rekonstruktion historischer Lebensformen,* wie beispielsweise des okzidentalen Rationalismus, des asketischen Protestantismus oder des asiatischen Traditionalismus.[13] Anders als Schütz ging es Weber hierbei jedoch nicht um die Beantwortung der Frage nach der Konstitution von Sinn in der Lebenswelt überhaupt. Vielmehr werden bei ihm die verschiedenen Lebensformen daraufhin befragt, inwieweit und in welcher Form in ihnen die universale Möglichkeit zur Rationalisierung zur Geltung gelangte. Dieser zentralen Forschungsperspektive sind die Methodik und Analytik Webers untergeordnet, d.h. sie waren für ihn "bloß Mittel für die historisch-soziologischen Forschungen" (Tenbruck 1975, S. 669). Ähnlich argumentiert auch Schütz. Seiner Meinung nach wollte Weber sich "mit wissenschaftstheoretischen Fragen nur so weit befassen, als dies seine Beschäftigung mit konkret fachwissenschaftlichen Problemen erforderlich machte, und durch seine Untersuchungen erkenntnistheoretischer Art nur brauchbares Handwerkszeug für diese gewinnen; sobald ihm dies zur Verfügung stand, brach er die Analyse ab" (Schütz 1971, S. 15). Die Beschränkung der Methode auf ihre rein heuristische Bedeutung macht es denn auch erforderlich, das bislang übliche Rezeptionsmuster der Schriften Webers aufzubrechen und neu zu sequentialisieren. Das heißt: Statt die materialen Analysen Webers wie bisher auf dem Hintergrund seiner Wissenschaftslehre zu lesen, müssen die historisch-soziologischen Untersuchungen als quasi empirisches Material dazu herangezogen

---

[12] Die Begriffe Erkenntnis- und Wissenschaftstheorie werden hier - entgegen der sonst üblichen Unterscheidung - synonym verwendet. Exakter wäre es zu sagen, daß die Wissenschaftstheorie das Erbe der Erkenntnistheorie angetreten hat (vgl. Habermas 1975, S. 13).

[13] Vgl. hierzu Seyfarth (1979, S. 156); (1976, S. 1107ff.).

werden, um dem abstrakten methodischen Begriffsinstrumentarium einen konkreten Sinn zu verleihen.[14]

Die materialen Analysen Webers enthalten eine Vieldimensionalität des Rationalitätskonzeptes, die weit über den am Zweck-Mittel-Schema orientierten Typus des rationalen Handelns hinausgeht. Diese Vieldimensionalität ist - von wenigen Ausnahmen abgesehen[15] - in der Sekundärliteratur fast unbemerkt geblieben. Noch immer herrscht die - prominent von Habermas vertretene - Meinung vor, Weber habe sich bei all seinen Analysen stets von einer "eingeschränkten Idee der Zweckrationalität" (Habermas 1981, Bd. I, S. 208) leiten lassen. Dabei hat Weber selbst mehrfach daran gemahnt, daß der Begriff Rationalität bzw. Rationalisierung (der den Prozeß zunehmender Rational-Werdung zum Ausdruck bringt) sehr Verschiedenes bedeuten kann. "Dieser einfache Satz - so schreibt er - der oft vergessen wird, sollte an der Spitze jeder Studie stehen, die sich mit dem 'Rationalismus' befaßt" (Weber 1978, S. 62). Offenbar aber hielt er eine eingehende Bestandsaufnahme der von ihm verwendeten Rationalitäts-/Rationalisierungsbegriffe nicht für erforderlich. Sie müssen daher erst aus dem Konvolut seiner veröffentlichten und nachgelassenen Schriften herauspräpariert werden.

Um einen ersten Eindruck von der Vielschichtigkeit der Bedeutungsdimensionen zu gewinnen, bietet es sich an, zunächst einmal einige der Verwendungsweisen aufzulisten, in denen der Begriff Rationalität/Rationalisierung vorkommt. Verwendet wird der Begriff bei Weber u.a. im Sinne von:

1. *Entzauberung der Welt*
   Unter der Entzauberung der Welt versteht Weber eine radikale Abkehr von allen magischen und mythischen Formen der Weltbetrachtung. Diese Abkehr wird von ihm zum einen als religionsgeschichtlicher Prozeß analysiert, "welcher mit der altjüdischen Prophetie einsetzte und, im Verein mit dem hellinistischen Denken, alle *magischen* Mittel der Heilssuche als Aberglaube und Frevel verwarf" (Weber 1978, S. 94f.). Seinen Abschluß fand dieser Prozeß in der protestantischen Ethik, die

---

[14] Vgl. hierzu auch Sprondel (1976, S. 179).

[15] Vgl. hierzu: Bendix (1964, S. 403); Vogel (1973); Swidler (1973); Weiß (1975, S. 137); Eisen (1978); Kahlberg (1981); Habermas (1981).

den einzelnen Gläubigen einer Art "kalter göttlicher Staatsraison" (Weber) unterwarf. Zum anderen begreift Weber die Entmythologisierung des Weltverständnisses als eine zunehmende Verwissenschaftlichung der Welterfahrung. Sie gipfelt in der die Moderne charakterisierenden Feststellung, daß es prinzipiell keine unberechenbaren Mächte mehr gibt, und daß alle Dinge im Prinzip durch Berechenbarkeit beherrscht werden können.[16]

2. *Ethische Rationalisierung*
Damit ist ein Fortschreiten der Religionsentwicklung in Richtung der Ausbildung einer universalistischen Gesinnungsethik gemeint. Exemplarisch tritt sie in der Form einer "religiösen Brüderlichkeitsethik" hervor: "Je rationaler und gesinnungsethisch sublimierter die Idee der Erlösung gefaßt wurde, desto mehr steigern sich daher jene aus der Reziprozitätsethik des Nachbarschaftsverbandes erwachsenen Gebote äußerlich und innerlich. Äußerlich bis zum brüderlichen Liebeskommunismus, innerlich aber zur Gesinnung der Caritas, der Liebe zum Leidenden als solchen, der Nächstenliebe, Menschenliebe und schließlich: der Feindesliebe" (Weber 1978, S. 543.).[17]

3. *Methodisierung der Lebensführung*
Als Methodisierung der Lebensführung bezeichnet Weber eine zunehmende Disziplinierung und Reglementierung aller Handlungen und sonstigen Entäußerungsformen des Subjekts bis hin zu einer das gesamte Dasein umfassenden Kontrolle. Diese Art Züchtigung und bewußte Organisation des Lebensstils erreichte in der puritanischen Askese ihre historisch bedeutsamste - weil folgenreichste Gestalt. Mittel der puritanischen Askese waren: "Ablehnung aller eitlen Selbst- oder anderen Kreaturvergötterungen, der feudalen Hoffart, des unbefangenen Kunst- und Lebensgenusses, der 'Leichtfertigkeit' und aller müßigen Geld- und Zeitvergeudung, der Pflege der Erotik oder irgendwelcher von der rationalen Orientiertheit auf Gottes Willen und Ruhm, und das heißt: auf die rationale Arbeit im privaten Beruf

---

[16] Vgl. hierzu auch Winckelmann (1980) sowie Schluchter (1979, S. 40) (Anm. 4).

[17] Vgl. dazu den Versuch von Schluchter (1979, S. 60ff.), die Entwicklung religiöser Ethiken mit Hilfe des von Kohlberg erarbeiteten Konzeptes der Moralentwicklung zu rekonstruieren.

und in den gottverordneten sozialen Gemeinschaften, ablenkenden Beschäftigung" (Weber 1972, S. 719).

4. *Formalisierung des Rechts*
   Die Formalisierung des Rechts besteht nach Weber im wesentlichen aus einer Systematisierung des "Rechtsmaterials". Systematisieren heißt dabei: "Die Inbeziehungsetzung aller durch Analyse gewonnenen Rechtssätze derart, daß sie untereinander ein logisch klares, in sich logisch widerspruchloses und, vor allem, prinzipiell lückenloses System von Regeln bilden, welches also beansprucht: daß alle denkbaren Tatbestände unter eine seiner Normen müssen logisch subsumiert werden können, widrigenfalls ihre Ordnung der rechtlichen Garantie entbehre" (Weber 1972, S. 396).

5. *Bürokratisierung*
   Sie besteht in der Einrichtung einer von Fachbeamten getragenen Verwaltung. Deren wichtigste Grundzüge sind: "Der kontinuierliche Betrieb von Amtsgeschäften; ... die Abgrenzung der Befehlsgewalt; ... die Kontrolle über ihre Tätigkeit; ... die vollkommene Trennung des Verwaltungsstabes von den Verwaltungs- und Beschaffungsmitteln; ... die Aktenmäßigkeit der Verwaltung ..." (Bendix 1964, S. 322).

6. *Entstehung eines "bürgerlichen Betriebskapitalismus"*
   Seine Entstehung geht nach Weber mit der "Trennung von Haushalt und Betrieb", sowie einem an der "Kapitalrechnung" orientierten Gewinnstreben einher. Als weitere, konstitutive Elemente des im Betrieb organisierten kapitalistischen Wirtschaftshandelns treten die planmäßige Verfügung über die "formell freie Arbeit" und die gezielte Nutzung naturwissenschaftlicher Erkenntnisse hinzu.

7. *Autonomisierung der Kunst*
   Die Ausdifferenzierung einer zunächst eng an den religiösen Kultus geknüpften Sphäre autonomer Kunst liest Weber insbesondere an der Raffinierung der Kunstherstellungstechniken ab. Im Bereich der Musik werden von ihm u.a. genannt: Die "Bildung des Tonmaterials auf der Basis der drei Dreiklänge mit der harmonischen Terz", ... die "harmonisch gedeutete Chromatik und Endharmonik ..." (Weber 1978, S. 2). Als Verfeinerungen im Bereich der Malerei hebt Weber die "Verwendung der Linear- und Luftperspektive" hervor. Die Nutzung des "gotischen

Gewölbes als Mittel der Schubverteilung und der Überwölbung beliebig geformter Räume" (Weber 1978, S. 2) gilt ihm als technologischer Fortschritt in der Architektur.

Die bunte Palette der hier angeführten Verwendungsweisen des Begriffs Rationalität/Rationalisierung ist keinesfalls vollständig. Doch schon die wenigen Beispiele lassen erkennen, daß Weber den Begriff nicht pauschal zur Charakterisierung globaler Entwicklungen verwendet. Er wird von ihm bereichsspezifisch zur Anwendung gebracht. Das heißt: Weber "diagnostiziert qualitativ unterschiedliche Rationalisierungsprozesse" (Kahlberg 1981, S. 12) mit Bezug auf die Bereiche Wirtschaft, Verwaltung, Herrschaft, Kunst, Wissenschaft, Recht, Religion usw. Diese Handlungs- bzw. Lebensbereiche können einer weitergehenden Klassifikation unterzogen werden. Wie Habermas (1981, Bd. 1, S. 226ff.) gezeigt hat, eignet sich dazu das von Parsons in die Soziologie eingeführte Ordnungsschema mit seiner Einteilung in Gesellschaft, Kultur und Persönlichkeit. Nach diesem Schema klassifiziert kommen dann die qualitativ verschiedenen Rationalisierungsprozesse als gesellschaftliche, kulturelle und den Stil der Lebensführung des personalen Systems betreffende Rationalisierungen in den Blick.

Doch auch diese Klassifizierung deckt keineswegs alle Verwendungsweisen des Begriffs Rationalität/Rationalisierung bei Weber ab. Von "Rationalität" spricht Weber außerdem im Sinne von theoretischer, praktischer, formaler und materialer Rationalität. Nach Kahlbergs Urteil (1981, S. 10) stellen diese vier Formen der Rationalität die "tragenden Pfeiler" von Webers materialen Analysen dar. Dem muß allerdings die Einschränkung hinzugefügt werden, daß andere Autoren zum Teil Bedeutungsdimensionen für fundamental erachten, die Kahlberg außer Betracht läßt.[18] Für seine These spricht jedoch, daß die vier Rationalitätstypen gewissermaßen quer zu den bisher genannten Verwendungsweisen des Begriffs Rationalität/Rationalisierung liegen - also zumindest nicht in ihnen aufgehen - und sich durch ein höheres Aggregationsniveau auszeichnen.

Theoretisch rational nennt Weber (1978, S. 266) die kognitive Beherrschung der Wirklichkeit durch die Bildung von zunehmend

---

[18] Vgl. dazu die unter Anm. 15 aufgezählten Systematisierungsversuche.

präziseren und abstrakteren Begriffen. Dem korrespondiert die von Johannes Weiß so bezeichnete "Rationalität in der Sinninterpretation". Er versteht darunter ein "konsequentes und systematisches Zu-Ende-Denken gegebener Sinn- oder Wertgehalte. Dabei heißt Zu-Ende-Denken sowohl, auf die letzten zugrundeliegenden Prinzipien zurückgehen, wie: die äußersten Konsequenzen bzw. das systematische Ganze der Folgerungen entwickeln" (Weiß 1975, S. 137f.). Systematisierungen dieser Art machte Weber besonders auf dem Feld der Religionsentwicklung aus. Die "Pantheonbildung" ebenso wie die Entwürfe verschiedener Theodizeen des Glücks und des Leids sind nur wenige Beispiele systematischen Denkens. Die Fähigkeit zur Abstraktion und begrifflichen Präzision sah Weber naturgemäß bei den Intellektuellenschichten ausgebildet. Es verwundert daher auch kaum, daß er in ihnen die Hauptträger der religiösen Entwicklung vermutete, auch wenn sie diese Rolle inzwischen eingebüßt haben. "So überaus gleichgültig es für die religiöse Entwicklung der Gegenwart ist, ob unsere modernen Intellektuellen das Bedürfnis empfinden, neben allerlei anderen Sensationen auch die eines 'religiösen' Zustandes als 'Erlebnis' zu genießen, ... so überaus wichtig war die Eigenart der Intellektuellenschichten in der Vergangenheit für die Religionen. Ihr Werk vornehmlich war die Sublimierung des religiösen Heilsbesitzes zum 'Erlösungs'-Glauben" (Weber 1978, S. 251f.).

Im Unterschied zur theoretischen Rationalität nennt Weber jene Art von Lebensführung *praktisch rational*, "welche die Welt bewußt auf die diesseitigen Interessen des *einzelnen Ich* bezieht und von hier aus beurteilt" (Weber 1978, S. 62). Auf den ersten Blick scheint diese Art der Rationalität mit der bereits erörterten Methodik der Lebensführung zusammenzufallen. In diesem Sinne interpretiert auch Habermas (1981, S. 245) den Begriff. Er übersieht allerdings, daß ein pragmatischer, durch subjektive Interessen bestimmter Umgang mit der Welt noch nicht methodisch genannt werden kann. Methodizität kommt der praktischen Rationalität allenfalls insofern zu, als der Versuch unternommen wird, ein "bestimmtes praktisches Ziel durch immer präzisere Berechnung der adäquaten Mittel" zu erreichen (Weber 1978, S. 266). Außerdem sah Weber den praktischen Rationalismus nicht als ein der Keimzelle des Mönchtums entstammendes Resultat an. Vielmehr hielt er ihn für eine "recht typische Eigenart der Völker des 'liberum arbitrium', wie es dem Italiener und Franzosen in Fleisch und Blut steckt", und er fügt hinzu, "daß dies keineswegs der Boden ist, auf welchem jene Beziehung des Menschen auf seinen 'Beruf' als Aufgabe, wie sie der Kapitalismus braucht, vorzugsweise gediehen ist" (Weber 1978, S. 62).

Anders als die theoretische und praktische Rationalität, die beide verschiedene Modi der Weltbeherrschung beschreiben, erläutert Weber den Begriff der *formalen Rationalität* vornehmlich an gesellschaftlichen und kulturellen Bereichen. Die ausführlichste Behandlung erfährt der Begriff im Rahmen seiner Darlegung der Grundkategorien des wirtschaftlichen Handelns. Mit definitorischem Anspruch heißt es dort:

> "Als *formale* Rationalität eines Wirtschaftens soll hier das Maß der ihm technisch möglichen und von ihm wirklich angewendeten *Rechnung* bezeichnet werden" (Weber 1972, S. 44).

Die formale Rationalität eines Wirtschaftens meint demnach die Betrachtung des ökonomischen Handelns allein unter dem Gesichtspunkt seiner kalkulatorischen Orientiertheit. Dabei kommen ausschließlich all jene Momente in das Blickfeld, die sich in numerischen Größen und rechenhaften Operationen ausdrücken lassen, ungeachtet der moralischen und ethischen Folgen, die solche Momente einschließen. Zu durchaus vergleichbaren Aussagen gelangt Weber auch in seiner Rechtssoziologie. Er schreibt:

> "'Formal ... ist ein Recht insoweit, als ausschließlich eindeutige generelle Tatbestandsmerkmale materiell-rechtlich und prozessual beachtet werden" (Weber 1972, S. 396).

Diese Formulierung legt es nahe, die formale Rationalität des Rechts mit seiner rein technischen Seite - dem Verfahren - zu identifizieren. Das Verfahren beruht auf angebbaren Regeln, nach denen Recht gesprochen wird, so daß unter dem Gesichtspunkt formaler Rationalität allein das *Wie* der Rechtsentscheidung, nicht aber das *Was* zur Diskussion steht. Der Inhalt der Entscheidungsfindung gehört zum Aspekt der materialen Rationalität.

Die *materiale Rationalität* exemplifiziert Weber an exakt den gleichen Gegenstandsbereichen, an denen er auch die formale Rationalität dingfest zu machen versucht. Das deutet darauf hin, daß diese Gegenstandsbereiche nicht nur eine formale *und* materiale Rationalität aufweisen, sondern auch, daß diese beiden Formen der Rationalität in einer bestimmten Relation zueinander stehen. Diese Relation wird von Weber als ein Spannungsverhältnis gekennzeichnet. Mit Bezug auf das wirtschaftliche Handeln führt er aus:

"... der Begriff der materialen Rationalität ... besagt lediglich dies Gemeinsame: daß eben die Betrachtung sich mit der rein formalen (relativ) eindeutig feststellbaren Tatsache: daß zweckrational, mit technisch tunlichst adäquaten Mitteln, *gerechnet* wird, *nicht* begnügt, sondern ethische, politische, utilitaristische, hedonistische, ständische, egalitäre oder irgendwelche anderen *Forderungen* stellt und daran die Ergebnisse des ... Wirtschaftens *wertrational* oder *material* zweckrational bemißt" (Weber 1972, S. 45).

Während die formale Rationalität also nur den rein rechnerischen Aspekt zur Geltung bringt, akzentuiert der Begriff der materialen Rationalität die Wertmaßstäbe, nach denen das wirtschaftliche Handeln und dessen Ergebnisse beurteilt werden kann. Hierbei wird man davon ausgehen müssen, daß nicht alles formal Rationale auch den Ansprüchen materialer Rationalität genügt. Denn nur allzu oft kollidieren reine Rechenhaftigkeit mit moralischen und ethischen Prinzipien. Parallel dazu spricht Weber von einem Antagonismus zwischen der formalen und materialen Seite des Rechts. Im Unterschied zum bloßen Wie der Entscheidungsfindung meint die materiale Rationalität des Rechts nämlich, "daß Normen anderer qualitativer Dignität als logische Generalisierungen von abstrakten Sinndeutungen auf die Entscheidung von Rechtsproblemen Einfluß haben sollen: ethische Imperative oder utilitaristische oder andere Zweckmäßigkeitsregeln oder politische Maximen ..." (Weber 1972, S. 397).

Die Auflistung der verschiedenen Bedeutungsdimensionen des Begriffs Rationalität/Rationalisierung hat bislang nur ein verwirrendes Bild hinterlassen. Daher soll an dieser Stelle danach gefragt werden, worin dasjenige Element besteht, das alle einzelnen Bedeutungsdimensionen miteinander verbindet. Das gesuchte Ingredienz müßte einerseits so hinreichend allgemein sein, daß es als Klammer fungieren kann, andererseits aber immer noch spezifisch genug sein, um das Wesen des Begriffs Rationalität/Rationalisierung deutlich zum Ausdruck zu bringen. Diesen Anforderungen scheint am ehesten die Kategorie der Berechenbarkeit oder Kalkulierbarkeit zu genügen. Davon geht auch Manfred Hennen aus, wenn er schreibt, daß "Rationalität gleich Berechenbarkeit ... als weiteste Definition für Webers Konzept gelten" kann (Hennen 1976, S. 21). Demgegenüber hat Johannes Weiß überzeugend dargelegt, daß zwar die Kategorie der Berechenbarkeit wesentlich zum Verständnis von Webers Rationalitätsbegriffen beiträgt, daß diese aber nicht darin aufgehen. Seiner Meinung nach liegt den verschiedenen Rationalitätsbegriffen Webers eine konstitutive Unterstellung von Rationalität im Sinne von Verstehbarkeit, Kommunikabilität oder intersubjektiver Faßlichkeit zugrunde. Sie bezieht die Vorstellung mit ein, daß soziales Handeln als verstehbares und kommunikables menschliches Sichverhalten immer schon rational ist. Den eindeutigsten Beleg für diese Auffassung Webers kann man seiner "Roscher-Knies-Studie" entnehmen. Dort heißt es:

> "Individuelles Handeln ist, seiner sinnvollen *Deutbarkeit* wegen, - soweit diese reicht, - prinzipiell spezifisch weniger 'irrational' als der individuelle Naturvorgang" (Weber 1982, S. 67).

Diese These Webers knüpft an die Voraussetzung an, nach der Handlungen sich von Naturvorgängen nicht nur marginal, sondern wesensmäßig unterscheiden. Marginaler Art wäre der Unterschied dann, wenn er sich lediglich darauf beziehen würde, daß Naturvorgänge sich ereignen, während Handlungen mehr oder weniger bewußt vollzogen werden. Der wesensmäßige Unterschied besteht jedoch darin, daß den Naturvorgängen jene elementare Sinnbezogenheit fehlt, die Handlungen als Handlungen ausweist und definiert. Die grundlegende Sinnbezogenheit des Handelns - auf der seine Verstehbarkeit beruht - ist es denn auch, die ihm eine *"qualitative Rationalität"* verleiht. In diesem Sinne ist *jedes* Handeln - also auch das Alltagshandeln - rational, selbst wenn Weber schreibt, daß es oft an der Grenze dessen steht, was man ein sinnhaft orientiertes Handeln überhaupt nennen kann. Schließlich darf nicht übersehen werden, daß es immer noch zur Klasse des Handelns und nicht zu der des Verhaltens gehört.

Die Gleichsetzung von Rationalität mit sinnhafter Deutbarkeit macht nun auch deutlich, warum die Kategorie der Berechenbarkeit oder Kalkulierbarkeit nicht die letzte Antwort auf die Frage nach der grundlegenden Bedeutung von Rationalität sein kann. Berechenbar und kalkulierbar wird das Handeln erst auf der Basis seiner sinnhaften Verständlichkeit. "Es ist also nicht die Kalkulierbarkeit von Handlungen und Handlungsabläufen als solche (etwa auf der Basis statistischer Wahrscheinlichkeitsannahmen), sondern die spezifische Berechenbarkeit von Handlungschancen auf der Basis sinnhafter Deutungen (von Erwartungen, Erwartungs-Erwartungen etc.), die der Rede von 'einer qualitativen Rationalität' eines so orientierten und bestimmten Handelns zugrunde liegt" (Weiß 1981, S. 49). Die Annahme, daß grundsätzlich jedes soziale Handeln durch eine "qualitative Rationalität" ausgezeichnet ist, nimmt im Rahmen der Weber'schen Wissenschaftslehre den Stellenwert einer nicht weiter hintergehbaren Basisunterstellung ein. Nach Johannes Weiß hat sie bei Weber den methodologischen Status eines "allgemeinen idealtypischen Konstrukts" (Weiß 1981, S. 53). Idealtypisch kann sie jedoch nur insofern genannt werden, als sie keine empirische, sondern eine ausschließlich theoretische Annahme darstellt. Das allein macht allerdings noch keinen Idealtypus aus.[19] Andernfalls wäre jede nichtempirische Annahme, z.B. auch diejenige Webers, daß die soziale Wirklichkeit nur mittels idealtypischer Begriffe erfahrbar gemacht werden kann, ein Idealtypus. Dem wird man wohl kaum ernsthaft beipflichten können. Indessen kann die These vertreten werden, daß die Basisunterstellung Webers gewissermaßen einer soziologischen Reformulierung des klassischen Vernunftbegriffs gleichkommt. Die Verstehende Soziologie rechnet - im Sinne einer quasitranszendentalen Annahme - immer schon damit, "daß die empirischen Menschen normalerweise 'vernünftige' ... Wesen" sind (Weber 1982, S. 355). Die soziale Wirklichkeit wird demzufolge nur insoweit Gegenstand des Erkennens, wie Vernunft sich in ihr auswirkt. "Vernunft erkennt Wirklichkeit dadurch, daß sie in ihr sich selber erkennt" (Angehrn 1983, S. 361).[20]

Auf dieser Basisunterstellung beruht in letzter Instanz der gesamte Ansatz der Verstehenden Soziologie. Wäre das soziale Handeln nämlich nicht durch jene qualitative Rationalität ausgezeichnet, müßte der verstehende Soziologe jede Hoffnung aufgeben, die soziale Wirklichkeit verstehend zu erschließen. Die Deutung dieser Weber'schen Grundannahme als Basis*unterstellung* besagt aber auch, daß für Weber die Frage danach, wodurch der Sinn des Handelns konstituiert wird und auf welchen Leistungen er beruht, unbeantwortet bleibt. Alfred Schütz hat daher auch Weber zum Vorwurf gemacht, daß er sich damit begnügt, "die Welt überhaupt und somit auch die sinnhaften Phänomene der sozialen Welt naiv als *intersubjektiv konform* vorauszusetzen, und zwar in eben der Weise, in welcher wir im täglichen Leben naiv mit der Vorgegebenheit einer homogenen und unserer Auffassung konformen Außenwelt rechnen" (Schütz 1971, S. 16). Die bei Weber in seinen methodologischen Arbeiten unberücksichtigt gebliebene Frage nach der Sinnkonstitution

---

[19] Vgl. dazu S. 5f.

[20] Wenn die These als zutreffend anerkannt wird, daß die Prozesse der Rationalisierung eine zunehmende Verstehbarkeit und intersubjektive Faßlichkeit zur Folge haben, so bedeutet dies, daß die geschichtliche Entwicklung der Verstehenden Soziologie in ihrem Bedürfnis nach sinnhafter Interpretation zuarbeitet.

rückt bei Schütz in das Zentrum seines Versuches, die Verstehende Soziologie durch eine phänomenologisch angeleitete Analyse der Bewußtseins- und Lebensweltstrukturen zu fundieren.[21] Weber verspürte die Notwendigkeit zu einer solchen Fundierung nicht. Seine methodische Ausrüstung schien ihm weit genug gediehen, um mit ihrer Hilfe konkrete Sozialforschung betreiben zu können. Verstehende Soziologie, das ist für ihn nicht bloß die Bereitstellung eines Methodeninventars, sondern die konkrete Erforschung sozialer Wirklichkeit. Das Forschungsinteresse Webers gilt der "genetischen Rekonstruktion" (Seyfarth) historischer Lebensformen, die er als Produkte der Rationalisierung sozialen Handelns begreift.

2.3 Die Rationalisierung sozialen Handelns in historischen Lebensformen

Ist es auch unstrittig, daß Weber als Methodologe die Verstehende Soziologie gleichsam aus der Taufe gehoben hat, so setzt sich doch in der Weber-Forschung zunehmend die Einsicht durch, daß seine materialen Analysen den eigentlichen Ertrag seiner soziologischen Forschungen darstellen. Die am empirischen Material durchgeführten Untersuchungen setzen sich vor allem aus den "Gesammelten Aufsätzen zur Religionssoziologie" zusammen, die durch entsprechende Analysen aus dem unvollendet gebliebenen Werk "Wirtschaft und Gesellschaft" ergänzt werden. Hervorgehoben zu werden verdienen besonders die weithin bekannte Studie "Die protestantische Ethik und der Geist des Kapitalismus", sowie die - gelegentlich auch als Kontrastforschung apostrophierten - kulturvergleichenden Untersuchungen zur "Wirtschaftsethik der Weltreligionen". Nicht weniger bedeutend sind seine Schriften zur Staats-, Rechts- und Herrschaftssoziologie.

In den materialen Analysen entfaltet Weber ein Forschungsprogramm, das sich mit Seyfarth als "genetische Rekonstruktion historischer Lebenswelten" (1979, S. 156) begreifen läßt. Auch wenn diese Umschreibung nicht die ungeteilte Zustimmung neuerer Weber-Interpretationen gefunden hat,[22] ist sie m.E. jedoch vorzüglich

---

[21] Vgl. dazu S. 93.

[22] Vgl. hierzu Schluchter (1979, S. 55). Gegen Seyfarth gewendet erklärt er, daß der Begriff Lebenswelt zu amorph sei, um das Weber'sche Forschungsprogramm zu-

dazu geeignet, Webers Forschungsansatz gegenüber demjenigen phänomenologischer Sozialtheorien abzugrenzen. Als Ausgangspunkt bietet sich der von Habermas gegen die Phänomenologen vorgebrachte Einwand an:

> "Nun sind Phänomenologen stets von der Erfahrung ihrer eigenen individuellen Lebenswelt ausgegangen, um durch Abstraktionen und Generalisierungen zu den Leistungen der sinnstiftenden Subjektivität zu gelangen. Auf diesem Wege mag die Konstitution der Lebenswelt in ihrer abstrakten Allgemeinheit untersucht werden. Aber so stoßen wir nicht auf eine einzige geschichtlich konkrete Lebenswelt, es sei denn auf die des Phänomenologen selber" (Habermas 1973, S. 214).

Es macht nun das Spezifikum der Weber'schen Rekonstruktionsversuche aus, daß sie - um dieser Gefahr der tautologischen Generalisierung der eigenen Erfahrung zu entgehen - stets von *historisch vorgefundenen Lebenswelten*,[23] oder - in der Sprache Webers - von "historischen Alltagsformen des sozialen Handelns" ausgehen. Gegenüber der phänomenologisch angeleiteten Aufklärung von Sinn in der Lebenswelt überhaupt, werden bei ihm die Alltagsformen des Handelns in der Perspektive universalgeschichtlicher Rationalisierungsprozesse untersucht. Den Fluchtpunkt dieser Analysen stellt der okzidentale Rationalismus dar, d.h. jene Stufe der Zivilisationsentwicklung, die mit dem heute gängigen Schlagwort der Moderne bezeichnet wird. Wie aus dem berühmten Vorwort zu den religionsgeschichtlichen Untersuchungen hervorgeht, wollte Weber in Erfahrung bringen, "welche Verkettung von Umständen dazu geführt (hat), daß gerade auf dem Boden des Okzidents, und nur hier, Kulturerscheinungen auftraten, welche doch - wie wenigstens wir uns gerne vorstellen - in einer Entwicklungsrichtung von *universeller* Bedeutung und Gültigkeit lagen" (Weber 1978, S. 1). So sehr auch die Fragestellung an geschichtsphilosophische Konzeptionen erinnert, so leidenschaftlich bekämpfte Weber deren Grundannahmen. Sein häufig belegter Geschichtspessimismus läßt auch evolutionstheoretische

---

reichend präzisieren zu können. Sein Vorschlag läuft darauf hinaus, den Ansatz Max Webers als eine "Gesellschaftsgeschichte" transparent zu machen.

[23] Unter Rekonstruktion soll hier ein Verfahren verstanden werden, bei dem ein Gegenstand analytisch zerlegt und in einer bestimmten Zielperspektive erneut zusammengefügt wird. In diesem Sinne spricht beispielsweise Habermas von einer Rekonstruktion des Historischen Materialismus. Dagegen vgl. die Verwendung des Begriffs im Sinne der Nachkonstruktion anonymer Regelsysteme, denen beliebige sprach- und handlungsfähige Subjekte folgen können.

Interpretationen seiner universalgeschichtlichen Rekonstruktionsversuche nicht zu.[24]

Den materialen Analysen Webers liegt durchgängig das Interesse an der Rationalisierung sozialen Handelns zugrunde. Gezielt wendet er sich den Vorgängen zu, die das soziale Handeln seiner okkasionellen Züge entkleiden und es auf Dauer stellen. Überraschenderweise verbindet sich für ihn dabei das dauerhafte Handeln mit der Vorstellung des Alltags. Diese Verkoppelung von rationalisiertem Handeln und Alltag kommt gerade deshalb so unvermutet, weil nach den Ausführungen zur Methodologie der Sozialwissenschaften rationales Alltagshandeln zu einem seltenen Ausnahmefall erklärt wird. Allerdings hatte sich gezeigt, daß das alltägliche Handeln auf der Basis seiner elementaren Sinnbezogenheit eine qualitative Rationalität erlangt. Man kann annehmen, daß Weber die Rationalität des dauerhaften Handelns in eben jener Sinnbezogenheit sieht, die das Handeln im Alltag immer schon auszeichnet.

Der Begriff des Alltags kommt nun aber bei Weber charakteristischerweise zumeist nur in Verbindung mit dem des Außeralltäglichen, Übernatürlichen und Ungewöhnlichen (Charisma) vor. Alltag und Charisma bezeichnen bei Weber komplementäre, d.h. wechselseitig aufeinander bezogene Begriffe. Will man also den Begriff des Alltags entwickeln, kommt man nicht umhin, die komplementäre Vorstellung mitzubedenken.

2.3.1 Alltag und Charisma in der Soziologie Max Webers

In dem von Weber mit zahlreichen Haupt- und Nebentrakten errichteten Gebäude soziologischer Grundbegriffe wird man die Termini Alltag und Charisma vergeblich suchen. Der Grund dafür ist, daß sie lediglich operative und nicht idealtypisch gefaßte Begriffe darstellen. Ihnen fehlt deshalb auch vieles von jener inhaltlichen und formalen Präzision, die die soziologischen Kategorien auszeichnet. Das heißt jedoch nicht, daß die Begriffe Alltag und Charisma bei Weber eine bloß subdominante Rolle spielen. Im Gegenteil: Ihre Einsatzstellen

---

[24] Habermas stellt dazu fest: "Max Weber ist unter den soziologischen Klassikern der einzige, der mit den Prämissen des geschichtsphilosophischen Denkens wie mit den Grundannahmen des Evolutionismus gebrochen hatte ..." (1981, Bd. 1, S. 207). Zum Problem der Geschichtsphilosophie bei Weber vgl. u.a. auch Mommsen (1974, S. 99ff.).

sind überaus zahlreich und über das gesamte Werk verstreut. Man wird wohl kaum eine Arbeit finden, in der sie nicht auftauchen, wenn auch gelegentlich in Wortkombinationen verpackt. Den ausgiebigsten Gebrauch machte Weber von ihnen in seiner Herrschafts- und Religionssoziologie. Diese zentralen Anwendungsgebiete werden denn auch die primären Anlaufstellen für die folgende Auseinandersetzung mit Webers Vorstellungen vom Alltag und Außeralltäglichen sein. An den Anfang der Untersuchung soll der etwas leichter zugängliche Begriff des Charisma gestellt werden.

2.3.1.1 Die Konzeption des Außeralltäglichen (Charisma)

Der Begriff Charisma ($\chi\alpha\rho\iota\sigma\mu\alpha$) gehört zu den Kategorien, deren Vermächtnis sich dem altehrwürdigen Tradiergut theologischer Begriffskreationen verdankt. Erwähnung findet er bereits in der ältesten und wichtigsten griechischen Übersetzung des Alten Testamentes, der Septuaginta. Später dann taucht er in den neutestamentlichen Textstellen des Paulus auf, in denen er seine bis heute gültige Bedeutung im Sinne von "Gnadengabe" oder "Geschenk", das den Menschen von Gott zuteil wird, erlangte.[25]

Weber selbst führt aus, daß er den Begriff altchristlicher Terminologie entnommen hat. Der Sache nach fand er ihn in Rudolf Sohms Kirchenrecht verdeutlicht. Sohm hatte den Begriff zur Beschreibung des Phänomens innerer Berufung verwandt, "durch welche sich die Kirchenältesten der frühchristlichen Gemeinde zu ihrem Amte erwählt fühlten" (Mommsen 1974, S. 120). Den Gedanken einer auf besonderen Gnadengaben beruhenden Erwähltheit griff Weber unter dem Gesichtspunkt auf, daß dort, wo das Charisma in Erscheinung trat, es zu herrschaftlichen Beziehungen tendierte. Weber ging es also nicht um Charisma an sich, sondern nur um seine Eigenart, Herrschaft zu begründen.

Erstmals stieß Weber auf dieses Phänomen im Zusammenhang seiner religionssoziologischen Untersuchungen. Dort machte er die Beobachtung, daß einzelne Religionsstifter, Propheten, Heilande und Magier über ein Monopol der Gewaltausübung verfügen, das sich allein dem Glauben der Beherrschten an die außeralltäglichen Fähigkeiten ihres Führers verdankte. Eine detaillierte Analyse dieser

---

[25] Vgl. Historisches Wörterbuch der Philosophie (1971, Bd. 1, S. 996).

Form der Domination und Subordination legte Weber allerdings erst in seiner Herrschaftssoziologie vor. Sie enthält die wohl umfassendste Begriffsdefinition, die lautet:

> "'*Charisma*' soll eine als außeralltäglich (ursprünglich, sowohl bei Propheten wie bei therapeutischen wie bei Rechts-Weisen wie bei Jagdführern wie bei Kriegshelden: als magisch bedingt) geltende Qualität einer Persönlichkeit heißen, um derentwillen sie als mit übernatürlichen oder übermenschlichen oder mindestens spezifisch außeralltäglichen, nicht jedem anderen zugänglichen Kräften oder Eigenschaften (begabt) oder als gottgesandt oder als vorbildlich und deshalb als '*Führer*' gewertet wird" (Weber 1972, S. 140).

Die hier vorliegende Definition läßt eine erhebliche Ausweitung der ursprünglichen Verwendungsweisen des Begriffs Charisma erkennen, dessen theologische Spuren zwar verwischt, aber aus ihm nicht ganz getilgt sind. Weber bezieht den Begriff nicht nur auf transzendente Manifestationen. Angewendet wird er von ihm auch auf so unterschiedliche geistige und weltliche Führer wie Jesus, Napoleon und Kurt Eisner. Die Möglichkeit der unterschiedslosen Behandlung solcher Herrschertypen als Charismatiker sicherte sich Weber dadurch, daß er auf jede wertende Stellungnahme verzichtete.

Als äußerst irreführend und mißverständlich muß es aber angesehen werden, daß Weber das Charisma als eine streng an Personen gebundene Qualität ausweist. Diese Individualisierung der Kategorie, an der er entgegen jeder möglichen Objektivierung festhielt,[26] legt es nahe, das Charisma mit einer Art von Charaktermerkmal bzw. einer geistigen oder physischen Potentialität zu identifizieren. Einer derart psychologisierenden Interpretation neigt explizit Mommsen zu. Seiner Meinung nach beschrieb Weber das Charisma "als eine Form *geistiger Energie*, welche ihre Wirkung auf andere Menschen gerade 'außeralltäglichen', 'jenseitigen' Idealen verdankt, die in mehr oder weniger krassem Gegensatz zu den Realitäten des Alltags stehen" (Mommsen 1974, S. 121; Hvh. B.L.). Die Art, in der Mommsen hier den Weber'schen Terminus aufbereitet, ist zumindest in zweifacher Hinsicht unzureichend. Erstens schränkt er den Begriff von vornherein auf eine mentale Disposition ein, obwohl Weber mit ihm sowohl geistige als auch körperliche "Gaben" verbindet. Zweitens leistet Mommsen mit seiner Interpretation einer ganz und gar unakzeptablen Reifikation vorschub. Dabei soll keineswegs bestritten

---

[26] Im Anschluß an Weber hat besonders Shils (1965, S. 199ff.) den Versuch zu einer Objektivierung der Kategorie unternommen.

werden, daß die Träger des Charisma in aller Regel über exorbitante Persönlichkeitsmerkmale verfügten, die sie von der breiten Masse unterschied. Das trifft auf den zur Heldenekstase fähigen nordischen Berserker ebenso zu wie auf den Schamanen oder den mit dem Nimbus der Gottgesandtheit umgebenen Propheten. Gerade die alttestamentarische Lektüre bietet ein gutes Beispiel für die oft exaltierten und alle Normalitätsansprüche sprengenden Verhaltensweisen und zwar nicht nur der offensichtlich pathogen veranlagten Propheten. Einen Eindruck davon vermitteln die bei Weber in seiner Studie über das "Antike Judentum" zusammengetragenen Bibelpassagen, in denen es u.a. heißt:

> "Jeremia (23,9) wird wie ein Trunkener und schlottert an allen Gliedern. Das Gesicht der Propheten verzerrt sich, wenn der Geist über sie kommt, der Atem versagt, sie stürzen zuweilen betäubt, zeitweilig des Sehens und der Sprache beraubt, zu Boden, winden sich in Krämpfen (Jes. 21) ... ." Dazu kommen "seltsame, als ominös bedeutsam gedachte, Handlungen. Hesekiel baut sich wie ein Kind aus Ziegelsteinen und einer eisernen Pfanne ein Belagerungsspiel. Jeremia zerschmettert öffentlich einen Krug, vergräbt einen Gürtel und gräbt ihn verfault wieder aus, läuft mit einem Joch auf dem Nacken umher, andere Propheten mit eisernen Hörnern oder, wie Jesaja während längerer Zeit, nackt" (Weber 1976, S. 300f.).

Die Ursachen für die auffallenden Verhaltensweisen mögen höchst verschiedenartig sein. Beispielsweise hat man sie der Einnahme von Rauschmitteln zugeschrieben. Andere Erklärungsansätze gehen von psychogenen Deformationen aus[27] oder unterstellen, daß ekstatische Zustände durch Autosuggestion o.ä. erreicht werden können. Welchem Erklärungsansatz man auch immer den Vorrang einräumen will, spielt eine nur nebensächliche Rolle. Entscheidender ist, "daß die Propheten selbst diese ihre außeralltäglichen Zuständlichkeiten, Gesichte, Zwangsreden und Zwangshandlungen sinnhaft *deuten*. Und zwar trotz ihrer offenbar großen psychologischen Verschiedenheit immer in einer und derselben Richtung. Das Deuten ... setzt zunächst voraus, daß die ekstatische Zuständlichkeit *nicht* schon an sich als persönlicher Heilsbesitz und nur als solcher gewertet wird, sondern daß ihr ein ganz anderer Sinn zugeschrieben wird: der Sinn einer 'Sendung'" (Weber 1976, S. 303). *Allgemeiner gesagt, nehmen die Charismatiker eine Selbstexplikation vor, bei der die außeralltäglichen Fähigkeiten oder Zustände als Ausdruck einer Gnadengabe bzw. einer Sendung interpretiert werden.* Diejenigen aber, an die sich

---

[27] Vgl. Jaspers (1953).

die Sendung richtet, müssen in ähnlicher Weise wie der Träger des Charisma selbst seine Mission als Inkarnation eines göttlichen o.ä. Willens begreifen. Maßgebend dafür ist "ein Glaube, der auf gewisse Führergestalten projiziert wird, *als ob* eine Gnadengabe diesen innewohne" (Mühlmann 1966, S. 20). Es wäre deshalb völlig abwegig, wollte man das Charisma eines geistigen oder weltlichen Führers objektivistisch mit tatsächlich verfügbaren Gnadengaben oder einer Form von geistiger Energie identifizieren. Faktisch beruht es auf einem doppelten Zuschreibungsprozeß, den man als Selbst- bzw. Fremdauslegung interpretieren kann.[28] Der doppelte Zuschreibungsprozeß erklärt auch, warum sich bei Weber die Legitimität der charismatischen Herrschaft scheinbar in merkwürdig ambivalenter Weise präsentiert.[29] Dieser Eindruck entsteht nur dadurch, daß er diesen Problemgesichtspunkt zugleich aus der Perspektive des Herrschers und derjenigen der Beherrschten beleuchtet, ohne immer hinreichend deutlich zu machen, welche der beiden Perspektiven gerade zur Diskussion steht. Die Sichtweise des Charismatikers zusammenfassend, erklärt er:

> "Kein Prophet hat seine Qualität als abhängig von der Meinung der Menge über ihn angesehen, kein gekorener König oder charismatischer Herzog die Widerstrebenden oder abseits Bleibenden anders denn als Pflichtwidrige behandelt" (Weber 1972, S. 140).

Der Charismatiker fordert von den "Seinigen" rückhaltlos Gehorsam. Die Anerkennung seines Führungsanspruches begreift er als Pflicht. Dem kontrastiert der Blickwinkel der Anhänger. Für sie gilt nur der als charismatisch qualifiziert, und damit als Führer, der seine außeralltäglichen Fähigkeiten unter Beweis stellt.[30] Denn "der charismatische Held leitet seine Autorität nicht wie eine amtliche

---

[28] Die vor allem in der politischen Soziologie erfolgte Rezeption des Begriffs leidet darunter, daß nicht zur Kenntnis genommen wird, daß das Charisma eine zugeschriebene Eigenschaft darstellt. Stallberg schreibt zudem: "Oft wird Charisma als 'Eigenschaft großer Männer', nicht aber als soziale Beziehung, d.h. als interaktives Element gesehen, oft wird ferner jeder bemerkenswerte politische Führungsfall gleich mit außerordentlichen, Hingabe erzwingenden Persönlichkeitsqualitäten zusammengebracht, mehr oder weniger Normales mit der für Ungewöhnliches reservierten Kategorie identifiziert" (1975, S. 225).

[29] Vgl. dazu auch Käsler (1977, S. 160).

[30] Die Feststellung, daß das Charisma einem Zwang zur Bewährung unterliegt, darf nicht als plebiszitärer Akt mißverstanden werden. Das käme nämlich einer herrschaftsfremden Umdeutung des Charisma gleich (vgl. Weber 1972, S. 155ff.). Die

'Kompetenz' aus Ordnungen und Satzungen und nicht wie die patrimoniale Gewalt aus hergebrachtem Brauch und feudalem Treueversprechen ab, sondern er *gewinnt und behält sie* nur durch *Bewährung* seiner Kräfte im Leben. Er muß Wunder tun, wenn er ein Prophet, Heldentaten, wenn er ein Kriegsführer sein will. Vor allem aber muß sich seine göttliche Sendung darin 'bewähren', daß es denen, die sich ihm gläubig hingeben, *"wohlergeht"* (Weber 1972, S. 656). Den Hinweis darauf, daß der Charismatiker sich in den Augen seiner Anhänger bewähren muß, haben Givant und Bensman dahingehend interpretiert, "that there is an experimental test of charisma" (1975, S. 579). Gewollt oder ungewollt erwecken sie damit den Eindruck, als ob von den Anhängern das Charisma als eine Art von Theorie oder Hypothese angesehen wird, die an der Wirklichkeit scheitern können muß. Genau besehen liefe das darauf hinaus, den Glauben mit der Wirklichkeit zu konfrontieren. Hält der Glaube dem Test stand, gilt er bis auf weiteres als bewährt, andernfalls müßte er als falsifizierte Annahme verworfen werden.

Anders als nach dem wissenschaftlichen Modell kann man den Akt der Bewährung probeweise als eine Form von erfolgsorientiertem Handeln beschreiben. Nach Habermas zeichnet sich dieses Handeln durch einen Tatsachenbezug, d.h. durch einen Bezug zur objektiven Welt aus. Indem wir verändernd in die Welt eingreifen, erheben wir den transsubjektiven Geltungsanspruch auf Wirksamkeit bzw. Effizienz.

>"Wie sich *'Wahrheit'* auf die Existenz von Sachverhalten in der Welt bezieht, so *'Wirksamkeit'* auf Eingriffe in die Welt, mit deren Hilfe existierende Sachverhalte hervorgebracht werden können" (Habermas 1981, S. 26).

Der im erfolgsorientierten Handeln eingebaute Geltungsanspruch erlaubt eine objektive Beurteilung der Handlung. Habermas definiert, daß eine Beurteilung dann objektiv sein kann, "wenn sie anhand eines *transsubjektiven* Geltungsanspruchs vorgenommen wird, der für beliebige Beobachter und Adressaten dieselbe Bedeutung hat wie für das jeweils handelnde Subjekt selbst" (1981, S. 27). Den ontologischen Voraussetzungen dieses Handlungsmodells zufolge fällt es schwer, Wundern den Rang objektiver Tatsachen einzuräumen. Nicht weniger zweifelhaft ist es, ob die Anhänger des Charismatikers sein Handeln (Wunder und Heldentaten) überhaupt

---

Anerkennung ist bei der charismatischen Herrschaft Folge und nicht Grund ihrer Legitimität.

an irgendeinem transsubjektiven Geltungsanspruch messen. Viel wahrscheinlicher ist es, daß der Glaube an das Übernatürliche und Ungewöhnliche erst eine Welt hervorbringt, in der sie einen Sinn erhalten. Die Welt des "Mysteriums" kennt keine objektive Wirklichkeit, in der Wunder als das enttarnt werden könnten, was sie in Wahrheit sind - Schimären eines Geistes, der den Kontakt zur objektiven Wirklichkeit verloren hat. Demnach entscheidet auch nicht die Wirksamkeit der Handlungen, sondern allein der Glaube der Anhänger über den Erfolg oder Mißerfolg des Charismatikers. Von einem empirischen Test kann keine Rede sein.

Nach Weber wird die gläubige Hingabe "an das Außerordentliche und Unerhörte, aller Regel und Tradition Fremde und deshalb als göttlich Angesehene, ... aus Not und Begeisterung geboren" (1972, S. 657). Den Ausschlag geben zumeist außergewöhnliche Problemlagen, die das Vorliegen einer inneren und/oder äußeren Krise signalisieren. Sie entstehen beispielsweise dann, wenn ein gesellschaftliches Ordnungsgefüge kollabiert oder über Generationen tradierte Deutungsmuster ihre Sinn- und Orientierungsfunktion einbüßen. Anlässe für Krisen liegen aber auch vor, wenn als sicher geglaubte Heilszustände wie Gnade oder Erlösung in Zweifel geraten, Krankheit und Tod den Menschen bedrohen oder Naturkatastrophen Besitz und Gesundheit zerstören. Solche und mögliche andere krisenhafte oder katastrophische Situationen sind der eigentliche Resonanz- oder Nährboden der Entstehung und Konjunktur des Charisma.[31] Die Lokalisation seiner Entstehungsbedingungen und -voraussetzungen in anomischen Zuständen darf allerdings nicht zu der Annahme verleiten, daß jede politische, soziale, ökonomische oder wie auch immer geartete Krise automatisch die Bereitschaft weckt, sich einem Charismatiker zuzuwenden. Die situativen Umstände stellen lediglich eine notwendige, keinesfalls aber hinreichende Bedingung dar. Psychologisch gesehen erzeugen sie in den

---

[31] Für Tenbruck reflektiert das Auftreten des Charisma eine anthropologische Dauerproblematik, Er schreibt: "Weber geht also von einer anthropologischen Dauerproblematik aus, die schlicht deshalb universal ist, weil an der Welt stets etwas als spezifisch sinnlos empfunden wird, eventuell in der einfachsten Form des akuten Leids. Daraus resultiert als weitere anthropologische Konstante die Suche nach 'Charisma' also außeralltäglichen Erlebnissen, welche die verschiedensten Formen annehmen können, wie beispielsweise magische Macht über Dinge, Ausblendung der leidvollen Wirklichkeit durch Techniken (Ekstase, Drogen u.ä.) aber auch, wie in den eigentlichen Theodizeen der Weltreligionen, Erklärung des Sinnlosen als vorläufig, vordergründig, zwar verschuldet, aber überwindbar" (1975, S. 686).

Betroffenen ein Gefühl der Erregung, Begeisterung und Hoffnung, das die innere Annahmebereitschaft für exeptionelle Problemlösungs- und Deutungsversuche erhöht, die die Not als prinzipiell überwindbar interpretieren. Schafft es das Charisma mit Hilfe der Vorbedingungen, die sein Auftreten und seine Virulenz begünstigen, den einzelnen in seinen Bann zu ziehen, so geht dessen gesamtes Verhalten in ein außeralltägliches Handeln über.

2.3.1.2 Die Außeralltäglichkeit des Handelns

Die gläubige Hingabe an das Charisma bewirkt eine Revolutionierung der gesamten Tatenrichtung. Je vollständiger der einzelne von ihm erfaßt wird, desto mehr drängt es ihn aus den Schablonen seiner vorangegangenen Lebensführung hinaus, die Ordnung, Stabilität und Sicherheit verbürgte. Alles Handeln tritt in den Dienst des Sendungsprinzips und wird so zu einem im wörtlichen Sinne verstandenen "Beruf". Die Ausfüllung dieses Berufs verlangt, daß "die Träger des Charisma: der Herr wie die Jünger und Gefolgsleute ... außerhalb der Bande dieser Welt stehen, außerhalb der Alltagsberufe ebenso wie außerhalb der alltäglichen Familienpflichten" (Weber 1972, S. 656). Das Erfordernis zu einem solchen außeralltäglichen, d.h. Familie und Beruf entsagendem Handeln wird durch die biblische Überlieferung besonders anschaulich und ausdrucksstark dokumentiert. So soll Jesus nach evangelistischem Zeugnis zur Rekrutierung seiner Gefolgschaft die Formel geprägt haben, daß, "wenn jemand zu mir kommt und nicht seinen Vater und seine Mutter und seine Frau und seine Kinder und seine Brüder und seine Schwestern haßt, dazu auch seine eigene Seele, kann er nicht mein Jünger sein" (Luk. 14,16).[32] Einschneidende Folgen hat die Sendung aber auch für das wirtschaftliche Handeln. Das, was alle, die unter dem Einfluß des Charisma stehen, zurückweisen, ist "die traditionale oder rationale *Alltags*wirtschaft, die Erzielung von regulären 'Einnahmen' durch eine darauf gerichtete kontinuierliche wirtschaftliche Tätigkeit" (Weber 1972, S. 142). Mit Entschiedenheit widersetzt sich das Charisma jeder ökonomischen Verwertung der Gnadengaben. Der Charismatiker und seine Gefolgsleute sind darauf angewiesen, ihren Lebensbedarf durch Gelegenheitserwerb zu decken. In friedlicher Mission geschieht dies zumeist durch die Beschaffung mäzenatischer Mittel oder das Erbetteln materieller Resourcen. Ist

---

[32] Diesen Hinweis verdanke ich Bendix (1964, S. 229).

der Charismatiker ein Kriegsheld, besteht die Bedarfsdeckung aus Beute, Raub und Erpressung. Die dabei auf der Basis des Gelegenheitserwerbs beschafften Mittel unterliegen dem Gebot, daß sie in Form eines Kameradschafts- oder Liebeskommunismus gemeinsam verzehrt werden müssen. So lebt denn das Charisma "zwar in und doch nicht von dieser Welt" (Weber 1972, S. 655). Es beutet die bestehenden traditionalen und rationalen Alltagsgebilde aus. Aus deren Perspektive betrachtet ist die charismatische Bedarfsdeckung allerdings "eine typische Macht der 'Unwirtschaftlichkeit'. Denn sie lehnt jede Verflechtung in den *Alltag* ab. Sie kann nur, in voller innerer 'Indifferenz', unsteten *Gelegenheits*erwerb sozusagen 'mitnehmen'" (Weber 1972, S. 142).

Doch obwohl sich im Einflußbereich des Charisma nur unstetes ökonomisches Handeln entfalten kann und jeder, der sich vollends an der Sendung orientiert, zur Aufgabe von Familie und Beruf gezwungen ist, fehlt es der charismatischen Herrschaft weder an Form noch Struktur. Vielmehr ist sie - nach dem Urteil Webers - "eine ausgeprägte soziale Strukturform mit persönlichen Organen und einem der Mission des Charismaträgers angepaßten Apparat von Leistungen und Sachgütern" (1972, S. 659). Den Sinn dieser Strukturform kann man mit Schluchter darin sehen, daß sie "die Alltagsenthobenheit der Herrschaft" (1979, S. 182) sichert. Vielleicht könnte man sogar sagen, daß es sich hierbei um die Struktur einer dem Alltag entgegengesetzten Sinnprovinz mit eigenem Erlebnis-, Handlungs- und Erkenntnisstil handelt. Der Aufrechterhaltung dieser Wirklichkeitsregion sind allerdings enge Grenzen gesetzt. Ständig steht sie in der Gefahr, in ihr Gegenteil umzuschlagen und in die Bahnen des Alltags zurückzufluten. Als treibende Kräfte dieser Veralltäglichung des Charisma spielen eine Reihe von Ursachen und Motiven eine Rolle, die zugleich Webers Vorstellung vom Alltag näher zu präzisieren helfen. Es wird daher vorrangig darauf ankommen, eine Idee von der Veralltäglichung des Charisma zu gewinnen.

2.3.1.3 Die Veralltäglichung des Charisma oder die Rückkkehr zum Alltag, dem rationalen, dauerhaften und verstehbaren Handeln

Aus innerer und/oder äußerer Not geboren, stellt die charismatische Herrschaft eine Form der Gewaltausübung dar, die ihre Legitimität einzig und allein dem Glauben der Beherrschten an die außeralltäglichen, übernatürlichen und ungewöhnlichen Fähigkeiten und Kräfte ihres Führers verdankt. Wie für keine andere auf Legitimität gegründete Gewalt ist ihr gesamtes Schicksal untrennbar mit der Frage der Bestandserhaltung verbunden. Überleben kann die charismatische Herrschaft nur, wenn es ihr gelingt, sich als eine dauerhafte Form der Gewaltausübung zu etablieren. Sie muß kontinuierlich, d.h. über den Moment der revolutionären Emphase hinaus wirken, da sie nur so ihre Existenz behaupten kann. Doch schon allein der Versuch, dem außeralltäglichen Handeln Dauerhaftigkeit, Stetigkeit und Berechenbarkeit zu verleihen, konfrontiert das Charisma mit einem Ansinnen, das gerade das Gegenteil von dem will, was es seiner Natur nach ist, nämlich ein unstetes und von Okkasionalität geprägtes außeralltägliches Gebilde. Trotz dieser Perspektive bleibt der charismatischen Herrschaft keine andere Wahl: Entweder nimmt sie ihren Untergang hin, oder aber sie vollzieht eine Wandlung, die ihren Charakter soweit umformt, daß sie als dauerhafte Herrschaft bestehen kann, und büßt dabei als Preis ihre eigene Identität ein. "To survive it must change, but in changing it must give up its definitive, essentially charismatic qualities" faßt Toth (1972, S. 93) das Dilemma der charismatischen Herrschaft zusammen, aus dem es prinzipiell keinen Ausweg gibt. In reiner Gestalt kommt daher das Charisma eigentlich nur in statu nascendi, d.h. in einem unterstellten Anfangsstadium vor, das bereits den Kulminationspunkt markiert, von dem aus die Entwicklung unaufhörlich abwärts weist. Jeder Augenblick ihres Daseins bringt sie näher an den Rand ihrer Existenz. Sie wird, sofern sie den Weg der Umbildung in eine dauerhafte Herrschaftsform einschlägt, entweder traditionalisiert oder legalisiert; in jedem Falle aber wird sie auf ihre Ausgangsbasis - den Alltag - zurückgebogen. Letztlich teilt die charismatische Herrschaft damit das Schicksal aller revolutionären Bewegungen, die mit großem Elan die Welt nach ihrem Willen umzugestalten begannen, aber schon nach kurzer Zeit in Verkrustungen erstarrten. Daran läßt sich erkennen, daß Weber einer gelegentlich propagierten permanenten Revolution wohl kaum eine reale Chance eingeräumt hätte.[33]

Das Interesse an einer dauerhaften Fortsetzung der charismatischen Herrschaftsbeziehung geht zumeist von dem Führer der Bewegung

---

[33] Vgl. hingegen die Äußerung von Winckelmann: "Dem Charismatismus stehen seinem Wesen entsprechend prinzipiell zwei Wege offen: a) zwecks Perpetuierung und ständiger Erneuerung des charismatischen Erlebnisses und Beutemachens die Revolution für permanent zu erklären; b) im Wege der restaurativen Traditionalisierung und Konventionalisierung alsbald um die Sicherung der errungenen Vorteile besorgt zu sein" (1952, S. 34).

- stärker aber noch von den Jüngern und Gefolgsleuten aus. Nicht selten haben sie sogar den Wunsch, "das Charisma und die charismatische Beglückung der Beherrschten aus einer einmaligen, äußerlich vergänglichen freien Gnadengabe außerordentlicher Zeiten und Personen in ein Dauerbesitztum des Alltags zu verwandeln" (Weber 1972, S. 661). Wie Weber nachdrücklich betont, wandelt sich in einem solchen Fall "unerbittlich der innere Charakter der Struktur. Einerlei, ob aus der charismatischen Gefolgschaft eines Kriegshelden ein Staat, aus der charismatischen Gemeinde eines Propheten, Künstlers, Philosophen, ethischen oder wissenschaftlichen Neuerers eine Kirche, Sekte, Akademie, Schule, aus einer charismatisch geleiteten, einer Kulturidee verfolgenden Gefolgschaft eine Partei oder auch nur ein Apparat von Zeitungen und Zeitschriften wird, - stets ist die Existenzform des Charisma nun den Bedingungen des Alltags und den ihn beherrschenden Mächten, vor allem: den ökonomischen Interessen, ausgeliefert. Stets ist dies der Wendepunkt ..." (Weber 1972, S. 661). Das Charisma wird aufgerieben und an den Alltag assimiliert.

Zu einem besonders drängenden Problem wird die Frage der Bestandserhaltung immer dann, wenn die Leitfigur der Bewegung - die charismatische Führerpersönlichkeit - wegfällt. Tritt diese Situation ein, sehen sich die Jünger und Gefolgsleute vor die Schwierigkeit gestellt, einen Leiter für die Gemeinschaft zu finden, der wie sein Vorgänger charismatisch begnadet sein muß. Die Wahl eines Nachfolgers scheidet von vornherein aus, denn das würde dem Sinn von Charisma als einer "Gabe", die einem zuteil wird, grundlegend widersprechen. Eigentlich kann nur eine neue Epiphanie das Nachfolgerproblem lösen. Das passive Warten auf die Erscheinung des Herrn bedeutet jedoch eine hochgradige Gefährdung für den Zusammenhalt der charismatischen Gemeinschaft. Um dieser Gefahr zu begegnen, kommt es daher zumeist zur Aufstellung von Verfahren, die das Aufsuchen eines Nachfolgers erlauben. Weber unterscheidet mehrere Möglichkeiten. U.a. gibt er an:

1. Die Ernennung eines neuen Charismatikers erfolgt nach festgelegten Regeln oder Kriterien, die einen Berufenen ausweisen. Nach Weber erfolgt auf diese Weise zum Beispiel die Ernennung des neuen Dalai Lama.

2. Der bisherige Inhaber des Charisma designiert seinen Nachfolger. Ihn anzuerkennen ist dann die Pflicht der seiner Herrschaft Unterworfenen.

3. Der charismatisch qualifizierte Verwaltungsstab nimmt eine Designation des neuen Herrschers vor. Auch hierbei gilt die Pflichtmäßigkeit der Anerkennung seitens der Beherrschten.

Die Lösung des Nachfolgerproblems nach einem der drei angegebenen Verfahren bringt stets eine "Versachlichung"[34] des Charisma mit sich. Sie besteht darin, daß an die Stelle der Berufung durch eine höhere Gewalt profane Selektionskriterien treten. Damit aber verschiebt sich die Legitimationsgrundlage von dem Glauben an die außeralltäglichen Fähigkeiten und Kräfte hin zu dem Glauben an die Rechtmäßigkeit des Verfahrens. Die charismatische Herrschaft nimmt in gewisser Weise die Gestalt einer rational begründeten Herrschaft an und verliert dabei ihren originären Sinn. Sie wird selbst zu einer Form alltäglicher Herrschaft.

Gegenüber den genannten Ursachen, die zu einer Veralltäglichung, d.h. Rückbildung des Charisma führen, scheint es eher unwahrscheinlich zu sein, daß sie an ihrer eigenen Legitimationsgrundlage - dem Glauben an die außeralltäglichen Fähigkeiten und Kräfte einer Person - unterzugehen droht. Nach Weber ist dieser Glaube deshalb eine stets virulente Gefahrenquelle, weil er zu seiner Aufrechterhaltung ständig genährt werden muß. Der Charismatiker unterliegt der Beweispflicht. Er muß zeigen, daß seine "Begnadung" Bestand hat und sich nicht verflüchtigte. Kommt der Charismatiker seiner Verpflichtung nicht nach oder schlagen die Verifikationsversuche seiner exeptionellen Fähigkeiten fehl, so droht nach Weber der Zerfall und das Ende seiner außeralltäglichen Mission:

> "Bleibt die Bewährung dauernd aus, zeigt sich der charismatische Begnadete von seinem Gott oder seiner magischen oder Heldenkraft verlassen, bleibt ihm der Erfolg dauernd versagt, vor allem: *bringt seine Führung kein Wohlergehen für die Beherrschten*, so hat seine charismatische Autorität die Chance, zu schwinden" (Weber 1972, S. 140).

Die sehr vorsichtige Formulierung von einer "Chance" des Scheiterns läßt darauf schließen, daß sich Weber offenbar dessen bewußt war, daß nicht jeder Fall von mißlungener Bewährung in den Augen der Jünger auch als solcher gewertet wird. Zahlreiche sozialpsy-

---

[34] Einen höchst interessanten Interpretationsvorschlag hat Schluchter (1979, S. 184ff.) unterbreitet. Für ihn bezieht sich das Begriffspaar alltäglich - außeralltäglich auf eine strukturelle Dimension. Den Gegensatz von persönlich und sachlich möchte er demgegenüber entwicklungsgeschichtlich verstanden wissen.

chologische und ethnologische Studien[35] legen ein eindringliches Zeugnis davon ab, daß selbst die krassesten Mißerfolge eines Charismatikers seine Autorität nicht beeinträchtigen können. Zur Verdeutlichung sei hier nur ein Beispiel herausgegriffen, das aus der Arbeit von Mühlmann über "Chiliasmus und Nativismus" stammt. Über den Umgang mit fehlgeschlagenen Weltuntergangsprophezeiungen heißt es dort u.a.:

> "'Wenn es diesmal nicht geklappt hat, wird es das nächste Mal klappen', - das scheint in der Tat die Psychologie vieler Propheten, aber auch ihrer Nachläufer zu sein. Mannigfache Ausreden bieten sich dem dementierten Propheten an. Einfach ist die Berufung auf den unerforschlichen Ratschluß Gottes, entschuldigend die Ausrede, es sei ein Fehler in der Datumsberechnung unterlaufen, aggressiver dagegen schon die Erklärung: Ihr Gläubigen habt irgend etwas falsch gemacht, und darum ist das Ergebnis nicht eingetreten; oder aber: Ihr habt Ungläubige unter euch geduldet, die haben das Resultat verdorben! Oder der Prophet greift zur Technik des verblüffenden Überbietens, indem er eine noch weiter greifende Prophezeiung aufmacht" (1961, S. 274).

Offenbar muß man es dem besonderen Einfallsreichtum und der Erfindungsgabe des Propheten zurechnen, daß er sein Charisma trotz fehlgeschlagener Prophetien aufrechterhalten kann. Erstaunlich aber ist, daß seine Gefolgsleute die Ausflüchte und Ausreden bereitwillig akzeptieren und sie nicht als Beleg seiner Inkompetenz werten. Das läßt sich nur so erklären, daß der Glaube an außeralltägliche Fähigkeiten und Kräfte durch noch so viele Gegenbeweise nicht widerlegt werden kann. Vieles spricht dafür, daß der Glaube durch die Einführung von kognitiven Hilfskonstruktionen eine Abstützung erfährt. Darüber geben u.a. die umfangreichen und detaillierten Forschungsergebnisse von Evans-Pritchards Untersuchung über Hexerei, Orakel und Magie bei den Azande Auskunft. Evans-Pritchard berichtet in seiner ethnologischen Arbeit von einem sogenannten "Giftorakel", das im Leben der Azande eine herausragende Rolle spielt. Bei nahezu allen stammesgesellschaftlich relevanten Ereignissen wie z.B. Heirat, Geburt, Ehebruch, Jagd o.ä. wird das Orakel zu Rate gezogen. Das geht in folgender Weise vor sich: Ein nach Einhaltung ritischer Vorschriften geeigneter Bediener des Orakels flößt einem Huhn oder Küken ausschließlich zu diesem Zweck hergestelltes Pflanzengift ein. Während das Gift im Körper des Tieres seine Wirkung entfaltet, legt der Ratsuchende dem Orakel die

---

[35] Vgl. Festinger (1956).

zur Entscheidung stehende Frage vor. Sie ist so formuliert, daß z.B. im Falle eines vermuteten Ehebruchs der Tod des Kükens die Schuld des Ehebrechers beweist. Dieser Prozedur muß eine zweite Probe folgen, bei der die Wahrheitsbedingungen umgekehrt werden. Beispiel:

> *Erste Probe.*
> Wenn X Ehebruch begangen hat, Giftorakel, töte das Huhn. Wenn X unschuldig ist, Giftorakel, schone das Huhn. Das Huhn stirbt.
> *Zweite Probe.*
> Das Giftorkale hat X des Ehebruchs für schuldig erklärt, indem es das Huhn tötete. Wenn seine Erklärung wahr ist, laß es dieses zweite Huhn schonen. Das Huhn überlebt.
> *Resultat.*
> Ein gültiges Urteil. X ist schuldig."
> (Evans-Pritchard 1978, S. 203).

Nicht immer nimmt die Orakelbefragung einen derart widerspruchslosen Verlauf. Gelegentlich wird die erste Probe nicht durch die zweite bestätigt. Solche offenkundigen Widersprüche, die die Funktionsweise des Orakels in Frage stellen, beantworten nach Evanspritchard die Azande mit sogenannten "Hilfskonstruktionen des Glaubens". Beispielsweise wird das Versagen der Orakelbefragung mit der "Verletzung eines Tabus", dem "Zorn böser Geister" o.ä. erklärt. Mit Hilfskonstruktionen des Glaubens reagieren die Azande aber auch, wenn der Glaube an das Orakel durch Außenstehende in Zweifel gezogen wird. Mehr noch: Jeder Versuch, das Orakel zu widerlegen, gilt in den Augen der Azande als indirekte Bestätigung ihres Glaubens. Evans-Pritchard schreibt:

> "Der Leser möge sich einen Einwand überlegen, der alle Behauptungen der Zande über die Kraft des Orakels völlig zunichte machten würde. Übersetzt man ihn in die Denkweise der Zande, würde er zur Unterstützung der gesamten Struktur ihres Glaubens dienen. Denn ihre mystischen Vorstellungen sind in hohem Maße kohärent, sie sind durch ein Netzwerk logischer Verknüpfungen untereinander verbunden und so angeordnet, daß sie niemals allzu kraß der sinnlichen Erfahrung widersprechen, sondern im Gegenteil durch die Erfahrung gerechtfertigt zu werden scheinen" (1978, S. 216).

Den unwiderlegbaren Glauben an die Funktionstüchtigkeit des Orakels haben Mehan und Wood (1976) mit Hilfe des ethnomethodologischen Theorems der Reflexivität gedeutet. Dieses Theorem besagt, daß "ausgehend von dem unkorrigierbaren Glauben an Orakel ... alle Ereignisse *reflexiv* zum Beweis für diesen Glauben" werden (Mehan/Wood 1976, S. 32).[36]

Die Standhaftigkeit des Glaubens an die außeralltäglichen, übernatürlichen und ungewöhnlichen Fähigkeiten und Kräfte scheint also weder durch fehlgeschlagene Beweise noch durch Widerlegungen zu erschüttern zu sein. Daher muß auch die Gefahr, die von den Legitimitätsgrundlagen charismatischer Herrschaft für ihren Bestand ausgeht, als eher gering eingestuft werden. Zumindest aber ist sie wesentlich geringer als das Gefahrenpotential, das die *materiellen Interessen* aufbieten. Sobald sie zum Durchbruch gelangen - was regelmäßig geschieht - sieht sich die charismatische Herrschaft zum Rückzug gezwungen. Der Weg zurück zum Alltag wird stets dann beschritten, wenn das Verlangen des Verwaltungsstabes nach einer Kapitalisierung der Sendung die Oberhand gewinnt. Nach Weber ist nur eine kleine, besonders begeisterte Schar von Jüngern und Gefolgsleuten andauernd dazu bereit, den "Beruf" nur "ideell" für ihr Leben zu nutzen. "Die Masse der Jünger und Gefolgen will ihr Leben (auf die Dauer) auch *materiell* aus dem 'Beruf' machen und muß dies auch, soll sie nicht schwinden" (Weber 1972, S. 145). Die ökonomische Verwertung der Gnadengaben kann dabei die Aufstellung von Rekrutierungsnormen und eine präzise Regelung der Erwerbschancen in Form von Pfründen, Ämtern und Lehen zur Folge haben. Solche Einrichtungen sind dem reinen Charisma seinem Wesen nach fremd und mit ihm völlig unvereinbar. Doch gibt es grundsätzlich keine Rezeptur gegen das "ideelle und noch stärker materielle Interesse des *Verwaltungsstabes:* der Gefolgschaft, Jüngerschaft, Parteivertrauensmänner usw., daran: die Existenz der Beziehung ... so fortzusetzen, daß dabei die eigene Stellung ideell und materiell auf eine dauerhafte *Alltags*grundlage gestellt wird: äußerlich Herstellung der *Familien*-Existenz oder doch der *saturierten* Existenz an Stelle der weltenthobenen familien- und wirtschaftsfremden 'Sendungen'" (Weber 1972, S. 143). Das Los der charismatischen Herrschaft zu veralltäglichen, wird allein dadurch entschieden, daß Bettel, Raub und Schenkung als parasitäres "Wirtschaftsverhalten" untaugliche Mittel sind, um eine kontinuierliche Gewaltausübung zu fundamentieren. Die Überlebensfrage der Autorität ist immer auch zugleich eine Frage ihrer ökonomischen Basis. Da jedoch das Charisma "eine prinzipiell außeralltägliche und deshalb notwendig

---

[36] Vgl. hierzu S. 184.

außerwirtschaftliche Macht" darstellt, wird es "in seiner Virulenz gefährdet, wenn die Interessen des ökonomischen Alltags zur Übermacht gelangen, wie das überall zu geschehen droht" (Weber 1972, S. 660). Wie zur Abrundung seines Urteils fügt Weber schließlich hinzu:

> "Die Veralltäglichung des Charisma ist in sehr wesentlicher Hinsicht identisch mit Anpassung an die Bedingungen der Wirtschaft als der kontinuierlich wirkenden Alltagsmacht. Die Wirtschaft ist *dabei* führend, nicht geführt" (1972, S. 148).

Gelenkt wird das Charisma, und zwar zurück auf die Ebene des Alltags, die es zuvor verlassen hatte.

Die Behandlung der wesentlichsten Ursachen und Motive der Veralltäglichung kann damit als abgeschlossen betrachtet werden. Tritt die Veralltäglichung ein, d.h. "flutet die Bewegung, welche eine charismatisch geleitete Gruppe aus dem Umlauf des Alltags heraushob, in die Bahnen des Alltags zurück, so wird zum mindesten die reine Herrschaft des Charisma regelmäßig gebrochen, ins 'Institutionelle' transponiert und umgebogen, und dann entweder geradezu mechanisiert oder unvermerkt durch ganz andere Strukturprinzipien zurückgedrängt oder mit ihnen in den mannigfachsten Formen verschmolzen und verquickt, so daß sie dann eine faktisch untrennbar mit ihnen verbundene, oft bis zur Unkenntlichkeit entstellte, nur für die theoretische Betrachtung rein herauszupräparierende Komponente des empirischen historischen Gebildes darstellt" (Weber 1972, S. 661). Die Folgerung, die daraus gezogen werdn kann, ist, daß ein rein an außeralltäglichen Orientierungen ausgerichtetes Handeln nicht auf Dauer gestellt werden kann. Alle Bemühungen, dieses Ziel zu erreichen, sind von vornherein zum Scheitern verurteilt und damit zwecklos. Das liegt daran, daß dem ausschließlich an außeralltäglichen Orientierungen ausgerichteten Handeln jede Verwobenheit mit den materiellen Interessen fehlt. Im Gegensatz zu der entfesselnden Wirkung der charismatischen Idee, vermögen offenbar nur sie, dem Handeln Dauerhaftigkeit, Stabilität und Stetigkeit zu verleihen, d.h. es mit den Attributen auszustatten, die Weber mit der Vorstellung des Alltags verbindet. Das ist jedenfalls der Eindruck, den man aus der These gewinnt, daß vor allem die materiellen Interessen die charismatische Herrschaft zur Veralltäglichung zwingen. Worin besteht nun aber dieser Alltag, der Ausgangs- und Endpunkt aller charismatischen Eruptionen ist und der das dauerhafte, rationale Handeln zum Definiens seiner Bestimmungsversuche macht?

2.3.1.4 Die Kategorie des Alltags - das rationale Handeln

Die vorangegangene Auseinandersetzung mit der Veralltäglichung des Charisma wurde notwendig, um die eingangs geäußerte Behauptung, daß der Kategorie des Alltags in Webers Soziologie eine nicht minder gewichtige Funktion als so manchem idealtypisch gefaßten Begriff zukommt, bis an die Schwelle heranzuführen, an der die Bedeutung der Kategorie Alltag greifbar wird. Da Weber sie für seine Zwecke nicht systematisch fruchtbar gemacht hat, muß ihre Bestimmung in einer Art von Rückschlußverfahren erfolgen. Es mag sein, daß sich dabei die eine oder andere Spekulation in den Gang der Argumentation einschleicht. Das auszuräumen, wird späteren Arbeiten vorbehalten sein.

Vorab läßt sich feststellen, daß die Kategorie "Alltag" immer dann auftaucht, "wenn einerseits vom *'Zeitpunkt'* des qualitativen Umschlags der 'außeralltäglichen' Strukturen und Normen die Rede ist, andererseits wenn nach *Gründen* für diesen Umschlag gefragt wird" (Kessler 1972, S. 197). Die Verwendungskontexte der Kategorie geben unverkennbaren Aufschluß darüber, daß Weber dem Alltag den Stellenwert eines konservativen Gegengewichts zum Charisma einräumt, das allen Versuchen trotzt, sich ihm dauerhaft und nicht nur für kurze Zeit zu entziehen. Gerade so, als verfüge der Alltag über zentripetale Kräfte der Gravitation, fängt er die aus seiner Umlaufbahn herausgeschleuderten Eruptionen ein und zwingt sie in seinen Schoß zurück. Diese einzigartige Fähigkeit des Alltags, sich gegenüber seinen Transzendierungen durchzusetzen und zu behaupten, indem er sie auf sein Maß reduziert, weist auf eine überaus interessante Parallele in den Arbeiten von Alfred Schütz hin. Dieser hatte in seiner Theorie der "mannigfachen Wirklichkeiten" erklärt, daß der Mensch Bürger mehrerer - in sich hermetisch geschlossener - Sichtwelten ist. Je nach Grad unserer Bewußtseinsspannung erzeugen wir eine Welt des Traums, der Phantasie, des Spiels usw.. Wie extensiv die Reise des Bewußtseins in die diversen Subuniversa der Wirklichkeit auch immer sein mag, stets kehrt es nach einer bestimmten Verweildauer an seinen Ausflugszielen zu seinem "heimatlichen" Ausgangsort zurück. Diese "natürliche Heimstätte" des Bewußtseins bildet nach Schütz die Alltagswelt. Sie wird von ihm als eine "Vorzugsrealität" (paramount reality) beschrieben, die unserem Handeln und Wirken Widerstände entgegensetzt. Zwar geht Weber in seiner Argumentation nicht so weit wie Schütz und gibt die Alltagswelt als den "Archetypus unserer Erfahrungen" aus. Schon gar nicht operiert er mit einer Theorie der Bewußtseinsspannungen im Rücken. Dennoch hat seine Veralltäglichungsthese im Kern etwas von der bei Schütz anzutreffenden Prädominanz der Alltagswelt. Sie harmoniert mit dem Gedanken, daß alle Ausbrüche aus dem Alltag mit naturgesetzlicher Notwendigkeit zum Scheitern verurteilt sind.

Aus der Perspektive der Veralltäglichung präsentiert sich bei Weber der Alltag als Unterordnung des Handelns unter den Primat der materiellen Interessen. In erster Linie handelt es sich dabei um das Interesse an einer saturierten Existenz, deren Qualität und Umfang sich nach den vorhandenen Alltagsbedürfnissen bestimmt. Diesem materiellen Interesse korrespondiert die Wirtschaft. In institutionalisierter Form verkörpert sie den "geordneten, perennierenden Ablauf von Handlungen zum Zweck der planmäßigen Vorsorge für die Gewinnung des materiellen Güterbedarfs ..." (Weber 1972, S. 659). Die Berechenbarkeit, Dauerhaftigkeit und Stetigkeit, die sie bei der Bedarfsdeckung an den Tag legt, macht sie zu einem Alltagsgebilde erster Ordnung. Ausdrücklich bekennt Weber, daß für ihn der "Alltag die Stätte der Wirtschaft" (1972, S. 659) ist. Den "'berufsmäßig' organisierten Alltagskapitalismus" (1972, S. 659) begreift er sogar als "kontinuierlich wirkende Alltagsmacht" (1972, S. 148). Das von den materiellen Interessen angetriebene Wirtschaftshandeln stellt nach Weber also gewissermaßen den Prototyp rationalen Handelns im Alltag dar.

Auf eine kontinuierliche Befriedigung materieller Interessen ist nach Weber aber auch die traditionale bzw. die bürokratische Herrschaft eingestellt. "Die patriarchale Gewalt wurzelt in der Deckung des stets wiederkehrenden, normalen Alltagsbedarfs und hat daher ihre urwüchsige Stätte in der *Wirtschaft*, und zwar in denjenigen ihrer Zweige, welche mit normalen, alltäglichen Mitteln zu decken sind. Der Patriarch ist der 'natürliche Leiter' des Alltags. Die bürokratische Struktur ist darin nur ihr ins Rationale transponiertes Gegenbild. Auch sie ist Dauergebilde und, mit ihrem System rationaler Regeln, auf Befriedigung berechenbarer Dauerbedürfnisse mit normalen Mitteln zugeschnitten" (Weber 1972, S. 654). Beide Herrschaftstypen zeichnen sich in ihrer Angepaßtheit an die Alltagsdauerbedürfnisse durch die Stetigkeit ihres Bestandes aus, der ihnen die Chance der Kontinuität gibt. In diesem Sinne sind auch sie Alltagsgebilde. D.h.: Sie vertreten aufgrund ihrer Langlebigkeit und Stabilität die Alltagsformen der Macht. Herrschaft im Alltag bedeutet daher, daß er entweder unter patrimonialer Leitung organisiert oder durch bürokratische Verfahren regiert wird. Zumeist aber unterliegt er einer verwaltungsbedingten Reglementierung, insofern nämlich nach Weber gilt, daß "Herrschaft im Alltag primär Verwaltung" (1972, S. 126) ist.

Überhaupt scheint die Kategorie des Alltags allenthalben an Prozesse der Verstetigung und Verregelung anzuschließen, die in ihrer Typik auf das Verwaltungshandeln verweisen. Diesen Eindruck teilt auch Seyfarth, der von einer "Durchdringung des sozialen Handelns mit Verwaltungsgesichtspunkten" spricht (1979, S. 126). Darin deutet sich die bei Weber herauslesbare Tendenz an, den Alltag im ganzen mit der bürokratischen und verwalteten Welt zu identifizieren, gerade so, als wäre der Alltag ein Spätprodukt der zivilisatorischen Entwicklung, das mit dem Aufkommen der Moderne zusammenfällt. Gegen eine solche Historisierung von Webers Alltagskonzept indessen spricht seine Verwendung bei der Analyse des Traditionalismus. Dieser ist, wie Seyfarth dargelegt hat, gekennzeichnet durch den "Gegensatz und das Nebeneinander von Alltag und Charisma" (1979, S. 164). Demnach hat es zwar zu allen Zeiten einen Alltag gegeben, doch zeigt gerade die für den Traditionalismus behauptete Kombination von Alltag *und* Charisma, daß die alltägliche Lebenswelt nicht immer gegen die Einbrüche des Außeralltäglichen und Übernatürlichen gefeit war. Webers eigener Überzeugung nach fällt dem Charisma insbesondere in traditional gebundenen Epochen der Geschichte die Rolle einer revolutionären Macht zu, die die Verhältnisse von innen heraus, "von einer zentralen 'Metánoia' der Gesinnung der Beherrschten" (Weber 1972, S. 658) umkehrt. Die Anfälligkeit und Labilität des traditionalistischen Alltags gegenüber dem "Irrationalen" hängt eng damit zusammen, daß die traditionale und die charismatische Herrschaft sich in ihrer Struktur sehr ähnlich sind und oft bis zur Identität gleichen. Zu ihren auffälligsten Gemeinsamkeiten gehört die strenge Ausrichtung und Bindung an eine konkrete Führerpersönlichkeit: hier der Patriarch, dort der Charismatiker. Significant verschieden sind lediglich die Legitimationsgrundlagen. Während die traditionale Herrschaft auf dem Glauben an die Heiligkeit der Tradition beruht, fußt die charismatische Herrschaft auf der gläubigen Hingabe an das Außeralltägliche und Übernatürliche. Angesichts der ausgeprägten strukturellen Homologien verwundert es kaum, daß - in Webers Worten ausgedrückt - "der Weg vom ersten zum letzteren ... eben flüssig" ist (1972, S. 662). Erst in dem Maße, in dem die bürokratische Herrschaft Gewalt über den Alltag erlangte, streifte dieser seine Anfälligkeit gegenüber dem Noch-Nie-Dagewesenen beinahe vollständig ab.

Das Auf und Ab von Charisma und Alltag in den vergangenen Phasen der Geschichtsentwicklung erweckt den Eindruck eines Wechselspiels zwischen Ideen und Interessen. Folgt das Handeln ausschließlich Ideen, wird es aus den Bahnen des Alltags herausgedrängt. Gewinnen demgegenüber die materiellen Interessen die Oberhand, flutet es in das Gefüge des Alltags zurück. Tatsächlich aber wird nicht nur das außeralltägliche Handeln durch Ideen bestimmt. Da es durch Herrschaft mitstrukturiert und infolgedessen an Legitimitätsvorstellungen orientiert ist, steht auch das Alltagshandeln unter dem Einfluß von Ideen. Trotz seiner Ideenbedingtheit drängt es jedoch nicht wie das an den charismatischen Vorstellungen ausgerichtete Handeln aus dem Alltag hinaus, sondern bleibt, was es ist, nämlich Alltagshandeln. Das könnte damit zusammenhängen, daß das alltägliche Handeln sich von einer anderen Idee legitimer Herrschaft als das außeralltägliche Handeln leiten läßt. Grundsätzlich gibt es drei verschiedene Möglichkeiten der "Legitimitätsgeltung". Sie kann primär sein:

1. "*rationalen* Charakters: auf dem Glauben an die Legalität gesatzter Ordnungen und des Anweisungsrechts der durch sie zur Ausübung der Herrschaft Berufenen ruhen ... oder

2. *traditionalen* Charakters: auf dem Alltagsglauben an die Heiligkeit von jeher geltender Traditionen und die Legitimität der durch sie zur Autorität Berufenen ruhen ... oder endlich

3. *charismatischen* Charakters: auf der außeralltäglichen Hingabe an die Heiligkeit oder die Heldenkraft oder die Vorbildlichkeit einer Person und der durch sie offenbarten oder geschaffenen Ordnungen (ruhen) ..." (Weber 1972, S. 124).

Entsprechend dieser Unterteilung ergibt sich folgende Zuordnung von Handlungstypen zu Legitimitätsvorstellungen.[37] Das Alltagshandeln findet seine Ausrichtung entweder an dem Glauben an die Legalität gesatzter Ordnungen oder an dem Glauben an die Heiligkeit der Tradition. Demgegenüber fügt sich das außeralltägliche Handeln dem Glauben an die außergewöhnlichen und übernatürlichen Fähigkeiten und Kräfte einer Person. Bei aller Verschiedenartigkeit der Legitimitätsvorstellungen bleibt jedoch eines gemeinsam: Im Vor-

---

[37] Vgl. auch den Vorschlag von Winckelmann (1952, S. 36ff.).

dergrund steht jeweils ein Glaube, der sich gewissermaßen in den Köpfen der Individuen einnistet und von dort aus deren Verhalten dirigiert. Von einem Glauben wird das alltägliche ebenso wie das außeralltägliche Handeln gelenkt. Der grundlegende Unterschied zwischen den beiden Formen des Handelns jedoch ist, daß das Alltagshandeln zusätzlich zu seiner Ideenbedingtheit dem prägenden Einfluß materieller Interesssen erliegt. Das deutet darauf hin, daß nur in dem Fall, in dem Ideen und Interessen zusammenwirken, das Handeln auf Dauer gestellt werden kann, und daß es auch nur unter dieser Voraussetzung Verstehbarkeit, Kommunikabilität und intersubjektive Faßlichkeit, d.h. qualitative Rationalität erlangt. Jede einseitige Vormachtstellung von nur einem Beeinflussungspol führt ganz offenbar dazu, daß das Handeln entweder aus dem Alltag herausgedrängt oder unverstehbar wird. Ob diese Vermutung zutrifft, muß allerdings solange eine offene Frage bleiben, bis deutlich geworden ist, wie sich die Ideen zu den Interessen (und umgekehrt) verhalten.

2.4 *Beherrschen Ideen oder Interessen das Alltagshandeln?*

Die Kardinalfrage, ob Ideen oder Interessen das Alltagshandeln bewegen, scheint für Weber eindeutig zugunsten der zweiten Alternative entschieden zu sein. Nach seiner Einschätzung treiben das menschliche Verhalten hauptsächlich ideelle bzw. materielle Interessen an. Entweder wird gehandelt, um solch diesseitige Güter wie Glück, Wohlstand, Sicherheit und ein sorgenfreies Leben zu erlangen; oder aber das Handeln zielt auf den Besitz von Heilsgütern wie Gnade oder Erlösung ab. Grundsätzlich folgt jedes Handeln, gleichgültig von wem auch immer es vollzogen wird, einem der angegebenen Motive. Sie stellen gewissermaßen die energetische Leistung bereit, die zur Durchführung und Aufrechterhaltung des Handelns notwendig ist. Als reines Energiepotential vermögen die Interessen dem Handeln jedoch weder Sinn noch Richtung zu verleihen. Das zeigt sich beispielsweise daran, daß das Streben nach Erlösung grundmotivisch das gesamte Verhalten eines Menschen prägen kann, und doch bleibt ungewiß, *wovon* und *wozu* er erlöst sein will. Eine Antwort auf diese Fragen geben allein die Ideen. Nur sie sind laut Weber dazu in der Lage, die Richtung anzugeben, in der das Handeln verlaufen kann und soll. Er schreibt:

"Interessen (materielle und ideelle), nicht: Ideen, beherrschen unmittelbar das Handeln der Menschen. Aber: die 'Weltbilder', welche durch 'Ideen' geschaffen wurden, haben sehr oft als Weichensteller die Bahnen bestimmt, in denen die Dynamik der Interessen das Handeln fortgewegte" (Weber 1978, S. 252).

Diese - unter Weber-Interpreten mittlerweile zur Institution gewordene - Passage aus der Einleitung der "Wirtschaftsethik der Weltreligionen" zieht ziemlich genau den Trennungsstrich, an dem sich die unterschiedlichen Weltanschauungslehren in zwei entgegengesetzte Lager spalten. Mit der ersten Hälfte seiner Formulierung, die die Interessenbedingtheit des Handelns akzentuiert, legt Weber ein Bekenntnis ab, das so oder ähnlich auch aus der Feder eines eingeschworenen Materialisten hätte stammen können. Bei dieser Kongenialität fällt nicht sonderlich ins Gewicht, daß der dem Materialismus verpflichtete Schreiber den materiellen Interessen vermutlich Priorität einräumen und die ideellen Interessen eher für den Ausdruck eines unaufgeklärten und falschen Bewußtseins halten würde. Der Nachsatz über die Rolle der Ideen distanziert Weber jedoch sogleich von jedem Versuch, ihn für die materialistische Denkungsart vereinnahmen zu wollen.[38] Die Bedeutung, die er den Ideen zumißt, steht im direkten Widerspruch zu der These, daß Ideen nichts weiter als ein Reflex auf das Ensemble der gesellschaftlichen Verhältnisse sind und daher notwendig mit ihnen variieren. D.h.: gerät die Basis in Bewegung, pflanzen sich die Erschütterungen bis in den Überbau - "den Ideenhimmel" - fort. Stürzen die Verhältnisse um, gehen die Ideen mit ihnen unter. Gegenüber der Mechanik dieses zwar sehr plastischen, ansonsten aber doch sehr vereinfachenden Schematismus bietet Weber eine sehr viel differenziertere Position an. Statt einer Widerspiegelungstheorie das Wort zu reden, geht er von einer Gleichursprünglichkeit von Ideen und Interessen aus. Weder lassen sich für ihn die Ideen auf Interessen noch Interessen auf Ideen zurückführen. Beide haben unabhängig voneinander Bestand und verlaufen auf getrennten Entwicklungswegen. Die Interessen, die das Handeln bewegen, sind in ihrem Ursprung anthropologischer Natur. Wie Schluchter formuliert, ist der Mensch "als ein nicht nur sinn- und deutungs*stiftendes*, sondern auch sinn- und deutungs*bedürftiges* Wesen ... gleichsam in einer doppelten Notsituation gefangen: Es genügt nicht, daß er äußerlich überlebt, er muß auch

---

[38] Eine nach wir vor gute Darstellung von Webers Verhältnis zum Marxismus bietet Löwith (1973).

innerlich 'überlebensfähig' sein. Menschen kämpfen deshalb in der Regel um die Verteilung nicht nur der 'äußeren', sondern auch der 'inneren' Güter, und der eine Kampf kann, aber er muß nicht eine bloße Funktion des anderen sein" (1979, S. 39f.). Die ideellen bzw. materiellen Interessen reagieren auf die bereits erwähnten Situationen innerer und/oder äußerer Not, in denen sich ideelle oder materielle Entbehrungen einstellen. Desgleichen führen auch die Ideen ein von den Interessen "relativ" unabhängiges Eigenleben. Auch sie haben ihren eigenen Ursprung und ihre eigene Geschichte. Freilich muß man dabei sehen, daß Weber mit Ideen nicht jene singulären Produkte eines schöpferischen Intellekts meint, die in so manchem abgeschiedenen Studierzimmer geboren wurden. Weber gebraucht den Begriff der Idee "im herkömmlichen Sinn des vorigen Jahrhunderts. Ideen z.B. sind jene zu überpersönlicher Geltung gelangten Auffassungen, in denen grundlegende Aspekte des menschlichen Verhältnisses zur Welt artikuliert werden. Im weiteren Sinn also sind sie 'Weltbilder', im engeren besonders solche, die sich dem Bedürfnis und der Anstrengung einer kohärenten Weltauslegung verdanken und also vor allem von Religionsstiftern, Propheten, Intellektuellen geschaffen worden sind" (Tenbruck 1975, S. 685). Angesprochen sind mit dem Begriff der Idee die zu hochkomplexen Deutungsmustern aggregierten gedanklichen Vorstellungen, zu denen in erster Linie die von den monotheistischen Weltreligionen gestifteten Symbolsysteme, aber auch die vom mythischen Denken erzeugten Weltauslegungsformeln gehören. Von einer relativen Autonomie der Ideen auszugehen, heißt demnach, den durch sie geschaffenen Weltbildern funktionale Unabhängigkeit und damit ein Eigenrecht bescheinigen. Die Ausgestaltung und Fortentwicklung insbesondere der religiösmetaphysischen Weltbilder vollzieht sich *weder an der Welt und den in ihr waltenden Interessen, noch für sie.* In ihrer Entfaltung folgen sie einer weitgehend inhärent bestimmten Entwicklungsdynamik, die alle Züge einer Entwicklungslogik in sich birgt. Thematisch sind die von den verschiedenen Weltreligionen angebotenen "Kosmologien" allesamt um ein Kernproblem existentiellen Ausmaßes - das Problem der Theodizee - zentriert. Auf eine Kurzform gebracht lautet es: Wie kann die Allmacht und Allwissenheit eines überweltlichen Schöpfergottes mit der Unvollkommenheit der Welt vereinbart werden? "Und nicht nur das: Für den Gläubigen muß es eine plausible Deutung für seine eigene Betroffenheit von der Diskrepanz zwischen Schicksal und Verdienst, der ungleichen Verteilung von Glück und Leid, seiner Sündhaftigkeit, von Tod und Verfall geben" (Schluchter 1976, S. 265). Dieses Erfordernis hat auf die Entwicklung religiöser Deutungssysteme von jeher einen eigentümlichen Zwang ausgeübt - den Zwang, eine immer genauere Fassung und Lösung des Theodizeeproblems in Angriff zu nehmen. Als Reaktion auf diesen Druck bildeten sich die religiös-metaphysischen Weltbilder zu ihren inneren Konsequenzen fort. Tenbruck hat den bereits mit den Stammesreligionen einsetzenden Prozeß der Entwicklung religiöser Ideen ungemein präzise nachgezeichnet. Seine Ausführungen verdienen es, in voller Länge zitiert zu werden. Tenbruck schreibt:

> "Wenn irgendwann Menschen die Mächte, welche ihnen geheimnisvoll in der unbeherrschten Umwelt entgegentraten, nicht mehr als immanente Kräfte in den Dingen selbst betrachteten, viel mehr sich als hinter den Dingen stehende Wesen vorstellten, dann ist für Weber eine neue Idee in die Welt gekommen, und wenn sie daraus personale Wesenheiten machen, so ist das wiederum eine neue Idee. Ebenso war für Weber der monotheistische Begriff eines überweltlichen Gottes eine Idee, die erst einmal geboren werden mußte, aber, wenn einmal angenommen, weitreichende Folgen hatte. Vollends eine neue Idee bildete dann die Vorstellung, daß es sich um eine lohnende und strafende Gottheit handele, und zwar besonders dann, wenn daraus die weitere Vorstellung wurde, daß die Geschicke des Menschen sich im Diesseits und im Jenseits wesentlich nach der Einhaltung von solchen ethischen Geboten richteten. Nochmals eine neue Idee kam mit der Sendungsprophetie, also eben im Judentum, in die Welt, weil sich nun der Mensch als das in der Welt handelnde Werkzeug Gottes verstehen mußte. Und wiederum eine neue Idee war es, als der Protestantismus dem die Prädestination hinzufügte" (1975, S. 685).

Der These von der eigensinnigen Entfaltung der Weltbilder hat Winckelmann in einer jüngst erschienenen Publikation energisch widersprochen. Er glaubt, daß Weltbilder deshalb keiner Eigenlogik folgen, weil sie "keine 'autonom agierende' Wesenheiten, sondern ... menschliche *Artefakte* (und zugleich Bewußtseinsinhalte), 'Erfindungen', u.U. großen Stils (sind), die von Menschen für Menschen aus Gründen und zu Zwecken gemacht werden" (1980, S. 34). Sicherlich wird man nicht bestreiten können, daß die Weltbilder von Menschen gemacht und in Umlauf gesetzt worden sind. Und sicherlich trifft auch zu, daß daran bestimmte Trägerschichten beteiligt waren, wie Riesebrodt (1980, S. 126f.) im Gefolge von Winckelmann betont.[39] Alles das ist aber noch kein hinreichendes Argument, den Weltbildern grundsätzlich jede Eigenlogik ihrer Entwicklung abzusprechen. Beide Autoren verkennen den von der Theodizeeproblematik ausgehenden Zwang, sie unterschätzen die Virulenz

---

[39] Vgl. hierzu Tenbruck (1975); Riesebrodt (1980); Winckelmann (1980) und Sprondel (1973).

einmal geborener Ideen, die, einer selbstemergenten kritischen Masse verbleichbar, auf Vervollkommnung ihrer selbst zusteuern. Das übersieht auch Bendix, der mit Hintze die Meinung vertritt, daß dort, "wo Interessen kräftig verfolgt werden, .. sich auch eine Ideologie zu ihrer Beseelung, Verstärkung und Rechtfertigung (findet), und diese ist, als ein unentbehrliches Stück des Lebensprozesses selbst, in dem das Handeln besteht, ebenso wirklich wie die 'realen' Interessen selbst" (1964, S. 44; HvH.i.Orig.). Nach Weber sind die Ideen gerade nicht Derivate irgendwelcher Interessenkonstellationen, sondern autonome Konstrukte des menschlichen Verstandes mit eigener Entwicklungslogik.

Trotz ihrer Gleichursprünglichkeit und Autonomie besteht zwischen Ideen und Interessen ein ausgeprägtes Wechselverhältnis. Weber hat dieses Beziehungsgeflecht als "Wahlverwandtschaft" bezeichnet. Er greift damit in seiner Wortwahl auf den Titel eines gleichnamigen Romans von Goethe zurück, der die Beziehungen, die sich zwischen vier freundschaftlich miteinander verbundenen Hauptpersonen entwickeln, zum Thema macht. Die in dem Stück auftretenden Verwicklungen und Komplikationen werden nach dem Modell chemischer Elemente skizziert, die bei Annäherung anderer Stoffe plötzlich ihre bisherige Bindung lösen, um mit den hinzugetretenen Elementen eine neue Verbindung einzugehen. In der Sprache des Romans heißt es recht anschaulich:

> "In diesem Fahrenlassen und Ergreifen, in diesem Fliehen und Suchen glaubt man wirklich eine höhere Bestimmung zu sehen; man traut solchen Wesen eine Art von Wollen und Wählen zu und hält das Kunstwort Wahlverwandtschaft für vollkommen gerechtfertigt" (Goethe 1980, S. 42).

Vergleichbar der Synthese, zu der sich die chemischen Elemente zusammenschließen, gehen Ideen und Interessen eine wechselseitige Kombination ein. Sie folgen dabei einer Art von innerer Notwendigkeit, die daraus resultiert, daß beide aufeinander angewiesen sind. Auf der einen Seite bedürfen Interessen immer schon der Interpretation. Schließlich kommt keine Institution des gesellschaftlichen Verkehrs, die Interessen auf Dauer befriedigt, ohne jede Legitimationsanstrengung aus. Aus diesem Grund bedienen sich Interessen der Ideen zu ihrer Abstützung und Begründung. Auf der anderen Seite aber bedürfen auch Ideen der Interessen, und zwar zu ihrer Durchsetzung im Sinne der Entfaltung gesellschaftlicher Wirksamkeit. Nur die interessierende Idee vermag in das Weltgeschehen einzugreifen. Die reine, von gesellschaftlichen Interessenzusammenhängen unbefleckte Idee ist zur Wirkungslosigkeit verurteilt. Sind die Ideen aber erst einmal mit Interessen verbunden, dann betätigen sie sich als "Weichensteller", die auf dem Rangierbahnhof der Gesellschaftsprozesse die Bahnen bestimmen, in denen die Dynamik der Interessen das Handeln fortbewegt. Vielleicht ließe sich sogar parallel zu dem von Kant geprägten Diktum, demzufolge "Anschauungen ohne Begriffe blind und Gedanken ohne Inhalt leer sind" (1977, S. 98) formulieren, daß Interessen ohne Ideen blind, und Ideen ohne Interessen auf Dauer nicht durchsetzungsfähig sind.

Daß die Ideen zu iher langfristigen Durchsetzung und Entfaltung der Interessen bedürfen, bestätigt die im vorangegangenen getroffene Feststellung, daß ein ausschließlich an außeralltäglichen Orientierungen ausgerichtetes Handeln nicht auf Dauer gestellt werden kann. Wirkungslos sind die Ideen deshalb jedoch nicht. Tatsächlich beeinflussen sie ja das Handeln und zwar in der Richtung, daß es aus dem Alltag hinausgedrängt wird. Weber vertritt sogar die Meinung, daß das Charisma in einem "rein empirischen und wertfreien Sinn ... die spezifisch 'schöpferische' revolutionäre Macht der Geschichte" ist (1972, S. 658). Diese Rolle kann das Charisma nur deshalb ausfüllen, weil es in Beziehung zu den aus innerer und/oder äußerer Not geborenen Interessen tritt und sie zu befriedigen verspricht. Als reine, exzeptionelle Idee, ohne jede Ankoppelung an vorhandene Interessen, bliebe das Charisma ein geistiges Gebilde, das allenfalls zur Aufnahme in eine Ideengeschichte sich empfiehlt. Handlungsrelevant wäre es jedenfalls nicht. Damit stellt sich im Gegensatz zu den bisherigen Analyseergebnissen der Befund ein, daß beide, d.h. sowohl das alltägliche als auch das außeralltägliche Handeln durch Ideen und Interessen beeinflußt werden. Trotzdem kann das außeralltägliche nicht wie das Alltagshandeln auf Dauer gestellt werden. Wie läßt sich dieser Unterschied erklären? Auf der Hand liegt die Antwort, daß nicht die alleinige Verbindung von Ideen und Interessen ausschlaggebend für die Dauerhaftigkeit des Handelns ist. Vielmehr kommt es darauf an, *wie* die Ideen sich insbesondere zu den materiellen Interessen verhalten. Über das Schicksal der Ideen und damit das außeralltägliche Handeln entscheidet seine Stellung zu den Alltagsdauerbedürfnissen, die auf eine kontinuierliche Befriedigung drängen.

Das Charisma hat dort, wo es in Erscheinung trat, alles bisher Dagewesene umgewälzt und es geradezu in sein Gegenteil verkehrt. Gleichzeitig aber sind mit seinem Auftreten stets neue Ideen in die

Welt gekommen. Es repräsentiert daher nicht allein eine revolutionäre sondern eine "schöpferisch revolutionäre Macht der Geschichte". Alle großen Weltreligionen gehen in ihrem Ursprung auf Manifestationen charismatischer Stifterfiguren zurück, auch wenn es später "der intellektuellen Arbeit von Priestern, Mönchen, Weisheitslehrern (bedurfte), um diese neuen Ideen und Lebensweisen dogmatisch auszugestalten und zu einer traditionsfähigen Lehre zu 'rationalisieren'" (Habermas 1982, Bd. 1, S. 270). Das ändert jedoch nichts an der Funktion des Charisma, ein Generator für neue Ideen zu sein. Mit Recht formuliert daher auch Mommsen, daß das Charisma "in seiner weitesten Bedeutung die eigentliche Einbruchstelle der Ideen in die Mannigfaltigkeit strukturell oder material bedingter Kausalitäten der empirischen Realität" ist (1974, S. 122).

Das bedeutet nun aber, daß das früher diskutierte Verhältnis von Alltag und Charisma um einen weiteren Aspekt arrondiert werden muß. Die Erörterung der Veralltäglichungsthese konnte den Eindruck erwecken, als seien die mit naturgesetzlicher Notwendigkeit zum Scheitern verurteilten Ausbrüche aus der "normalen Existenz" lediglich Episoden innerhalb einer wechselvoll verlaufenden Geschichte, deren Wirkungen sich mit der Rückkehr in die geordneten und dauerhaften Bahnen des Alltags verflüchtigen. Zutreffender dürfte es nach dem bisher Gesagten sein, daß der Alltag nach einer charismatischen Eruption nicht mehr derselbe ist, der er ehedem war. Denn schließlich leben die vom Charisma geschaffenen Ideen fort. Sie bleiben als Orientierungsmuster erhalten, die das Handeln in bestimmte Bahnen zu lenken vermögen und dies auch getan haben, wie der Einfluß der Weltreligionen auf das Handeln hinreichend dokumentiert. Dieser zentrale Gesichtspunkt unterscheidet grundsätzlich die Alltagskonzeption Webers von derjenigen Alfred Schütz'. Für diesen bleibt die Transzendierung des Alltags in Form einer veränderten Bewußtseinsspannung ein für die alltägliche Lebenswelt völlig belangloses Unternehmen. Nicht der Hauch einer Veränderung stellt sich ein, wenn das Bewußtsein, nachdem es Subuniversa wie Traum, Spiel, Phantasie oder Wissenschaft durchschritten hat, zur Einstellung des Alltags zurückkehrt.

Die bleibende Wirkung der Ideen legt nochmals Zeugnis davon ab, daß auch das Alltagshandeln durch sie mitstrukturiert wird. Laut Seyfarth sind "ohne die Einwirkung außeralltäglicher Ideen (herrschaftssoziologisch: Legitimationsvorstellungen) .. soziale Ordnungen theoretisch nicht denkbar. Alltagshandeln trägt sich und diszipliniert sich nicht aus sich selbst heraus. Alltagshandeln in diesem Sinn ist nur als 'Synthese' der Außeralltäglichkeit und Alltäglichkeit denkbar" (1979, S. 169). Das Alltagshandeln käme jedoch nicht zustande, wenn sich nicht die Ideen mit den Interessen in einer Weise verbinden würden, in der die materiellen Bedürfnisse eine kontinuierliche Befriedigung erfahren. Gerade darin liegt der Unterschied zu dem außeralltäglichen Handeln, das nicht auf Dauer gestellt werden kann. Die Dauerhaftigkeit und Berechenbarkeit des Handelns macht allerdings noch nicht seine Rationalität aus. Die Verstehbarkeit, Kommunikabilität und intersubjektive Faßlichkeit, d.h. die qualitative Rationalität gewinnt das Alltagshandeln allein aus seiner Mitstrukturierung durch außeralltägliche Ideen, die ihm Sinn und Richtung verleihen. Dies ist für Weber das Modell, nach dem sich im Alltag die Konstitution rationalen Handelns vollzieht. Angewendet und erprobt wurde von ihm das Modell erstmals in seiner Studie über die "Protestantische Ethik und den Geist des Kapitalismus". Hier wird demonstriert, wie im Zusammenspiel von Ideen und Interessen das Handeln rationalisiert und gesellschaftlich folgenreich institutionalisiert wurde.

2.5 Die Konstitution rationalen Handelns in der historischen Lebensform des okzidentalen Rationalismus

Seine Studie über die "Protestantische Ethik und den Geist des Kapitalismus" hat Weber mit dem erklärenden Hinweis versehen, daß sie zur Illustration dessen beitragen soll, "wie überhaupt die 'Ideen' in der Geschichte wirksam werden" (1978, S. 82). Er verfolgt also das Ziel, den Einfluß von Ideen auf das Handeln an einem historischen Beispiel zu exemplifizieren. Als Gegenstand, an dem Weber sein Vorhaben realisieren will, nimmt er sich den modernen, berufsmäßig organisierten Kapitalismus vor, der für ihn neben vielen anderen zentralen Errungenschaften, wie die moderne Kompositionstechnik oder die siegreichen Erfindungen der Wissenschaften, die Originalleistung des okzidentalen Rationalismus repräsentiert.[40] Wirtschaftsaktivitäten, die den Namen kapitalistisch

---

[40] Obzwar zunächst nur als Einzeluntersuchung separat publiziert, gehört die Arbeit über die Protestantische Ethik und den Geist des Kapitalismus in den Gesamtzusammenhang von Aussagen und Analysen, die sich mit den vielfältigen Erscheinungsformen des okzidentalen Rationalismus und seiner Entstehungsgeschichte

verdienen, gab es indessen schon früher. Bereits im Mittelalter kam es zur Ausbildung größerer Handelsgesellschaften, die für einen regen Gütertransfer zwischen verschiedenen Zentren sorgten. Und auch die Antike kannte schon den freien Handel mit Warenmengen sowie das Institut eines Marktes, auf dem die Produkte des alltäglichen und gehobenen Bedarfs umgeschlagen werden konnten. Trotz der beachtlichen ökonomischen Leistungen blieb der Entwicklungsstand, den die vormodernen Gesellschaften erreichten, gering, im Vergleich zu dem ungeheuren Kosmos miteinander verbundener Institutionen, die der okzidentale Kapitalismus an der Schwelle zur Moderne entfaltete. Der Kapitalismus neuzeitlicher Prägung "setzt einmal Betriebe mit stehendem Kapital voraus, zweitens freie Arbeit im legalen Sinne sowie rationale Arbeitsteilung und Spezialisierung innerhalb der Betriebe und eine verkehrswirtschaftliche Leistungsverteilung auf der Grundlage kapitalistischer Erwerbswirtschaften. Nur der Kapitalismus kennt darüber hinaus die gesetzliche Form der Handelsgesellschaften, den Börsenhandel in Waren und Wertpapieren, den öffentlichen Kredit in Form von Rentenpapieremissionen und die Organisation der 'unternehmungsweisen Güter*herstellung* (nicht nur: Güterumsatz)'" (Bendix 1964, S. 48). Der Träger dieser auf vielfältige Weise miteinander verschlungenen Einrichtungen ist für Weber der moderne Wirtschaftsmensch, der "homo oeconomicus". Er, der sein Handeln plan- und absichtsvoll gestaltet,[41] steht gewissermaßen an der Wiege zur Neuzeit. Zwar haben Menschen zu allen Zeiten zielbewußt und wirtschaftlich gehandelt, gleichgültig, ob sie ihren Acker bestellten oder Handel in Form des Naturalientausches betrieben. Niemals zuvor aber folgte das Wirtschaftshandeln einer Gesinnung, die als "ethische Maxime" die gesamte Lebensführung der Wirtschaftssubjekte bis in jede einzelne Nervenfaser hinein durchtränkte. Das war neu: Der homo oeconomicus als ein rational agierendes Subjekt richtete sich in der Führung seines Lebens und Handelns an "ethisch gefärbten" Grundsätzen aus. An der Genese eben dieser Gesinnung, die die Erwerbstätigkeit zum reinen Selbstzweck erhob,[42] will Weber die

---

befassen. Zu dieser groß angelegten Thematik bildet die Protestantismusstudie gewissermaßen den Auftakt.

[41] Gerade darauf gründet der immer wieder gegen Weber in die Diskussion eingebrachte Vorwurf, daß er dem Typus des zweckrationalen Handelns absoluten Vorrang eingeräumt hat.

[42] Genauer gesagt handelt es sich hierbei um ein Verhältnis von Ideen zu Ideen.

Wirkung der Ideen innerhalb der Geschichte demonstrieren. Gezeigt werden soll, daß das unternehmerische Handeln und seine Rationalität Motiven entsprang, die sich dem Einfluß und der Einwirkung von außeralltäglichen Orientierungen verdanken. Es geht ihm daher um nicht weniger als um eine Demonstration der Konstitution rationalen Handelns in der historischen Lebensform des okzidentalen Rationalismus.

Grundsätzlich hätte die Möglichkeit bestanden, die Etablierung des Unternehmerhandelns unter den beiden gleichrangigen Gesichtspunkten - seiner Ideen- bzw. seiner Interessenbedingtheit - zu betrachten. Weber interessiert sich jedoch nur für den einen Pol, d.h. für die ideelle Komponente des Handelns. Diese Beschränkung seiner Untersuchung hängt mit der Absicht zusammen, "der am schwierigsten zu fassenden Seite des Problems näher zu kommen: der Bedingtheit der Entstehung einer 'Wirtschaftsgesinnung': des 'Ethos', einer Wirtschaftsform, durch bestimmte religiöse Glaubensinhalte, und zwar an dem Beispiel der Zusammenhänge des modernen Wirtschaftsethos mit der rationalen Ethik des asketischen Protestantismus" (Weber 1978, S. 12).[43] Aber selbst hierbei sollen nicht alle ideellen Züge der modernen Wirtschaftsethik geklärt und erörtert werden, sondern nur solche, die unmittelbar an deren Aufkommen beteiligt waren und eine besonders große Affinität zu den asketischen Zügen der protestantischen Ethik aufweisen. Wissen möchte Weber nur, "ob und in welchen Punkten bestimmte 'Wahlverwandtschaften' zwischen gewissen Formen des religiösen Glaubens und der Berufsethik erkennbar sind", und er hofft, "die Art und allgemeine *Richtung*, in welche infolge solcher Wahlverwandtschaften die religiöse Bewegung auf die Entwicklung der materiellen Kultur einwirkte" (Weber 1978, S. 83) verdeutlichen zu können. Dieser Anlage von Webers Untersuchung entspricht eine Sicht von "oben", bei der rekonstruiert werden soll, wie die Ideen auf ihrem Weg von der Ebene der Weltbilder durch das Nadelöhr des indi-

---

[43] Seit ihrem Erscheinen im Jahre 1904 hat die Protestantismusstudie Webers immer wieder zu lebhaften Kontroversen Anlaß gegeben. Nicht selten waren Mißverständnisse Auslöser der Kritik. Unterstellt wurde Weber u.a. die Absicht, er habe den Kapitalismus in seiner Gesamtheit als Werk der Reformation ausweisen wollen. Diese These, "daß der 'kapitalistische Geist' ... *nur* als Ausfluß bestimmter Einflüsse der Reformation habe entstehen *können*, oder wohl gar: daß der Kapitalismus als *Wirtschaftssystem* ein Erzeugnis der Reformation sei", weist Weber als "töricht doktrinäre" Zumutung zurück (1978, S. 83).

viduellen Bewußtseins Handlungsrelevanz erlangen und Rationalität konstituieren.

Die Wirtschaftsgesinnung, der der moderne homo oeconomicus folgte, war Webers Überzeugung zufolge nicht ex nihilo, sondern unter dem gestaltenden Einfluß von Ideen entstanden, die ihrer Herkunft nach religiösen Ursprungs sind. Das Unternehmerhandeln in der Geburtsstunde des okzidentalen Kapitalismus bezog seinen Sinn und damit seine Verstehbarkeit, Kommunikabilität und intersubjektive Faßlichkeit aus dem Kontext der Religion.

Der orientierungswirksame Einfluß der religiösen Kultur hatte das wirtschaftliche Handeln nicht von jeher befördert. Weitaus häufiger hemmte die Religion den Erwerbstrieb, indem sie ihm zahllose Fesseln auferlegte. Das zeigt sich beispielsweise an dem von der mittelalterlichen katholischen Kirche erlassenen "Zins- und Wucherverbot", das den Zugang zur Geldwirtschaft versperrte, sowie an dem allgemeinen Dekret, daß der Kaufmann niemals Gott gefallen kann (Homo mercator vix nunquam potest Deo placere).[44] Bevor eine Wirtschaftsgesinnung, die die gesamte Lebensführung mit ihren Inhalten durchtränkte, entstehen konnte, bedurfte es eines Abbaus der traditionalistischen Hemmungen und Vorbehalte gegen das kaufmännische Gewinnstreben. Die Voraussetzung dafür war eine Fortentwicklung der Religion zu ihren rationalen Konsequenzen. Denn erst die rationalisierte Idee vermag auch das Handeln rational anzuleiten und ihm Dauerhaftigkeit, Verstehbarkeit und Kommunikabilität zu verleihen.

Die in diesem Sinne höchste Stufe der Religionsentwicklung nimmt für Weber das Reformwerk des Protestantismus ein. Ursprünglich von Luther initiiert, erreichte es in den von Calvin und seinen Nachfolgern progagierten Lehren die am konsequentesten durchrationalisierte Gestalt, die die Entwicklung religiöser Ideen überhaupt hatte annehmen können.

Das entscheidende Mittel, mit dem der Calvinismus die Reform der alten Kirche betrieb, bestand in der Einführung der Vorstellung von einer *doppelten Prädestination*, durch welche ein kleiner Teil der Menschen von Ewigkeit her zur Seligkeit bestimmt, ein anderer Teil aber für immer zur Ungnade und ewigem Tod verdammt ist. Dieser

---

[44] Vgl. dazu Groethuysen (1978).

Gedanke einer Vorherbestimmung von Erwähltheit und Verdammnis bedeutete religionsgeschichtlich einen Bruch mit den Erlösungsinterpretationen, die die Erlangung der göttlichen Gnade von menschlichem Verdienst abhängig machten. Gegenüber der selbst noch vom Luthertum gepredigten Auffassung, daß die "Gnade verlierbar (amissibilis) ist und durch bußfertige Demut und gläubiges Vertrauen auf Gottes Wort und die Sakramente neu gewonnen werden kann" (Weber 1978, S. 92), polte die Prädestinantionslehre die Erlösung von Verdienst auf Gnade um und entzog sie damit der menschlichen Mitwirkung. Die Betonung der Unbestechlichkeit göttlicher Gnade, ihre Stilisierung zu einem unverdienbaren Geschenk, war dabei die direkte Folge einer Verabsolutierung der göttlichen Souveränität. Durch sie erhielt für den Calvinisten Gottes Ratschluß den Charakter einer freien, an keinerlei Gesetz oder Gebot gebundenen Entscheidung, auf die menschliches Handeln ohne jeden Einfluß bleibt. Ebensowenig wie der Gläubige das über ihn verhängte Schicksal seiner Erlösung wenden konnte, wurde ihm die Möglichkeit einer Erforschung von Gottes Ratschluß eingeräumt. Mit der Einführung von Gott als dem "willkürlich waltenden Herrn" hielt nämlich zugleich der "deus absconditus" des Alten Testamentes wieder Einzug in das christliche Denken. Bis zur äußersten Transzendenz gesteigert, war er jedem menschlichen Verständnis entrückt und durch eine "unüberbrückbare Kluft" von aller Kreatur geschieden. Das bewirkte eine "unerhörte innere *Vereinsamung des einzelnen Individuums*" (Weber 1978, S. 93). Denn in der Zentralangelegenheit seines religiösen Lebens - dem begehrten Heilsschicksal - blieb es allein. Kein Prediger, kein Sakrament und keine Kirche konnten dem nach Erlösung Strebenden Einsicht in den Ratschluß Gottes vermitteln, noch ihm den Gnadenstand verleihen. Sogar Christus war nach calvinistischer Ansicht "nur für die Erwählten gestorben, denen Gott seinen Opfertod zuzurechnen, von Ewigkeit her beschlossen hatte" (Weber 1978, S. 94). Diese vollständige Zerschlagung aller intermediären Instanzen zwischen Gott und der Welt markiert den Endpunkt einer Entwicklung, die mit der Austreibung der Götter, Geister und Dämonen aus der Welt ihren Anfang genommen hatte. Der "große religionsgeschichtliche Prozeß der *Entzauberung* der Welt, welcher mit der altjüdischen Prophetie einsetzte und, im Verein mit dem hellenistischen Denken, alle *magischen* Mittel der Heilssuche als Aberglaube und Frevel verwarf, fand hier seinen Abschluß" (Weber 1978, S. 94f.).

Die Reinigung der Welt von Zauber und Magie ließ einen religiös entwerteten "Kosmos von Dingen und Vorgängen, für den die Heterogenität von Natur- und Ausgleichskausalität gilt" (Schluchter 1976, S. 273), zurück. Die Welt war von nun an heilsneutral. Aus einem Ort, der vormals das Heilige beherbergte, hatte der Calvinismus einen Lebensraum des Profanen geformt, der ohne jede Furcht vor einem Sakrileg beherrscht werden konnte. Die religiöse Idee gab die Welt zur rationalen Bearbeitung frei. Sie schuf damit eine Grundvoraussetzung für die Etablierung und Durchsetzung des unternehmerischen Handelns.

Weber zielt mit seinem Erklärungsanspruch allerdings auf mehr. Über die Feststellung, daß der Calvinismus der Ausbreitung des rationalen unternehmerischen Handelns den Boden bereitete, hinaus will er zeigen, daß eben dieses Handeln durch die außeralltäglichen und transzendenten religiösen Ideen *mitstrukturiert* ist. Zu diesem Zweck wendet er sich einer Art von Hilfskonstruktion zu, die dem Erlösungsbedürfnis der Gläubigen die Referenz erwies.

Die calvinistische Lehre sah sich mit dem Problem konfrontiert, daß die von ihr ins Leben gerufene Idee einer doppelten Prädestination, durch welche dem einzelnen Erlösung nicht mehr "ex opere operato" zuteil wurde, sondern ausschließlich von Gottes *unerforschlichem* Ratschluß abhing, auf Seiten der Gläubigen eine vollständige Gnadenungewißheit zur Konsequenz hatte, die auf Dauer nicht ignoriert werden konnte. Gegen die ständigen Anfechtungen im Glauben half auch nicht, daß Calvin - der sich seiner Zugehörigkeit zu Gottes unsichtbarer Gemeinde von Erwählten gewiß war - es zur Pflicht eines jeden Christen machte, sich für erwählt zu halten. Die Herausforderung an die calvinistische Lehre verlangte nach einer grundsätzlicheren Reaktion. Da der Prädestinantionsgedanke als Herzstück der Reform nicht zur Disposition gestellt werden konnte, wurde den Gläubigen die Möglichkeit einer "Bewährung" eingeräumt.[45] Sie sollte in einer vom Erfolg gekrönten Konzentration auf die "Erfüllung der durch die lex naturae gegebenen *Berufs*aufgaben" (Weber 1978, S. 101) bestehen. Die Aufforderung zu "rastloser Berufsarbeit" stellte dabei das Argument sicher, daß der "Glaube sich in seinen objektiven *Wirkungen* bewähren (muß), um der certitudo salutis als sichere

---

[45] Die Tatsache, daß die calvinistische Lehre auf das Erlösungsbedürfnis mit einem Kompromiß reagierte, zeigt, daß auch Interessen auf Ideen Einfluß nehmen können.

Unterlage dienen zu können" (Weber 1978, S. 108). Im Umkehrschluß bedeutete dies, daß nur der Erwählte über eine "fides efficax" - einen wirksamen Glauben - verfügt, der sich an der Lebensführung des Christen, an seinen Werken und Handlungen zur Mehrung von Gottes Ruhm und Herrlichkeit zeigt. Zwar ließ sich auch nach dieser Interpretation Gnade nicht durch Verdienst erringen. Aber "so absolut ungeeignet .. gute Werke sind, als Mittel zur Erlangung der Seligkeit zu dienen - denn auch der Erwählte bleibt Kreatur, und alles was er tut bleibt in unendlichem Abstand hinter Gottes Anforderungen zurück - so unentbehrlich sind sie als *Zeichen* der Erwählung" (Weber 1978, S. 110). Die guten Werke sollten also nicht *Real*grund, wohl aber *Erkenntnis*grund der Erlösung sein.

Der Gedanke, daß das individuelle Heilsschicksal sich zwar nicht verdienen, dafür aber erkennen ließ, übte auf das Handeln den Druck einer zunehmenden Rationalisierung aus. Um die Gewißheit des Gnadenstandes zu vermitteln, mußte es seine Okkasionalität abstreifen und zu Dauerhaftigkeit, Berechenbarkeit und Stetigkeit übergehen. "Der Gott des Calvinismus - so Weber - verlangte von den Seinigen nicht einzelne 'gute Werke', sondern eine zum *System* gesteigerte Werkheiligkeit" und "nur in einer fundamentalen Umwandlung des Sinnes des ganzen Lebens in jeder Stunde und jeder Handlung konnte sich das Wirken der Gnade als eine Erhebung des Menschen aus dem status naturae in den status gratiae bewähren" (1978, S. 114f.). Die höhere sittliche Prämie, als eine Auszeichnung für den, den Gott in seine Gemeinde der electi aufgenommen hatte, lag allein in dem zum Beruf gesteigerten, rationalen Handeln. Dessen Verstehbarkeit, Kommunikabilität und intersubjektive Faßlichkeit lag darin, daß es in den Dienst einer Glorifizierung der Majestät Gottes trat. Es nahm im wörtlichen Sinne die Form eines "Gottes-Dienstes" an.

Mit der von religiösen Ideen beeinflußten Umstellung der Handlungsdispositionen auf Rationalität vollzog sich die Ausbreitung einer innerweltlichen Askese, die jeder Verschwendung, Ausschweifung und Verausgabung das Prinzip einer methodisch streng reglementierten Lebensführung entgegensetzte.[46] Das Vorbild für eine solche von Enthaltsamkeit geprägte Lebenseinstellung lieferte die mittelal-

---

[46] Einen ganz bemerkenswerten Vergleich stellt Dieckmann (1961, S. 75) an, der die innerweltliche Askese in Bezug zum Kantischen Pflichtbegriff setzt.

terliche Askese. Während diese jedoch aus der Welt hinausdrängte, sollte die Askese des Calvinisten sich gerade innerhalb der Welt und innerhalb des Berufslebens, also in den Bereichen des rational organisierten Handelns bewähren. Damit griff eine Verallgemeinerung des mönchischen Heilswegs um sich, die jedem, der der calvinistischen Glaubensrichtung angehörte, den Stil klösterlicher Strenge und Entsagung aufprägte:

> "Die christliche Askese, anfangs aus der Welt in die Einsamkeit flüchtend, hatte bereits aus dem Kloster heraus, indem sie der Welt entsagte, die Welt kirchlich beherrscht. Aber dabei hatte sie im ganzen dem weltlichen Alltagsleben seinen natürlich unbefangenen Charakter gelassen. Jetzt aber trat sie auf den Markt des Lebens, schlug die Türe des Klosters hinter sich zu und unternahm es, gerade das weltliche *Alltags*leben mit ihrer Methodik zu durchtränken, es zu einem rationalen Leben *in* der Welt und doch *nicht von* dieser Welt oder *für* diese Welt umzugestalten" (Weber 1978, S. 163).

Die Verbreitung des asketischen Lebensstils erfüllte vor allem eine Funktion: Durch die rigorose Trieb- und Affektkontrolle sorgte sie für eine Unterdrückung jeglicher Ablenkungen, die dazu hätten führen können, daß das rationale, zum Beruf gesteigerte Handeln seine Bahn verläßt und auf Abwege gerät. Die Folge der Orientierung an den außeralltäglichen, transzendenten religiösen Ideen war also nicht eine Entfesselung des nach Gewinn und Erfolg strebenden Handelns. Das Resultat der Ausrichtung an den Ideen bestand vielmehr in einer "rationalen Temperierung" des Handelns, in einer "radikalen Unterordnung der Ökonomie unter die Moral und in einer daraus resultierenden unwahrscheinlichen Kongruenz zwischen dem Streben nach inneren und äußeren Gütern, nach Heilszielen und 'Glücks'zielen" (Schluchter 1978, S. 209). Das für die Entstehungsphase des Kapitalismus entscheidende Ereignis war eine Kombination von Ideen und Interessen, bei der das rationale Handeln die Resultate markiert.

Die moralische Substruktion des Handelns währte allerdings nicht lange. Sie überdauerte nur den Entstehungszeitraum, nicht aber die darauf folgende Phase, in der sich das wirtschaftliche Handeln stabilisierte und damit begann, unter dem Druck der materiellen Interessen eine Eigengesetzlichkeit zu entfalten, die es immer mehr von seinen ursprünglich wertrationalen Grundlagen entfernte. Es ist die "Paradoxie der Rationalisierung", daß die religiöse Idee, welche das Handeln sinnhaft angeleitet hatte, sich an der Erzeugung einer Welt beteiligte, die ihr keine Überlebenschance mehr bot.

Die Steigerung Gottes zu absoluter Transzendenz hinterließ eine Welt reiner Immanenz, abgeschnitten von jeder Möglichkeit, sie in "heilsrelevante und andere Lebenssphären *aufteilen* zu dürfen" (Habermas 1981, Bd. 1, S. 309). Dies war - wie bereits vermerkt - eine Vorbedingung für die Entfaltung des rationalen, an Zielen ausgerichteten Handelns. Die Degradierung der Welt zu einem bloßen "Objekt der Pflichterfüllung durch rationale Beherrschung" (Schluchter 1976, S. 273) räumte zugleich die Hindernisse aus dem Weg, die ihrer wissenschaftlichen Bearbeitung entgegengestanden hatten. Befreit von moralischen Zwängen und den Ansprüchen der Theologie, konnte die Wissenschaft in Bereiche vordringen, die zuvor durch das Heilige und deshalb Unantastbare besetzt waren. Die religiöse Entwertung der Welt führte umgekehrt proportional zu einer Aufwertung der Bedeutung der Wissenschaften. Bezeichnenderweise vollzog sich gerade im Umkreis der protestantischen Denominationen die zunehmende Anerkennung wissenschaftlicher Einsichten und Erkenntnisse:

> "Nützliche Realkenntnisse, vor allem empirisch-naturwissenschaftliche und geographische Orientierungen, nüchterne Klarheit des realistischen Denkens und Fachwissen als Zweck der Erziehung sind planmäßig zuerst von puritanischen, speziell in Deutschland von pietistischen Kreisen gepflegt worden" (Weber 1978, S. 533).

In ihrem Entwicklungsdrang erst einmal befördert, arbeitete die Wissenschaft weiter daran, auch die letzten Reste des den Menschen umfangenden Zaubers in das Reich des Aberglaubens zu verbannen. Von der "Entzauberung durch Wissenschaft" blieb auch die Religion nicht verschont. "Das rationale Erkennen, an welches ja die ethische Religiosität selbst appelliert hatte, gestaltete, autonom und innerweltlich seinen eigenen Normen folgend, einen Kosmos von Wahrheiten, welcher nicht nur systematischen Postulaten der rationalen Ethik: daß die Welt als Kosmos *ihren* Anforderungen genüge oder irgendeinen 'Sinn' aufweise, gar nichts mehr zu schaffen hatte, diesen Anspruch vielmehr ablehnen mußte. Der Kosmos der Naturkausalität und der postulierte Kosmos der ethischen Ausgleichskausalität standen in unvereinbarem Gegensatz gegeneinander. Und obwohl die Wissenschaft, die jenen Kosmos schuf, über ihre eigenen letzten Voraussetzungen sicheren Aufschluß nicht geben zu können schien, trat sie im Namen der 'intellektuellen Rechtschaffenheit' mit dem Anspruch auf: die einzige mögliche Form der denkenden Weltbetrachtung zu sein" (Weber 1978, S. 569). Dagegen konnte die Religion nicht bestehen. Sie geriet mit in den

Sog eines ausschließlich an den Verstand und das rationale Erkennen appellierenden Weltverständnisses, das sich des Kommunikationsmediums Wahrheit bedient.[47] Vom Auftrumpfen der Wissenschaft überflügelt, trat ihre einstmalige Förderin, die Religion, den Rückzug auf die "unangreifbare Inkommunikabilität des mystischen Erlebnisses" an (Weber 1978, S. 566). Dieser Rückzug in die "Privatheit", in eine gesellschaftliche Nische, bedeutete einen "Funktionsverlust" der Religion, der im wesentlichen darin bestand, daß von ihr das Handeln nicht mehr sinnhaft angeleitet werden konnte. Ohne eine solche Anleitung büßte das Handeln seine wertrationale Verankerung ein, die es gewissermaßen in Zaum gehalten und ihm die Richtung gewiesen hatte. Aber längst schon bedurfte der einmal auf den Weg gebrachte Kapitalismus seiner Hebamme - der protestantischen Ethik - nicht mehr. Angestoßen durch die religiöse Idee, begann er die Welt nach seinen eigenen Gesetzmäßigkeiten umzugestalten. "Der Puritaner *wollte* Berufsmensch sein, - wir *müssen* es sein", resümiert Weber (1978, S. 203) seine Überlegungen und deutet damit an, daß der Kapitalismus zu einer schicksalhaften Macht der Moderne geworden ist, aus deren eiserner Umklammerung es kein Entrinnen mehr gibt. Eben diesem Zwangscharakter des modernen Kapitalismus gilt vor allem die Gegenwartskritik Webers. Sie zeichnet das Bild einer Welt nach, aus der die religiösen, außeralltäglichen und transzendenten Orientierungen, die das Handeln mit Verstehbarkeit, Kommunikabilität und intersubjektiver Faßlichkeit ausstatteten, verschwunden sind.

2.6 Handeln in einer gottlosen, von außeralltäglichen Ideen abgeschnittenen Welt

Im Rückblick auf die im vorangegangenen Kapitel erfolgte Darstellung der wichtigsten Stationen von Webers Protestantismusstudie lassen sich deren Ergebnisse in etwa so zusammenfassen: In dem Maße, in dem die protestantische Ethik den Erfolg innerhalb der weltlichen Berufsarbeit zum Erkenntnisgrund der Erlösung hochstilisierte, trug sie zur Ausbildung einer breitenwirksamen methodisch-disziplinierten Lebensführung im Alltag bei. Diese Lebensführung ist "speziell dadurch ausgezeichnet, daß die berufliche Sphäre 'versachlicht', und das bedeutet moralisch *zugleich*

---

[47] Vgl. Anm. 110

segmentiert und überhöht wird. Die Interaktionen *innerhalb* der Sphäre der Berufsarbeit werden moralisch soweit neutralisiert, daß soziales Handeln von Normen und Werten abgelöst und auf die erfolgsorientierte, zweckrationale Verfolgung jeweils eigener Interessen umgestellt werden kann" (Habermas 1981, Bd. 1, S. 309f.). Mit der motivationalen Verankerung - Weber selbst spricht in diesem Zusammenhang von psychologischen Antrieben - des zweckrationalen Alltagshandelns stellt die protestantische Ethik die notwendigen Voraussetzungen bereit, die der moderne, betriebsmäßig organisierte Kapitalismus zu seiner Auskeimung bedurfte. In seiner Entwicklung angestoßen und kräftig befördert, folgte der moderne Kapitalismus alsbald schon seinen eigenen, d.h. vornehmlich kognitiv-instrumentell ausgerichteten Gesetzmäßigkeiten und entledigte sich damit seiner wertrationalen Grundlagen, die in außeralltäglichen Orientierungen wurzeln. An ihre Stelle trat ein rein diesseitig ausgerichteter Utilitarismus, der die Erlösungs- auf Erfolgsinteressen umpolt.

Dieses durch die Entkoppelung von religiöser Kultur und kapitalisitischer Struktur gekennzeichnete Ergebnis der gesellschaftlichen Entwicklung hat Weber zu zeitdiagnostischen Überlegungen veranlaßt, aus denen eher Resignation denn Optimismus spricht. Entgegen seiner sonst peinlich genauen Zurückhaltung gegenüber allen Werturteilen gibt er seiner Überzeugung Ausdruck, daß die moderne Gesellschaft von zwei kardinalen Grundübeln befallen ist. Es ist zum einen die These vom *"Freiheits-"* und zum anderen die These vom *"Sinnverlust"*, die er zu einer eindrucksvollen Kritik an dem "Projekt der Moderne" verbindet. Und dennoch wäre es grundsätzlich falsch, wollte man Weber einen bedingungslosen Kritiker oder sogar Gegner der kapitalistischen Modernisierung der Gesellschaft nennen. Mindestens ebenso leidenschaftlich wie er deren pathogene Deformationen aufspürt und kritisiert, hat er den Vorgang, der zur Einrichtung einer kapitalistischen Gesellschaft führte, begrüßt. Wie Mommsen überzeugend hervorhebt, bejahte Weber "den Kapitalismus schon deshalb, weil er an Dynamik alle vorangegangenen historischen Formationen weit übertraf. ... Auch unter politischem Aspekt schien Weber die kapitalistische Industriegesellschaft nichts weniger als günstige Vorbedingungen für eine freie Gesellschaft zu schaffen" (Mommsen 1974, S. 31). Daß aber die vom Kapitalismus ermöglichte Freiheit in Gefahr geraten könnte, ist die Sorge, die ihn antreibt und die ihn neben Karl Marx zu einem der prominentesten Kritiker der bürgerlichen Gesellschaft werden läßt. Der Standort, von dem aus Weber seine Kritik formuliert, entspricht dabei demjenigen eines "Liberalen in einer Grenzsituation", wie Mommsen ihn genannt hat.[48] Er befragt die gesellschaftlichen Verhältnisse daraufhin, inwieweit sie dem einzelnen Individuum Spielräume zum selbstverantwortlichen und rationalen Handeln in der Alltagswelt gewähren. Nach diesen Vorbemerkungen wollen wir uns nun den Kernthesen der Weber'schen Zeitdiagnose näher zuwenden.

2.6.1 Die These vom Sinn- und Freiheitsverlust

Auf den letzten Seiten seiner Arbeit über die Protestantische Ethik und den Geist des Kapitalismus unternimmt es Weber, die schon eingetretenen oder möglicherweise noch eintretenden pathogenen Deformationen der Moderne als Folgeerscheinungen eines von seinen wertrationalen Grundlagen - sprich außeralltäglichen Orientierungen - entfesselten Kapitalismus zu beschreiben. Er bedient sich der Metapher vom "Gehäuse der Hörigkeit", um damit den Zwangscharakter der kapitalistischen Industriegesellschaft zum Ausdruck zu bringen. Dieses Urteil, das im Grundton die bereits von Karl Marx vertretene These einer Logik des Zerfalls der bürgerlichen Gesellschaft variiert, bezieht Weber vor allem darauf, daß der verselbständigte Kapitalismus die ihm gemäße Lebensführung gewissermaßen als Tribut an seinen Sieg erzwingt. Die der modernen Wirtschaftsordnung angepaßte Lebensführung wird nicht nur demjenigen als individuelle Norm zugemutet, der in den calvinistischen Glaubenssätzen Erlösung von innerer Not zu finden vermeint. Sie wird jedem abverlangt, gleichviel welchem überindividuellen Schöpfergott er seine Huldigungen darbringt, gleichviel aber auch, ob er unmittelbar an den Produktionsprozeß eingebunden ist oder ob er das Innere der Fabrikationsstätte nur vom Hörensagen kennt. Der vom Kapitalismus eingeforderte Lebensstil macht nicht vor den Werktoren halt. Er durchdringt sämtliche Bereiche des öffentlichen und privaten Lebens und läßt damit selbst die Familie und andere zwischenmenschliche Beziehungen nicht unverschont. Weber stellt fest:

> "Indem die Askese aus den Mönchszellen heraus in das Berufsleben übertragen wurde und die innerweltliche Sittlichkeit zu beherrschen begann, half

---

[48] Mommsen spielt mit seiner Formulierung darauf an, daß Weber einer der "bedeutendsten Repräsentanten des europäischen Liberalismus" war, der allerdings bereits an der Schwelle zu seinem Niedergang stand. Mommsen (1974, S. 21).

sie an ihrem Teile mit daran, jenen mächtigen Kosmos der modernen, an die technischen und ökonomischen Voraussetzungen mechanisch-maschineller Produktion gebundenen, Wirtschaftsordnung erbauen, der heute den Lebensstil aller einzelnen, die in dies Triebwerk hineingeboren werden - *nicht* nur der direkt ökonomisch Erwerbstätigen -, mit überwältigendem Zwange bestimmt und vielleicht bestimmen wird, bis der letzte Zentner fossilen Brennstoffs verglüht ist" (Weber 1978, S. 203).

Statt von einem mächtigen Kosmos der Wirtschaftsordnung, der den Lebensstil aller einzelnen bestimmt, würde man heute wohl eher von einer Hypertrophie der Subsysteme zweckrationalen Handelns, d.h. einem Übergreifen ökonomischer und administrativer Rationalität auf sämtliche Lebensbereiche des Alltags sprechen. Weber hingegen stand weder ein derart anspruchsvolles Vokabular zur Verfügung, noch besaß er die theoretischen Werkzeuge, die ein solches Denkmodell voraussetzt.[49] An der zitierten Stelle fährt er denn auch im Duktus seiner religionssoziologischen Argumentation fort und streicht die Folgewirkungen eines radikal säkularisierten Besitztums heraus. Weber erinnert daran, daß ursprünglich die Sorge um die äußeren Güter lediglich ein Mittel dazu sein sollte, um hinter das im Prinzip undechiffrierbare Rätsel der Prädestination zu gelangen. "Nur wie 'ein dünner Mantel, den man jederzeit abwerfen könnte', sollte nach Baxters Ansicht die Sorge um die äußeren Güter um die Schultern seiner Heiligen liegen" (Weber 1978, S. 203). Doch aus dem Mittel zu einem religiösen Zweck formte das "Verhängnis" - wie Weber meint - einen puren Selbstzweck. "Indem die Askese die Welt umzubauen und in der Welt sich auszuwirken unternahm, gewannen die äußeren Güter dieser Welt zunehmende und schließlich unentrinnbare Macht über den Menschen, wie niemals zuvor in der Geschichte" (Weber 1978, S. 203f.). Die Feststellung, daß die Produkte und die Methoden ihrer Herstellung die Produzenten obstruieren, artikuliert die Erfahrung einer tiefgreifenden Entfremdung gesellschaftlicher Arbeit. In ihr kehrt sich das Verhältnis von Subjekt und Objekt um; sie hat jeden transzendenten Sinn verloren. "Als ein 'Gespenst' ehemals religiöser Glaubensinhalte geht der Gedanke der 'Berufspflicht' in unserm Leben um. Wo die 'Berufserfüllung' nicht direkt zu den höchsten geistigen Kulturwerten in Beziehung gesetzt werden kann - oder wo nicht umgekehrt sie auch subjektiv einfach als ökonomischer Zwang empfunden werden muß -, da verzichtet der einzelne heute meist auf ihre Ausdeutung überhaupt" (Weber 1978,

---

[49] Vgl. hierzu Habermas (1981, Bd. 2, S. 488).

S. 204). Die hier diagnostizierte Sinnentleerung der Arbeit korrespondiert der universal werdenden "Beschränkung auf Facharbeit". Angesichts der eingetretenen und noch abzuwartenden Entwicklung sieht Weber am Horizont der okzidentalen Kultur neue Gattungssubjekte heraufziehen, die er nicht ohne ein gehöriges Maß an Resignation "Fachmenschen ohne Geist" und "Genußmenschen ohne Herz" tituliert. Verachtend fügt er schließlich hinzu: "Dies Nichts bildet sich ein, eine nie vorher erreichte Stufe des Menschtums erstiegen zu haben" (Weber 1978, S. 204).

Es ist schon einigermaßen verblüffend, daß Weber in der Durchsetzung des zweckrationalen, auf Dauer gestellten Alltagshandelns eine ernsthafte Bedrohung menschlicher Freiheit erkennt. Preist er doch in seinen methodologischen Schriften gerade das an Zweck, Mittel und Nebenfolgen orientierte sinnhafte Verhalten als den Ort menschlicher Freiheit. Wie bereits oben erwähnt, führt er aus:

> "Je 'freier', d.h. je mehr auf Grund 'eigener' durch 'äußeren' Zwang oder unwiderstehliche 'Affekte' nicht getrübter '*Erwägungen*', der 'Entschluß' des Handelnden einsetzt, desto restloser ordnet sich die Motivation ceteris paribus den Kategorien 'Zweck' und 'Mittel' ein...; je 'freier' ... das 'Handeln' ist, ... desto mehr tritt damit endlich auch derjenige Begriff der 'Persönlichkeit' in Kraft, welcher ihr 'Wesen' in der Konstanz ihres inneren Verhältnisses zu bestimmten letzten 'Werten' und Lebens-'Bedeutungen' findet, die sich in ihrem Tun zu Zwecken ausmünzen und so in teleologisch-rationales Handeln umsetzen" (Weber 1982, S. 132).

Demnach müßte die gesellschaftlich breitenwirksame Durchsetzung von zweckrationalen Handlungen eher zu einem Mehr an persönlicher Freiheit führen statt zu ihrer Beschränkung. Gerade das Gegenteil soll jedoch der Fall sein. Wie läßt sich dieser Widerspruch zwischen Methodologie und materialer Soziologie erklären? Eine Erklärungsmöglichkeit ist z.B. die, "daß Weber den in seinen 'soziologischen Grundbegriffen' scheinbar rein *formal*, d.h. von jeder historischen Bindung und substantiellen Interpretationen unabhängigen und damit rein logisch konzipierten Rationalitäts-Begriff in seinen materialen Arbeiten 'bruchlos zur *kapitalistischen* Rationalität' hat werden lassen" (Hartfiel 1968, S. 202). Im Unterschied dazu läßt sich aber auch die Ansicht vertreten, daß für Weber Zweckrationalität immer dann in eine Beschränkung menschlicher Freiheit umschlägt, wenn nicht mehr die Zwecke über die Mittel, sondern die Mittel über die Zwecke entscheiden. Eine derartige Verkehrung des Zweck-Mittel-Schemas macht nach Löwith den eigentlichen Kern von Webers Gegenwartsdiagnose aus. Er schreibt:

> "Indem das, was ursprünglich ein bloßes Mittel war - zu einem anderweitigen wertvollen Zweck -, selbst zum Zweck oder Selbstzweck wird, *verselbständigt* sich das Mittelbare zum Zweckhaften und verliert damit seinen ursprünglichen 'Sinn' oder Zweck, d.i. seine ursprünglich am Menschen und seinen Bedürfnissen orientierte Zweckrationalität. Diese Verkehrung kennzeichnet die gesamte moderne Kultur ... (Löwith 1973, S. 25).

Die mit der protestantischen Ethik eingeleitete Umstellung des ökonomischen Gelegenheitshandelns auf die kalkulierende Zweckrationalität im Alltag ist nur eine - wenn auch überaus wichtige - Komponente in dem umfassenden Prozeß des Modernisierungsvorgangs, der zwischen dem 16. und dem 18. Jahrhundert die alteuropäische Zivilisation und Kultur in ihrem Kernbestand ergreift und einem grundlegenden Strukturwandel unterzieht. Parallel zu der Institutionalisierung der die Freiheit bedrohenden instrumentellen Rationalität im Bereich der gesellschaftlichen Arbeit, setzt sich auf breiter Front ein andauernder Trend zu einer immer durchgreifenderen und immer perfekter werdenden *Bürokratisierung* der Gesellschaft durch. "Gewiß ist die Bürokratie bei weitem nicht die einzige moderne Organisationsform, so wie die Fabrik bei weitem nicht die einzige gewerbliche Betriebsform ist. Aber beide sind diejenigen, welche dem gegenwärtigen Zeitalter und der absehbaren Zukunft den Stempel aufdrücken. Der Bürokratisierung gehört die Zukunft" (Weber 1972, S. 834). Dort, wo sie erst einmal zum Leben erweckt worden ist, da schreitet sie mit unaufhaltsamer Geschwindigkeit fort. In ihrer ungebremsten Eigendynamik dringt sie in Anstalten, Betriebe, Parteien und Verbände ein, nistet in den Zentren staatlicher Macht. Das Vorrücken bürokratischer Institutionen geht soweit, "daß moderne Gesellschaften sogar für den Laien das Bild einer 'Organisationsgesellschaft' bieten" (Habermas 1981, Bd. II, S. 453). Allenthalben treffen die Gesellschaftsmitglieder auf verwaltungsbedingte Vorschriften und Reglementierungen, die in ihre Lebensverhältnisse einschneiden und sie der staatlichen Verfügungsgewalt unterziehen. Der Hauptrepräsentant dieser Ordnungsmacht ist der angestellte Beamte. Er "entscheidet über alle Alltagsbedürfnisse und Alltagsbeschwerden" (Weber 1972, S. 825). Die Kompetenz dazu verleihen ihm seine durch Fachexamina bestätigten Kenntnisse und nicht zuletzt die Autorität seines Amtes.

Allen sozialrevolutionären Vorstellungen, die den bürokratischen Institutionen den Kampf angesagt haben und deren Untergang - und sei es auch nur durch die Vernichtung aller Akten - herbeiführen wollen, gibt Weber zu bedenken, daß "eine einmal voll durchgeführte

Bürokratie zu den am schwersten zu zertrümmernden sozialen Gebilden gehört" (Weber 1972, S. 569). Diese seine Ansicht gründet auf der Tatsache, daß bereits die älteren - uns nur noch historisch verfügbaren - bürokratischen Institutionen, die Patrimonialbürokratien, von einer derartigen Unzerbrechlichkeit waren, daß nur der Untergang der gesamten Kultur zu deren Verschwinden führen konnte. Wenn aber schon die alten, noch relativ unvollkommenen Bürokratien gegen ihre Zerschlagung weitgehend immun waren, folgert Weber, dann müssen erst recht die modernen, ihren historischen Vorläufern weit überlegenen bürokratischen Institutionen schlechthin unentrinnbar sein. Ihre Perfektion und ihr reibungsloses Funktionieren gleicht demjenigen einer Maschine. "Eine leblose Maschine ist geronnener Geist. Nur, daß sie dies ist, gibt ihr die Macht, die Menschen in ihren Dienst zu zwingen und den Alltag ihres Arbeitslebens so beherrschend zu bestimmen, wie es tatsächlich in der Fabrik der Fall ist. Geronnener Geist ist auch jene lebende Maschine, welche die bürokratische Organisation mit ihrer Spezialisierung der geschulten Facharbeit, ihrer Abgrenzung der Kompetenzen, ihren Reglements und hierarchisch abgestuften Gehorsamsverhältnissen darstellt" (Weber 1972, S. 835). Als ein lebendiger mechanischer Apparat erledigt die moderne Bürokratie die ihr gestellten Aufgaben höchst effizient und effektvoll. Keine Gefühlslagen, nur kühl temperierte Sachlichkeit, die an Entmenschlichung grenzt, bestimmen die Dynamik der Verwaltungsakte. Das wird eindrucksvoll durch die allseits bekannte Formel dokumentiert, nach der der angestellte Beamte seine Entscheidungen "ohne Ansehen der Person", d.h. rein nach Aktenlage und vorgegebenen Richtlinien fällt. Die darin greifbar werdende administrative Vernunft stellt für Weber einen unzweifelhaften Fortschritt auf dem Wege zur Modernisierung der Gesellschaft dar. Schließlich gelangt mit ihr eine der höchsten Formen gesellschaftlicher Rationalität - die Zweckrationalität - zum Druchbruch. Doch bei aller Bewunderung, die er den modernen bürokratischen Institutionen - vor allem aufgrund ihrer Leistungsfähigkeit - zollt, verhehlt er nicht seine Befürchtung, daß mit der Einrichtung von immer mehr Bürokratie die menschliche Freiheit in Gefahr geraten könnte. In der Bedrohung der Freiheit steht die administrative Rationalität ihrem ökonomischen Pendant um nichts nach. Beide tendieren dazu, den Alltag in ein Zwangssystem umzuwandeln, aus dem es kein Entrinnen mehr gibt. Demgemäß fährt Weber im Anschluß an seinen Vergleich der Bürokratie mit einer Maschine fort und erklärt, daß sie "im Verein mit der toten Maschine ... an der Arbeit (ist), das Gehäuse jener Hörigkeit der Zukunft herzustellen, in welche vielleicht dereinst die Menschen sich, wie die Fellachen im altägyptischen Staat, ohnmächtig zu fügen gezwungen sein werden, wenn ihnen eine rein technisch gute und das heißt: eine rationale Beamtenverwaltung und -versorgung der letzte und einzige Wert ist, der über die Art der Leitung ihrer Angelegenheiten entscheiden soll" (Weber 1972, S. 835). Freilich gilt es Weber noch nicht als vollständig ausgemacht, daß die von ihm prognostizierte Entwicklung auch tatsächlich den antizipierten Verlauf nehmen würde. Insofern sind seine Worte eine prophetische und eindringliche Warnung vor einer "total verwalteten Welt" (Adorno),[50] in der sich der Alltag zu einem Gehäuse der Hörigkeit auswächst. Als Warnung ist schließlich auch seine ostentativ gestellte Frage gedacht: "Wie ist es angesichts dieser Übermacht der Tendenz zur Bürokratisierung überhaupt noch möglich, irgendwelche *Reste* einer in irgendeinem Sinn 'individualistischen' Bewegungsfreiheit zu retten?" (Weber 1972, S. 836). Welche Antwort Weber darauf gibt, kann an dieser Stelle nicht nachvollzogen werden, zumal die These vom Freiheitsverlust nur eine pathogene Deformation der Moderne benennt. Die andere, bislang noch vernachlässigte kulturelle und gesellschaftliche Deformation besteht in der eingangs bereits erwähnten These vom Sinnverlust.

Die Überlegungen, die zur These vom Sinnverlust führen, entstammen einer theoretischen Perspektive von Webers Arbeiten, in der er den Prozeß der Modernisierung als einen Vorgang fortschreitender Säkularisierung der religiös-metaphysischen Weltbilder beschreibt. Damit wird angezeigt, daß der von ihm diagnostizierte Sinnverlust nicht auf das Konto des von seinen wertrationalen Grundlagen entkoppelten zweckrationalen Alltagshandelns geht, sondern ein Folgeproblem thematisiert, das mit dem Entzauberungsprozeß der Welt im unmittelbaren Zusammenhang steht. Dieser Prozeß besteht darin, daß aller Magie und allem Zauber ein Ende bereitet wird. Die alten Götter, Geister und Dämonen, die in vergangenen Tagen der Entwicklung die Regentschaft über Natur und Mensch führten, werden aus der Welt vertrieben. In dem Maße aber, so argumentiert Weber, in dem die anonymen und unberechenbaren Mächte ihre Bedeutung und ihren Einfluß einbüßten und dem Glauben Platz machten, daß im Prinzip alles durch

---

[50] Zum Zusammenhang von Webers Soziologie und Kritischer Theorie vgl. die Ausführungen von Habermas (1981, Bd. 2, S. 461ff.).

Berechnung beherrscht werden kann, zerfällt auch jene *sinnstiftende Einheit*, die in den religiös-metaphysischen Weltbildern noch in Form von abstrakten Prinzipien wie Gott, Natur, Vernunft o.ä. präsent war. Sie konnten die Lebensführung des einzelnen und sein alltägliches Handeln mit einem einheitlichen Sinn versorgen. Mit dem Übergang zur Moderne kann davon keine Rede mehr sein. Der Entzauberungsprozeß hinterläßt in seiner Zerstörung der sinnstiftenden Instanz nurmehr völlig heterogene Wertorientierungen, die in ihrer Disparatheit in Konflikt miteinander geraten. Weber selbst spricht von einem "Polytheismus der Werte". Er macht nach seiner Ansicht den eingetretenen Sinnverlust aus:

"Der allte Mill ... sagt einmal: wenn man von der reinen Erfahrung ausgehe, komme man zum Polytheismus. Das ist falsch formuliert und klingt paradox, und doch steckt Wahrheit darin. Wenn irgend etwas, so wissen wir es heute wieder, daß etwas heilig sein kann nicht nur: obwohl es nicht schön ist, sondern: *weil* und *insofern* es nicht schön ist..., und daß etwas schön sein kann nicht nur: obwohl, sondern: indem, worin es nicht gut ist, das wissen wir seit Nietzsche wieder, und vorher finden sie es gestaltet in den 'Fleurs du mal', wie Baudelaire seinen Gedichtband nannte; und eine Alltagsweisheit ist es, daß etwas wahr sein kann, obwohl und indem es nicht schön und nicht heilig und nicht gut ist. Aber das sind nur die elementarsten Fälle dieses Kampfes der Götter der einzelnen Ordnungen und Werte. ... Es ist wie in der alten, noch nicht von ihren Göttern und Dämonen entzauberten Welt, nicht nur in anderem Sinne: wie der Hellene einmal der Aphrodite opferte und dann dem Apollon und vor allem jeder den Göttern seiner Stadt, so ist es, entzaubert und entkleidet der mythischen, aber innerlich wahren Plastik jenes Verhaltens, noch heute. Und über diesen Göttern und ihrem Kampf waltet das Schicksal, aber ganz gewiß keine 'Wissenschaft'" (Weber 1982, S. 603f.).

Die letzte Zeile des Zitates macht unmißverständlich deutlich, daß für Weber der Verlust der sinnstiftenden Einheit durch keine Wissenschaft ausgeglichen werden kann. Wie alle anderen Lebensordnungen auch repräsentiert sie nur *einen* Wert, der in ihrem Fall in der Verpflichtung auf Wahrheit besteht. Darüber, was normativ richtig oder ästhetisch schön ist, vermag sie nichts auszumachen. Das ist auch der tiefere Grund dafür, daß Weber keine Gelegenheit ausgelassen hat, um seine Abneigung gegen jedwede Kathederprophetie zum Ausdruck zu bringen, die im Namen der Wissenschaft sich das Recht zu Werturteilen anmaßt. Dieses Recht muß bestritten werden, solange der "unüberbrückbar tödliche Kampf" zwischen den einzelnen Wertorientierungen andauert und keine Instanz in Sicht ist, die den Kampf schlichten könnte.

Die Ergebnisse von Webers Gegenwartsdiagnose ergeben in der Synopse folgendes Bild: Die ehemals ethisch gefärbte Maxime der

Lebensführung, die auf religiöse Wurzeln zurückweist, weicht einem vom betriebsmäßig organisierten Kapitalismus erzwungenen Lebensstil. Zugleich führt die Metapher vom Gehäuse der Hörigkeit anschaulich die Gefahr eines von bürokratischen Institutionen durchsetzten und manipulierten Alltags vor Augen, in dem die Freiheit des einzelnen sich zur Chimäre verflüchtigt. Vor allem aber büßt das alltägliche Handeln im Zuge des Entzauberungsprozesses der Welt seinen außeralltäglichen Sinn ein. Es entsteht ein Dickicht von Wertorientierungen, durch das ein jeder sich seinen Weg bahnen muß. Die Spuren der Transzendenz sind getilgt. Zurück bleibt ein völlig illusionsloser Alltag, der einer Monade ohne Fenster gleicht. Angesichts des Sinnverlustes muß die Frage gestellt werden, wie überhaupt noch rationales Handeln in der entzauberten Welt möglich ist.

2.7 Das Problem rationalen Handelns in der "entzauberten Welt"

Der pessimistische und geradezu von Resignation durchdrungene Ausblick, den Weber auf die Gegenwartsgesellschaft gibt, führt vor allem eines sehr eindringlich vor Augen, daß nämlich die moderne Welt unter den zur Vorherrschaft gelangten Subsystemen zweckrationalen Handelns wie Staat, Wirtschaft und Verwaltung einem ganz und gar versachlichten Kosmos gleicht, der keinerlei außeralltägliche Orientierungen mehr kennt. Die ihrer letzten Spuren von Transzendenz beraubte Welt setzt gleichsam den Schlußakkord unter das mit der protestantischen Ethik eingeleitete Programm der Modernisierung der ehemals traditional gebundenen okzidentalen Kultur und Gesellschaft. Dabei hatten gerade die Vorgänge, die zur Einrichtung der modernen Gesellschaft führten, unter Beweis gestellt, daß es die außeralltäglichen Orientierungen sind, die das Alltagshandeln mitstrukturieren und ihm seine qualitative Rationalität im Sinne von Verstehbarkeit, Kommunikabilität und intersubjektiver Faßlichkeit verleihen. Offenbar gilt das aber nur, solange die Welt noch im Stadium unvollständiger Entzauberung verharrt. Tritt erst einmal der vollständige Verlust der außeralltäglichen Orientierungen ein, fehlen dem Alltagshandeln die elementaren Voraussetzungen seiner qualitativen Rationalität. Für die moderne, restlos entzauberte Welt muß daher die Frage gestellt werden, wie angesichts des eingetretenen Sinnverlustes überhaupt noch rationales sinnhaftes Handeln möglich sein soll? Das ist allerdings nicht die einzige

Schwierigkeit, in die der von Weber ermittelte Verlust der außeralltäglichen Orientierungen führt. Die durch diese gestiftete qualitative Rationalität des alltäglichen Handelns ist ja zugleich die Ermöglichungsbedingung dafür, daß nicht nur die Alltagshandelnden selbst, sondern auch und gerade die Sozialwissenschaftler es interpretativ erschließen können. Der fortschreitende Prozeß der Entzauberung der Welt scheint also mit der zunehmenden Destruktion der Grundvoraussetzungen alltäglicher Handlungsrationalität dem verstehenden Ansatz sein unverzichtbares Sinnfundament in der sozialen Wirklichkeit zu entziehen.

Webers Ansatzpunkt zur Bewältigung der Doppelproblematik ist ebenso naheliegend wie einleuchtend. Ohne weiteres kann er darauf verweisen, daß der Verlust des transzendenten Sinnbezugs keinesfalls bedeutet, daß es keinen Sinn mehr gibt, wohl aber, daß die Alltagshandelnden nicht mehr mit der Vorgegebenheit einheitsstiftender Orientierungsmuster rechnen können. So gesehen wird Sinn in der Moderne knapp. Im Gegenzug dazu aber eröffnet der als Folgeerscheinung des Zerfalls der einheitsstiftenden Weltbilder aufkommende Polytheismus der Werte erstmals die Chance zur individuellen Sinngebung. Die Vielzahl von Wertorientierungen, die allesamt als handlungsanleitende Orientierungsmuster kandidieren, schaffen erst die Voraussetzung dafür, daß der einzelne den Sinn seines Handelns selbst konstituieren kann. Die Chance dazu stellt aber zugleich einen Zwang dar. Weil nämlich die Handlungssubjekte nicht mehr auf einen vorfabrizierten Sinn zurückgreifen können, der in den religiös-metaphysischen Weltbildern gleichsam auf Abruf bereit lag, müssen sie den Sinn ihrer Handlungen auf der Basis letzter Wertentscheidungen selbst erzeugen.[51] Andernfalls wäre ein Rückfall auf die Stufe rein organischen Funktionierens, eines puren Reagierens, die unabwendbare Konsequenz. Entsprechend heißt es bei Weber dazu:

> "Die aller menschlichen Bequemlichkeit unwillkommene, aber unvermeidliche Frucht vom Baum der Erkenntnis ist gar keine andere als eben die: um jene Gegensätze (der unterschiedlichen Wertorientierungen; B.L.) wissen und also sehen zu müssen, daß jede einzelne wichtige Handlung und daß vollends das Leben als Ganzes, wenn es nicht wie ein Naturereignis dahingleiten, sondern bewußt geführt werden soll, eine Kette letzter Wertentscheidungen bedeutet,

---

[51] Das Verhältnis von Wert und Sinn läßt sich mit Johannes Weiß folgendermaßen bestimmen: "Artikulationsfähigkeit und Kommunikabilität machen den Sinn-Charakter von Werten aus" (1975, S. 52).

durch welche die Seele, wie bei Platon, ihr eigenes Schicksal: - den Sinn ihres Tuns und Seins heißt das - *wählt"* (1982, S. 507f.).

Rationales, sinnhaftes Handeln in der Alltagswelt erfordert demnach in der entzauberten Welt die bewußte und eindeutige Stellungnahme zu einem der konfligierenden Werte, die das Bild von der Kultur in der Moderne nachhaltig prägen. Von dieser Notwendigkeit entlastet auch nicht die vage und fernab liegende Hoffnung, daß dereinst neue Propheten die Weltbühne erobern werden, die den verlorengegangenen Bezug auf das Außeralltägliche wiederherstellen. In seiner berühmten Rede "Wissenschaft als Beruf" führt Weber aus, "daß heute für alle jene vielen, die auf neue Propheten und Heilande harren, die Lage die gleiche ist, wie sie aus jenem schönen, unter die Jesaja-Orakel aufgenommenen edomistischen Wächterlied in der Exilzeit klingt: 'Es kommt ein Ruf aus Se'îr in Edom: Wächter, wie lange noch die Nacht? Der Wächter spricht: Es kommt der Morgen, aber noch ist es Nacht. Wenn ihr fragen wollt, kommt ein ander Mal wieder!' Das Volk, dem das gesagt wurde, hat gefragt und geharrt durch weit mehr als zwei Jahrtausende, und wir kennen sein erschütterndes Schicksal. Daraus wollen wir die Lehre ziehen: daß es mit dem Sehnen und Harren allein nicht getan ist, und es anders machen: an unsere Arbeit gehen und der 'Forderung des Tages' gerecht werden - menschlich sowohl wie beruflich. Die aber ist schlicht und einfach, wenn jeder den Dämon findet und ihm gehorcht, der *seines* Lebens Fäden hält" (Weber 1982, S. 613). Trotz oder gerade wegen der völlig unbestimmt bleibenden Hoffnung auf die Wiedergeburt des Außeralltäglichen und Übernatürlichen in Gestalt charismatischer Führerfiguren bleibt es dabei, daß in der modernen entzauberten Welt rationales Handeln allein auf der Basis individueller Wert*entscheidungen* - einem Akt bewußter Sinnselektion - möglich ist. Er führt aus dem "Vegetativen Urgrund" menschlichen Daseins heraus, dessen Überwindung Weber im Namen der Ausbildung einer "Persönlichkeit" für unverzichtbar gehalten hat. Als eine Art von sittlichem Imperativ gilt ihm: "Bemühe Dich, Persönlichkeit zu werden, verschaffe Dir Klarheit über die Bedeutungen Deines Handelns und bleibe, wenn Du ein vernünftiges Ideal gewählt hast, Dir selbst treu, handle also in der Konsequenz des Gewollten. Nur so wirst Du, der Du ein Mensch bist, Dich als Mensch unterscheiden von dem, das Du mit allem Wirklichen gemeinsam hast" (Henrich

1952, S. 113).[52] Die bewußte Sinnselektion, die zu vollziehen an den einzelnen als Aufforderung ergeht, scheint nicht nur aus der durch den Verlust der außeralltäglichen Orientierungen entstandenen Problematik rationalen Handelns in der entzauberten Welt herauszuführen; sie scheint auch der verstehenden Soziologie zu ihrem fraglich gewordenen Fundament in der sozialen Wirklichkeit zu verhelfen. Das von Weber sorgsam orchestrierte Verfahren der Interpretation prätendiert ja gerade den individuellen, sprich also subjektiv gemeinten Sinn, den die Handelnden mit ihrem Handeln verbinden, rekonstruktiv in Erfahrung zur bringen. Bei genauerem Hinsehen erweist sich jedoch, daß die Alltagshandelnden weit davon entfernt sind, sich in jeder Stunde ihres Daseins über die letzten Gründe ihres Tuns Rechenschaft abzulegen. Die durch den Polytheismus der Werte eröffnete Chance zur individuellen Sinngebung wird von ihnen nicht als Möglichkeit, sondern als Belastung erlebt und empfunden, die in einer individuell wirksam werdenen Orientierungskrise ihren Niederschlag findet:

> "Die alten vielen Götter, entzaubert und daher in Gestalt unpersönlicher Mächte, entsteigen ihren Gräbern, streben nach Gewalt über unser Leben und beginnen untereinander wieder ihren ewigen Kampf. Das aber, was gerade dem modernen Menschen so schwer wird, und der jungen Generation am schwersten, ist: einem solchen *Alltag* gewachsen zu sein. Alles Jagen nach dem 'Erlebnis' stammt aus dieser Schwäche: Denn Schwäche ist es: dem Schicksal der Zeit nicht in sein ernstes Antlitz blicken zu können" (Weber 1982, S. 605).[53]

Die durch den Polytheismus der Werte ausgelöste Orientierungskrise scheint die bewußte Nutzung der in der entzauberten Welt eröffneten Optionsspielräume zu verhindern. Diese scheitert an der von Weber abschätzig beurteilten "menschlichen Schwäche" und "Bequemlichkeit" als den Widersachern des von ihm vertretenen (und in mancher Hinsicht exemplarisch vorgelebten) sittlichen Ideals, einer bewußten und gewollten Sinnorientierung. Da diesem Ideal nicht oder nur selten entsprochen wird - dies macht ja nach Weber das "Verflachende des Alltags aus -, kann auch die bereits sicher geglaubte Antwort auf die Frage nach der Möglichkeit rationalen Handelns in der entzauberten Welt nicht länger aufrechterhalten werden.

---

[52] Vgl. dazu auch V. Schelting (1934, S. 29ff.).

[53] Im Anschluß an diese Ausführungen wäre ein Vergleich mit dem heute aktuellen Trend zu einem "Kult der Unmittelbarkeit" (Habermas) durchaus lohnend.

Rationalität des Handelns in der entzauberten Welt scheint in der Sicht Webers heroische Größe zu verlangen, die den Durchschnittsmenschen weit überfordert. Die Fahnung nach einer überzeugenden Antwort auf die Frage nach der Möglichkeit rationalen *Alltags*handelns in der entzauberten Welt muß daher weitergeführt werden.

Weber selbst bietet eine Hilfskonstruktion an, die die Aporie aufzulösen verspricht. Weil auf dem von ihm anvisierten Wege die Frage nach der Möglichkeit rationalen Handelns in der Moderne nicht befriedigend beantwortet werden kann, entschließt er sich zu einer Revision seiner Aussage, daß die moderne Welt vollständig entzaubert ist. Er greift zu der Behauptung, daß selbst noch auf dem Boden des okzidentalen Rationalismus Rudimente von außeralltäglichen Orientierungen in Gestalt des Charisma anzutreffen sind, obwohl es letztmalig zu Zeiten der französischen Revolution in Form einer Verklärung der Vernunft in Erscheinung getreten sein soll.

> "Die charismatische Verklärung der 'Vernunft' (die ihren charakteristischen Ausdruck in ihrer Apotheose durch Robespierre fand) ist die *letzte* Form, welche das Charisma auf seinem schicksalsreichen Weg überhaupt genommen hat" (Weber 1972, S. 726; Hvh.B.L.).[54]

Aber schon Bendix hat darauf hingewiesen, "daß für Weber Charisma und Versachlichung allgegenwärtige Möglichkeiten in allen Phasen der Geschichte darstellen" (1964, S. 249). Ebenso vertritt Thomas Dow die Auffassung, daß "Charisma is neither old nor new, but an omnipresent possibility in all ages" (1969, S. 316). Freilich sagt die Andeutung, daß Charisma prinzipiell auch in der Moderne vorkommen kann, noch nichts über seine faktische Präsenz aus. Klarheit verschafft da die Bürokratietheorie Webers. Sie läßt keinen Zweifel daran, daß noch in der scheinbar restlos säkularisierten Gesellschaft das Phänomen des Charisma auftritt. Im Zuge seiner Erörterungen des Verwaltungsapparates notiert Weber, daß die an formalen Kriterien abgelesene höchst rationale bürokratische Herrschaft "an ihrer *Spitze* unvermeidlich ein mindestens nicht *rein* bürokratisches Element" aufweist (Weber 1974, S. 172). Eben dieses nicht rein bürokratische Element wird von ihm des näheren als charismatische Führung bestimmt.

---

[54] Vgl. hierzu die Arbeit von G. Roth über "Charisma and the Counterculture" in: Roth/Schluchter (1979, S. 119ff.).

"Die höchsten Spitzen der politischen Verbände sind entweder 'Monarchen' (erbcharismatische Herrscher) oder vom Volke gewählte 'Präsidenten' (also plebiszitär-charismatische Herren) oder von einer parlamentarischen Körperschaft gewählt, wo dann deren Mitglieder oder vielmehr die, je nachdem mehr charismatischen oder mehr honoratiorenhaften Führer ihrer vorherrschenden Parteien die tatsächlichen Herren sind" (Weber 1982, S. 477).

Die Besetzung der obersten Leitungsfunktionen der bürokratischen Institutionen mit charismatischen Führern bringt zum Ausdruck, daß die letzten Wertgesichtspunkte und Zwecksetzungen, denen der Verwaltungsapparat folgt, nicht Erzeugnisse seiner selbst sind, sondern aus der Quelle des "Außeralltäglichen" und "Übernatürlichen" stammen.[55] Das Charisma ist somit nicht aus der entzauberten Welt entschwunden. Paradox genug, geht es gerade eine Kombination mit den rationalsten gesellschaftlichen Ordnungskonfigurationen, den modernen Bürokratien, ein, zu denen es eine Art von Gegengewicht, wenn nicht sogar kritisches Korrektiv bildet. Darauf bezieht sich auch die Aussage Webers, derzufolge die Bedeutung des Charisma für die Moderne in einem "individuell differenzierten Handeln" bestehen soll, das den bürokratischen Institutionen entgegen wirkt.

Der recht eindeutige Befund, daß auch die vorgeblich säkularisierte Gesellschaft über Außeralltäglichkeit verfügt, scheint auf eine Restitution des Modells rationalen Handelns in der Alltagswelt hinauszulaufen, das sich unter den Bedingungen, die der Entzauberung vorausgingen, bewährt hat. Dagegen muß man jedoch deutlich sehen, daß das Charisma an der Spitze bürokratischer Institutionen bereits institutionalisiert, versachlicht und stark abgeschwächt ist, so daß es wohl kaum die notwendige Orientierungsfunktion des alltäglichen Handelns übernehmen kann. Das zeigen in hohem Maße auch die aus der funktionalistischen Tradition stammenden Versuche, der Gegenwartsgesellschaft Charisma zu attestieren. Einer der bekanntesten Versuche dieser Art liegt in der von Edward Shils verfaßten Arbeit über "Charisma, Order and Status" vor. Shils macht es sich ausdrücklich zur Aufgabe nachzuweisen, "that an attenuated, mediated institutionalized charismatic propensity is present in the routine functioning of

---

[55] Hinter diesen Äußerungen läßt sich nur unschwer Webers politische Vorstellung von einer plebiszitären Führerdemokratie erkennen. Vgl. dazu u.a. Abramowski (1966, S. 156ff.), Mommsen (1974, S. 44ff.) und Loewenstein (1965, S. 65ff.).

society" (1965, S. 200).⁵⁶ Um sein anvisiertes Ziel zu erreichen, folgt Shils einer Begriffsstrategie, die von vornherein darauf abzielt, die Kategorie des Charisma so zu fassen, daß sie problemlos mit gesellschaftlichen Ordnungskonfigurationen verbunden werden kann. Dafür nimmt er billigend eine erhebliche Ausweitung und Neukonturierung des von Weber in die soziologische Diskussion eingeführten Begriffs des Charisma in Kauf. In welcher Weise das geschieht, geht bereits aus seiner Definition personalen Charisma hervor:

> "The charismatic quality of an individual as perceived by others, or himself, lies in what is thought to be his connection with ... some *very central* feature of man's existence and the cosmos in which he lives. The centrality, coupled with intensity, makes it extraordinary" (Shils 1965, S. 201).

Der entscheidende Unterschied gegenüber Webers Auffassung von personalem Charisma besteht darin, daß es von Shils an die Grundzüge menschlicher Existenz rückgekoppelt wird. In der älteren Theoriesprache hätte man sie eventuell als das "Heilige" im Gegensatz zum "Profanen" (Durkheim) bezeichnet.⁵⁷ Ebensogut aber könnte man sagen, daß es die elementaren Normen, Werte und Prinzipien einer Gesellschaft sind, die charismatische Reaktionen auslösen sollen. Genau darauf scheint Shils abzuheben, wenn er bemerkt, daß "the charismatic propensity is a function of the need for order" (Shils 1965, S. 203). Er unterstellt damit ein gewissermaßen anthropologisches Grundbedürfnis nach sinnhafter Orientierung, das nicht weiter hinterfragt werden kann.⁵⁸ Weil aber Menschen nach Ordnungen vorgeblich suchen, schreiben sie denjenigen, die Ordnungen und damit einen Orientierungsrahmen schaffen, Charisma zu:

---

56 So auch Eisenstadt (1968).

57 Zum Vergleich des "Heiligen" mit dem Charisma-Konzept siehe u.a. Parsons (1961, S. 669ff.), Nisbet (1966, S. 142ff.). Explizit vertritt Schluchter in Anlehnung an Shils die Auffassung: "Dieser Bereich des Außeralltäglichen, des 'Heiligen' einer Ordnungskonfiguration läßt sich mit Shils auch als ihr Zentrum fassen" (1979, S. 56).

58 Shils schreibt: "I do not know why this need for order exists. It is not simply a need for an instrumentally manageable enviroment, though that is part of it. It is more like the need for a rationally intelligible cognitive map, but it obviously is more than cognitive. There is a need for moral order - for things to be fit into a pattern which is just as well as predictable" (1965, S. 203).

"The generator or author of order arouses the charismatic responsivness. Whether it be God'd law or natural law or scientific law or the society as a whole, or even a particular corporate body or institution like an army, whatever embodies, expresses or symbolizes the essence of an ordered cosmos or any significant sector there of awakens the disposition of awe and reference, the charismatic dispostion" (Shils 1965, S. 203).

Somit kommen allen Ordnungskonfigurationen charismatische Qualitäten zu - gleichgültig, ob es sich dabei um mentale oder institutionelle Ordnungen handelt. Bei alledem ist jedoch nach Shils Ansicht Macht die zentrale ordnungsstiftende Instanz. Sie ruft das Charisma hervor, das den gesellschaftlichen Institutionen zugeschrieben wird. "Corporate bodies - secular, economic, govermental, military, and political - come to possess charismatic qualities simply by virtue of the *tremendous* power concentrated in them" (Shils 1965, S. 207). Die Gleichsetzung von Charisma mit Macht möchte Shils jedoch nicht dahingehend mißverstanden wissen, daß jede Form von Gewalt allein auf Grund ihrer Präsenz charismatische Reaktionen auslöst. Nur die moralisch abgesicherte und Standards der Gerechtigkeit verpflichtete Macht soll dazu in der Lage sein, das Bedürfnis nach Ordnung zu befriedigen. Das Charismakonzept scheint bei Shils nicht viel mehr zu sein als eine geschickte begriffliche Überhöhung der Integrationsleistung gesellschaftlicher Institutionen unter Verzicht darauf, was den eigentlichen Kern des Außeralltäglichen ausmacht, nämlich das Exzeptionelle und noch nie Dagewesene. Anders gesagt: Das Konzept eines "institutionalisierten Charisma" bei Shils verfängt sich in Widersprüche und ist nicht in der Lage, die Möglichkeit eines Sinnbezugs für das Alltagshandeln in der entzauberten Welt begrifflich zu fassen.

Ein - wenn auch recht bescheidener - Ansatzpunkt zur Lösung des aufgeworfenen Problems deutet sich in den nicht gerade sehr zahlreichen Äußerungen Webers zum Alltagsbewußtsein an. Seinem Inhalt nach wird es von ihm als ein Bewußtsein bestimmt, dem weitgehend die intime Kenntnis der elementarsten Lebensumstände fehlt, die die Bedingungen menschlicher Existenz im Alltag ausmachen. "Der 'Wilde'", so formuliert Weber zur Kontrastierung, "weiß von den ökonomischen und sozialen Bedingungen seiner Existenz unendlich viel mehr als der im üblichen Sinn 'Zivilisierte'" (Weber 1982, S. 473). Sonderlich überraschen kann eine derartige Erkenntnis nicht. Schließlich hat der ständige Zustrom von wissenschaftlichen und technologischen Errungenschaften in den Bereich der Lebenswelt deren fortgesetzte Verkomplizierung zur Folge, so daß sie immer opaker und undurchschaubarer wird. Was aber "der Lage des 'Zivilisierten' ... ihre spezifisch 'rationale' Note gibt, im Gegensatz zu der des 'Wilden', ist ...: 1. der generell eingelebte *Glaube* daran, daß die Bedingungen seines Alltagslebens, heißen sie nun: Trambahn oder Lift oder Geld oder Gericht oder Militär oder Medizin, *prinzipiell* rationalen Wesens, d.h. der rationalen Kenntnis, Schaffung und Kontrolle zugängliche Artefakte seien... 2. die Zuversicht darauf, daß sie rational, d.h. nach bekannten Regeln und nicht, wie die Gewalten, welche der Wilde durch seinen Zauber beeinflussen will, irrational funktionieren, daß man, im Prinzip wenigstens, mit ihnen 'rechnen', ihr Verhalten '*kalkulieren*', sein eigenes Handeln an eindeutigen, durch sie geschaffenen Erwartungen orientieren könne" (Weber 1982, S. 473f.). Es ist dieser Glaube an Rationalität, der die ehemals religiösen Vorstellungsinhalte ersetzt und das Alltagshandeln mitgestaltet. Nicht die Transzendenz in Form von außeralltäglichen Orientierungen stiftet in der entzauberten Welt die Rationalität des alltäglichen Handelns. Getragen wird es vielmehr von einem Glauben an Rationalität, der bis zum Beweis des Gegenteils seine Gültigkeit bewahrt. Dazu kommt, daß die Alltagshandelnden trotz des Zerfalls der einheitsstiftenden Weltbilder in ihrem Handeln und Denken auch weiterhin von der Verfügbarkeit eines real gültigen Wertekonsenses ausgehen. Gewollt oder ungewollt ignorieren sie, daß es einen derartigen Konsens nicht geben kann.

> "In fast jeder einzelnen wichtigen Stellungnahme realer Menschen kreuzen und verschlingen sich ja die Wertsphären. Das Verflachende des 'Alltags' in diesem eigentlichsten Sinn des Wortes besteht ja gerade darin: daß der in ihm dahinlebende Mensch sich dieser teils psychologisch, teils pragmatisch bedingten Vermengung todfeindlicher Werte nicht bewußt wird und vor allem: auch gar nicht bewußt werden *will*, daß er sich vielmehr der Wahl zwischen 'Gott' und 'Teufel' und der eigenen letzten Entscheidung darüber: welcher der kollidierenden Werte von dem Einen und welcher von dem Anderen regiert werde, entzieht" (Weber 1982, S. 507).

Diese wenigen Hinweise zum Alltagswissen und den in ihm enthaltenen kontrafaktischen Idealisierungen bei Weber führen bis an die Schwelle der Einsicht, daß durch den Entzauberungsprozeß "sich die sinngebenden Momente des alltäglichen Systems der Typisierungen in die Struktur des Alltäglichen selbst verlagern" (Srubar 1981, S. 98). Sie dort auch aufzusuchen und durchzuanalysieren, hat Weber sich allerdings versagt. So bricht seine Untersuchung an einer Stelle ab, an der die Konstitution rationalen Handelns unter den Bedingungen einer entzauberten Welt hätte transparent gemacht werden können. Erst Alfred Schütz, der an Webers Programm einer Verstehenden Soziologie in fundierender Absicht anknüpft, hat den liegengebliebenen Faden von Webers Einsichten aufgegriffen und weitergeführt. Seine phänomenologisch inspirierte Analyse der Lebensweltstrukturen legt jene Grundschicht vorwissenschaftlicher Erfahrung frei, die einen Einblick in die Verfaßtheit des Alltagslebens erlauben soll. Insbesondere dieser Zuschnitt seiner Theorie macht die Ausführungen von Schütz zu einem überaus interessanten und fruchtbar erscheinenden Untersuchungsfeld für die Frage nach der Konstitution rationalen Handelns in der Alltagswelt.

3.0 Die Rationalität des Alltagshandelns in der Perspektive phänomenologisch orientierter Sozialtheorie

Die Behandlung der Rationalitätsthematik im Rahmen der Soziologie Max Webers hat ergeben, daß dieser - entgegen den gängigen Interpretationen - sehr wohl über ein Konzept rationalen Handelns in der Alltagswelt verfügt. Nur wird der Zugang zu diesem Konzept zumeist durch die unübersehbar starre und einseitige Ausrichtung der Weber'schen Soziologie am Typus des zweckrationalen Handelns verstellt. Die zum Standardmaß hochstilisierte Zweck-Mittel-Relation läßt völlig in den Hintergrund treten, daß Weber einen Begriff qualitativer Rationalität im Sinne von Verstehbarkeit, Kommunikabilität und intersubjektiver Faßlichkeit bereit hält, mit dem er sich die Möglichkeit bewahrt, auch das Alltagshandeln als vollständig rational auszuweisen. Die Beantwortung der Frage, worin die Rationalität des alltäglichen Handelns besteht, bereitet ihm daher keinerlei größere Schwierigkeiten. Als problematisch hat sich hingegen seine Vorstellung von der *Konstitution* rationalen Handelns in der Alltagswelt erwiesen, die auf der Annahme beruht, daß das Handeln durch außeralltägliche Orientierungen mitstrukturiert wird. Es ist nicht zu sehen, wie dieses Modell, dessen Tragfähigkeit von Weber in seiner Studie über die "Protestantische Ethik und den Geist des Kapitalismus" erfolgreich erprobt wurde, unter den Bedingungen einer restlos entzauberten Welt angewendet werden kann. "Heißt doch 'Entzauberung' das Verschwinden religiös, also außeralltäglich, strukturierter Weltbilder in ihrer vereinheitlichenden, ordnenden und sinngebenden Funktion für die alltägliche Lebensführung" (Srubar 1981, S. 97). Zurück bleibt ein Alltag, der jeden transzendenten Sinnbezug entbehrt und in dem daher dem alltäglichen Handeln die elementare Basis seiner qualitativen Rationalität fehlt. Nur andeutungshaft läßt Weber erkennen, worin eine mögliche Lösung des Problems bestehen könnte, nämlich in dem für den Alltagsverstand charakteristischen kontrafaktischen *Glauben* an Rationalität und an einen einheitlichen und transzendenten Sinnbezug des Handelns. Bedauerlicherweise hat Weber diese von ihm selbst gelegte Spur einer Problemlösung nicht weiter verfolgt. Es ergibt sich daher die Notwendigkeit, nach einem theoretischen Konzept Ausschau zu halten, das die bei Weber zu Tage getretenen Schwächen zu beheben vermag. Seinem Profil und internen Anspruch nach scheint dazu am ehesten der von Alfred Schütz begründete Ansatz einer phänomenologisch orientierten Soziologie der "alltäglichen Lebenswelt" geeignet zu sein. Dadurch, daß er unmittelbar auf eine Analyse der Sinnsetzungs- und Deutungsphänomene innerhalb der Alltagswelt abstellt, macht er einen systematischen Rekurs auf das Außeralltägliche und Übernatürliche nicht erforderlich. Für Schütz konstituieren sich die Orientierungsmuster, an denen das alltägliche Handeln seine Ausrichtung erfährt, aus einer dem Alltag immanenten Struktur heraus. Gemessen an der Konzeption Max Webers, sieht dies durchaus nach einem theoriestrategischen Vorteil aus. Gleichwohl sind Vorbehalte angebracht. - Zumindest der, daß der von Schütz eingeschlagene Forschungsweg zu Lasten einer historisch gerichteten und gesellschaftskritisch angelegten Perspektive geht. Schon Habermas hat in seinem Literaturbericht "Zur Logik der Sozialwissenschaften" den Einwand erhoben, daß Schütz als guter Husserlschüler stets bei der Generalisierung der eigenen Erfahrung stehen geblieben ist (vgl. Habermas 1973, S. 215).[59] Nicht zuletzt deshalb bleibt abzuwarten, ob das von Schütz entworfene Programm einer Sozialphänomenologie tatsächlich den Anspruch einlösen kann, das von Weber zurückgelassene Problem einer endgültigen und nicht bloß vorläufigen Lösung zuzuführen.

Ohne dem Untersuchungsergebnis in irgendeiner Weise vorzugreifen, kann schon an dieser Stelle definitiv ausgemacht werden, daß Schütz - ebenso wie bereits Weber in seinen "Soziologischen Grundbegriffen" - die Auffassung vertritt, daß das Alltagshandeln allenfalls über eine partielle Rationalität verfügt. Es wäre jedoch voreilig, wollte man in diesem ernüchternden bis dequalifikatorischen

---

[59] Offenkundig hat Habermas seine damaligen Bedenken gegen das phänomenologische Lebensweltkonzept zurückgestellt. Anders kann zumindest nicht erklärt werden, daß er in seiner jüngst erschienenen Arbeit zur "Theorie des Kommunikativen Handelns" ausgiebige Anleihen von Schütz macht. Zur Auseinandersetzung mit Habermas Wende zur Lebenswelt bietet sich u.a. an: Matthiesen (1983) und Eberle (1984, S. 172ff.).

Urteil das Ergebnis einer wissenschaftlichen Politik sehen, die von Anbeginn darauf abzielt, das Alltagshandeln mit einem Begriff von Rationalität zu konfrontieren, dem es prinzipiell nicht genügen kann. Im Stile eines um begriffliche Präzision bemühten Exegeten zerlegt Schütz den Begriff der Rationalität in eine Vielzahl von verschiedenen Bedeutungsdimensionen. Der sprachüblichen Verwendungsweise nach werden von ihm unterschieden: Rationalität im Sinne von "Vernünftigkeit", "Überlegtheit", "Geplantheit", "Vorhersagbarkeit", "Logizität" und schließlich im Sinne einer Wahl "zwischen zwei oder mehr Mitteln für ein und denselben Zweck ... oder sogar zwischen zwei verschiedenen Zwecken, und ebenfalls eine Auswahl der geeignetsten Mittel" (Schütz 1972, S. 37). Die hier genannten Bedeutungsdimensionen werden von ihm der Reihe nach auf das alltägliche Handeln angelegt. Dabei zeigt sich, daß das Alltagshandeln ohne weiteres über ein bestimmtes Maß an Vernünftigkeit, Geplantheit und Vorhersagbarkeit verfügt.[60] Schütz genügt das jedoch offenbar nicht. Für seine Beurteilung des Handelns innerhalb der Alltagswelt von ausschlaggebender Bedeutung ist, daß es den Anforderungen einer "rationalen Wahl" nicht genügt.[61] Sie wäre seiner Meinung nach nur dann in vollkommener Weise garantiert, "wenn der Handelnde sowohl genügendes Wissen über das zu realisierende Ziel besäße als auch über die verschiedenen Mittel, die ihm den Erfolg gewährleisten sollen" (Schütz 1972, S. 40). Damit aber nicht genug, denn "dies Postulat impliziert:

a) Das Wissen vom Platz des zu realisierenden Zieles innerhalb des Rahmens der Pläne des Handelnden (die ihm ebenfalls bekannt sein müssen).

b) Das Wissen von der Beziehung zu anderen Zielen und der Verträglichkeit oder Unverträglichkeit mit ihnen.

c) Das Wissen der gewünschten oder unerwünschten Konsequenzen, die als Nebenprodukte der Realisierung des Hauptziels entstehen können.

---

[60] Hierbei gilt es zu berücksichtigen, daß Schütz an seiner Begrifflichkeit nicht konsequent festgehalten hat. Vgl. dazu: Schütz/Luckmann (1984, S. 84).

[61] Vgl. hierzu auch Schütz (1971a, S. 34ff.) und Schütz/Luckmann (1984, S. 89 und 883).

d) Das Wissen von den verschiedenen Mittel-Ketten, die technisch und auch ontologisch für die Erfüllung des Zieles geeignet sind, gleichgültig ob der Handelnde alle oder nur einige ihrer Elemente kontrollieren kann.

e) Das Wissen vom Zusammenspiel solcher Mittel mit anderen Zielen oder anderen Mittel-Ketten, einschließlich aller sekundärer Wirkungen und zufälligen Folgen.

f) Das Wissen von der Zugänglichkeit solcher Mittel für den Handelnden, der die Mittel innerhalb seiner Reichweite herausgreift und der sie ins Spiel bringen kann" (Schütz 1972, S. 40).

Das Alltagshandeln bleibt hinter einem derart anspruchsvollen Katalog von Forderungen zurück. Es kann ihnen nicht gerecht werden, da die Handlungssubjekte stets nur über ein begrenztes und nur in Teilaspekten klares und bestimmtes Wissen verfügen, so daß ihre Aktionen, mit denen sie in die Welt eingreifen, sich notwendigerweise in einem Rahmen von Kontingenz bewegen. Damit wird deutlich, daß es nicht allein die fehlende Ausrichtung des alltäglichen Handelns am Zweck-Mittel-Kalkül ist, die sein Rationalitätsdefizit bewirkt, sondern in erster Linie die Unbestimmtheit und Unvollständigkeit handlungsrelevanter Informationen.

Schütz selbst gesteht jedoch zu, daß das von ihm für verbindlich gehaltene Rationalitätskonzept ein Ideal repräsentiert, das "seinen ursprünglichen Ort nicht auf der Ebene der alltäglichen sozialen Welt hat, sondern auf der theoretischen Ebene ihrer wissenschaftlichen Beobachtung" (Schütz 1972, S. 41). Verwendung findet es hier als ein methodisches Prinzip zur Erstellung von Modellkonstruktionen, in denen der Sozialwissenschaftler nach Maßgabe des Relevanzsystems seiner Wissenschaft ein Szenario der sozialen Wirklichkeit aufbaut, das aus Abstraktionen und Generalisierungen besteht. Die Loslösung des Wissenschaftlers aus den lebensweltlichen Interessenzusammenhängen, die er durch einen "Sprung in die sogenannte theoretische Einstellung"[62] erlangt, gibt ihm die Freiheit, die Bedingungen, unter denen das Handeln seiner artifiziellen Gebilde stattfindet, *relativ* beliebig und rein fiktiv zu ge-

---

[62] Vgl. hierzu S. 146f.

stalten.[63] Wenn allerdings zugestanden wird, daß der Begriff der Rationalität seine volle Bedeutung erst auf der Ebene methodisch kontrollierter Wirklichkeitserkenntnis erhält, muß die Frage erlaubt sein, aus welchen Gründen Schütz den Begriff auf das alltägliche Handeln anlegt. In einer Erklärung dazu führt er aus, daß es ihm lediglich darum geht zu betonen, "daß das Ideal der Rationalität kein Grundzug des Alltagsdenkens ist und dies auch nicht sein kann..." (Schütz 1972, S. 39). Nichtsdestoweniger aber räumt er ein, daß das im Rahmen von Kontingenz sich bewegende Alltagshandeln über eine ihm spezifische Form von Rationalität verfügt, die er als "praktische Vernünftigkeit" bezeichnet. Sie kann seiner Meinung nach nur dann bestimmt werden, "wenn man eine Handlung ... an dem mißt, was ein konkreter Handelnder, ein lebendiger Mensch, in einer konkreten, historischen Lebenswelt tun kann und wie er es tun kann" (Schütz/Luckmann 1984, S. 90). Diese Ansicht hindert Schütz jedoch keineswegs daran, an dem auf Allwissenheit gegründeten Rationalitäsmaßstab festzuhalten.

Dessen ungeachtet soll im folgenden ausschließlich dem Begriff von alltagsspezifischer "praktischer Vernünftigkeit" im Werke von Schütz nachgegangen werden, da nur er Aufschluß über die Konstitution der intersubjektiven Verstehbarkeit und Sinnhaftigkeit des Alltagshandelns verspricht. Allein unter diesem Aspekt sollen die Arbeiten von Schütz zur Sprache gebracht werden. Das setzt zuvor eine genauere Ortsbestimmung seines soziologischen Ansatzes voraus.

3.1 Alfred Schütz' Versuch einer Bewältigung der Erblast Max Webers - Anspruch auf Fundierung des Sinn- und Handlungsverstehens

Alfred Schütz' theoretisches Ansinnen gilt dem von Max Weber in seinen methodologischen Grundschriften niedergelegten und gegen den bloßen Naturalismus mancher objektivistischer Wissenschaftsauffassungen durchgesetzten Programm eines interpretativ verfahrenden Ansatzes sozialwissenschaftlicher Forschung. Das wird zuweilen durch den Umstand verdeckt, daß seine späteren, d.h. vornehmlich in der amerikanischen Emigration entstandenen Auf-

---

[63] "Relativ beliebig" heißt hier, im Einklang mit den Regeln der Wissenschaft. Vgl. Schütz (1971a, S. 46ff.).

sätze und Detailabhandlungen ihm den Ruf eines "phänomenologischen Soziologen" eingetragen haben, der er - soweit eine derart globale Etikettierung überhaupt zutrifft[64] - zweifelsohne auch war. Aber schon seine 1932 erschienene Arbeit über den "Sinnhaften Aufbau der sozialen Welt" weist in ihrem Untertitel unzweideutig die zentrale Intention aus, eine "Einleitung in die verstehende Soziologie" vorzulegen. Auch Schütz geht es in erster Linie darum, den subjektiv gemeinten Sinn zu verstehen, den ein Handelnder mit seinem Handeln verbindet. Die Einlösung dieses - von Max Weber übernommenen - Anspruchs auf ein individualisierendes Verstehen von Sinngebilden wirft nach Schütz jedoch eine Reihe von ungeklärten theoretischen Fragen und Problemstellungen auf, die zu lösen Weber als eine Art von nicht bewältigter Erbschuld hinterlassen hat. In den einleitenden Bemerkungen zu seiner Untersuchung stellt Schütz eine recht umfangreiche Mängelliste zusammen. Kritisiert wird von ihm:

> "Weber macht zwischen Handeln als Ablauf und vollzogener Handlung, zwischen dem Sinn des Erzeugens und dem Sinn des Erzeugnisses, zwischen dem Sinn eigenen und fremden Handelns bzw. eigener und fremder Erlebnisse, zwischen Selbstverstehen und Fremdverstehen keinen Unterschied. Er fragt nicht nach der besonderen Konstitutionsweise des Sinns für den Handelnden, nicht nach den Modifikationen, die dieser Sinn für den Partner in der Sozialwelt oder für den außenstehenden Beobachter erfährt, nicht nach dem eigenartigen Fundierungszusammenhang zwischen Eigenpsychischem und Fremdpsychischem, dessen Aufklärung für die präzise Erfassung des Phänomens 'Fremdverstehen' unerläßlich ist" (Schütz 1974, S. 15).

Die Hauptverantwortung für diese unbearbeitet gebliebenen Probleme und Fragen tragen nach Schütz die starken Ambiguitäten, mit denen der Zentralbegriff der Weber'schen Soziologie, der subjektiv gemeinte Sinn, behaftet ist. Nach Schütz' Überzeugung kann daher auch nur eine ernsthafte und strenge Klärung des Sinnbegriffs die aufgetretenen Schwierigkeiten ausräumen. Getreu seiner Diagnose übernimmt er es denn auch als seine Aufgabe, eben jenen für notwendig erachteten Klärungsprozeß durchzuführen, von dem er sich eine methodologische Fundierung der verstehenden Soziologie verspricht.

---

[64] Vgl. hierzu die von Luckmann angeregte Debatte (1979, S. 196ff.). Er gelangt zu dem Schluß, daß es eine phänomenologische Soziologie nicht geben kann.

Dieses Fundierungsunternehmen führt Schütz mit einem beachtlichen philosophischen Theorie- und Begriffsaufwand durch. Sein Ziel ist es, den Handlungssinn bis auf die Stufe seiner Konstitution zurückzuverfolgen.[65] Zu diesem Zweck wendet er sich dem zu, was er für die Basis der Emergenz von Sinn überhaupt hält - dem individuellen Bewußtseinserleben in seiner inneren Zeitigung. Er greift damit auf philosophische Einsichten von Husserl und Bergson zurück. Von Bergson entlehnt er die Vorstellung von einem ungeteilten Lebensstrom (durée), in dem es prinzipiell "kein Nebeneinander, kein Auseinander und keine Teilbarkeit, sondern nur eine Kontinuität des Verfließens, eine Folge von Zuständen des Bewußtseins" gibt, die dem "Leben in der raum-zeitlichen begrifflichen Welt" kontrastiert (Schütz 1974, S. 62).[66] In ähnlich klingender Weise postulierte Husserl in seinen Vorlesungen zur "Phänomenologie des inneren Zeitbewußtseins" eine Flußform des Bewußtseinserlebens, die vom Strahl der "Intentionalität" zusammengehalten wird. Beide Auffassungen, die sich nach Meinung von Schütz in kongenialer Weise ergänzen, werden von ihm zu einer Theorie reflektiver Sinngebung zusammengeschweißt. Sie akzentuiert einen bewußtseinsmäßigen Akt des Innehaltens und Gewahrwerdens, der je nach theoretischer Couleur, als eine Leistung der Intentionalität (Husserl) oder aber des Denkens (Bergson) ausgewiesen wird. Durch ihn - so lautet das Hauptargument von Schütz - sollen die in der Vergangenheit abgelaufenen Erlebnisse aus dem beständig dahinfließenden Strom des Erlebens gleichsam wie Inseln herausgehoben und in ihrer Erscheinung "beseelt" werden. Den solchermaßen gewonnenen ursprünglichen Begriff von Sinn - als eine spezifische Blickrichtung auf das Bewußtseinserleben der Vergangenheit - modifiziert Schütz seinem Fundierungsanspruch entsprechend soweit, daß er zu einer Unterscheidung zwischen sinnhaften Erlebnissen, sinnhaftem Verhalten[67] und schließlich einer am Sinn orientierten Handlung gelangt.

---

[65] Zur Konstitutionsproblematik vgl. meine früheren Ausführungen in Eickelpasch/Lehmann (1982, S. 25ff.). Eine gute Rekonstruktion führt auch Böhler (1985, S. 178ff.) vor.

[66] Eine umsichtige Biographie, die auf die verschiedenen Einflüsse eingeht, die Schütz im Laufe seiner intellektuellen Karriere in sich aufgenommen hat, bietet Thomason (1982, S. 9ff.). Speziell auf die Bergsonianische Phase im Denken von Schütz geht Srubar (1981, S. 9ff.) ein.

[67] Zur Konstitution des Handlungssinns bei Schütz vgl. Eickelpasch/Lehmann (1982, S. 30ff.).

Die von Schütz vorgetragenen Analysen bleiben zunächst ausschließlich auf das Sinnerleben des einsamen Ich beschränkt. Sie erweisen sich damit als Betrachtungen einer Egologie, für die Husserl in seinen Ausführungen zur Phänomenologie die theoretische Vorlage geliefert hat. Dieser verfügt zudem über die Originalrechte an dem von ihm so benannten Verfahren der "transzendentalen Reduktion", dessen auch Schütz sich bedient, um das Feld reiner Bewußtseinsaktivität freizulegen, in dem allein die Phänomene der inneren Zeitigung und die Wirkungen der Intentionalität anzutreffen sind. So gesehen *müssen* "die Analysen der Konstitutionsphänomene im inneren Zeitbewußtsein ... innerhalb der 'phänomenologisch reduzierten' Sphäre des Bewußtseins" durchgeführt werden. "Sie setzen daher die 'Einklammerung' ('Ausschaltung') der naturalen Welt voraus, somit den Vollzug jener radikalen Einstellungsänderung ('Epoché') gegenüber der Thesis der 'Welt', wie sie sich als daseiende gibt..." (Schütz 1974, S. 55). Die Orientierung am einsamen Ich und der Vollzug der phänomenologischen Reduktion als ein besonderer methodischer Kunstgriff haben Schütz zu Recht den Vorwurf eingebracht, daß seine Untersuchung zum Sinnbegriff einem ausgeprägten Subjektivismus und Transzendentalismus huldigt. Das hat für seine spätere Theoriekonstruktion nicht unerhebliche Folgewirkungen gehabt, auf die noch zurückzukommen sein wird.

Daß die von Schütz entfaltete Sinnkonzeption mit Schwierigkeiten behaftet ist, kann hier vorausgeschickt werden. Sie zu erörtern würde eine eigenständige Untersuchung erfordern, die im Rahmen der vorliegenden Arbeit nicht geleistet werden kann und soll.[68] Gleichwohl muß einigen Vorbehalten Raum gegeben werden, die sich dann einstellen, wenn man das bis zum vorliegenden Punkt nachvollzogene Fundierungsunternehmen von Schütz in der methodischen Perspektive Max Webers betrachtet. Was seine Grundeinstellung betrifft, so müßte Weber zweifelsfrei in die Galerie der Anti-Husserlianer aufgenommen werden, wenngleich es auch nicht an Bemühungen gefehlt hat, ihn in das Lager der Phänomenologen herüberzuziehen.[69] Dagegen spricht u.a. die von Scheler tradierte Äußerung:

---

[68] Vgl. dazu u.a. Bubner (1976, S. 23ff.) und Eickelpasch/Lehmann (1982, S. 25ff.).

[69] Vgl. dazu die Anmerkung 5, S. 14.

"Gerade wir anderen, die er (Weber, B.L.) absichtlich mit dem Titel 'Phänomenologen, Intuitivisten, Tintenfischromantiker, Metaphysiker, Mystiker, usw.' ziemlich wahllos bedachte, seien die wahren Rationalisten, da wir ja das irrationale Erlebnis, das nun einem 'Schicksal', 'Dämon', kurz wahrhaft unintelligibel und irrational sei, fälschlich 'rationalisieren' wollten, sein 'Geheimnis' nach außen wendeten - damit aber auf einem Boden Allgemeingültigkeit und objektive Bindung des Menschen suchten, wo ausschließlich der individuell *freie Entschluß*, das Fiat des Willens, die Option, 'für' oder 'wider' zu entscheiden habe - kurz: das 'sic volo, sic jubeo'" (Scheler 1960, S. 432).

Da Weber "den Husserl'schen Ernst zwar durchaus respektierte, ihm aber die Sache zuwider war", wie Plessner (1963, S. 33) in seinen Erinnerungen an Weber versichert, wird man wohl begründet davon ausgehen können, daß er dem phänomenologisch angeleiteten Fundierungsvorhaben von Schütz aller Wahrscheinlichkeit nach verhalten, wenn nicht sogar völlig ablehnend gegenüber gestanden hätte. Neben solchen - letztlich für immer hypothetisch bleibenden - Überlegungen lassen sich aber auch systematische Bedenken gegen den von Schütz erhobenen Fundierungsanspruch anmelden. Sie treffen im besonderen die hohe Selektivität bei der Auswahl dessen, was er - und mit ihm Generationen von Weber-Interpreten - für den eigentlichen Kern der Verstehenden Soziologie hält - die "Soziologischen Grundbegriffe". Zugespitzt formuliert bedeutet dies, einen einzigen Paragraphen aus "Wirtschaft und Gesellschaft" zur alleinigen und damit ausschließlichen Bewertungsgrundlage des gesamten verstehenden Ansatzes zu machen. Zwar bemerkt Schütz durchaus zu Recht, daß Weber sich mit wissenschaftstheoretischen Fragen nur soweit befassen wollte, wie es ihm aus der Sicht seiner praktischen Forschungen unbedingt erforderlich schien. Er folgert daraus aber nicht, die materiale Soziologie, "d.h. die 'Praxis' der Begriffsbildung und der verstehenden Rekonstruktion von Sinnzusammenhängen als Bestandteil der Erklärung sozialen Handelns" (Seyfarth 1979, S. 155) in seine Betrachtungen miteinzubeziehen. Stattdessen gilt ihm das in den "Soziologischen Grundbegriffen" dargebotene formale Gerüst als eine Art von Handanweisung zur Umsetzung des Postulates subjektiver Interpretation. Dabei hätte er sich ohne weiteres darüber informieren können, daß Webers "Forschungsperspektive ... in seinen methodologischen Erläuterungen - Rückgang auf den subjektiv gemeinten Sinn, Verstehen am Leitfaden der Mittel-Zweck-Rationalität des Handelns, usw. - nicht immer adäquat zur Geltung" kommt (Seyfarth 1979, S. 155). Für ein Fundierungsunternehmen, das diesen Namen uneingeschränkt verdient, wäre es deshalb unverzichtbar gewesen, die Methodologie Webers auf dem Hintergrund seiner materialen Analysen zu lesen.

Die aus der Sicht von Weber vorgebrachten Einwände und Bedenken gegen den von Schütz erhobenen Anspruch auf eine an der Phänomenologie und ihrem methodischen Arsenal orientierten Fundierung der verstehenden Soziologie treffen im Grundsatz auch auf die im weiteren Verlauf seiner Untersuchungen durchgeführten "Strukturanalysen der Sozialwelt" zu. Anders als die in der phänomenologisch reduzierten Sphäre angestellten Forschungen zum Sinnerleben des einsamen Ich machen sie die Sinnsetzungs- und Deutungsphänomene innerhalb der Sozialwelt zu ihrem Thema. Unter dem gleichsam mikroskopisch geschärften Auge des Phänomenologen wird transparent gemacht, wie die in der Sozialwelt Lebenden selbst diese ihre Welt sinnhaft ordnen, indem sie im Verein mit anderen erlebend, denkend und handelnd auf sie einwirken. Diese innerhalb des Terrains der Sozialwelt vorangetriebenen Studien, denen jedes transzendentale Beiwerk fehlt, leiten eine prinzipiell neue Phase im Denken von Schütz ein, die allgemein unter der Bezeichnung einer "Soziologie des Alltags" Eingang in die jüngere Theoriediskussion gefunden hat. Über die Motivhintergründe, die zu ihrer Etablierung und thematischen Zentralität im Werk von Schütz führten, gibt eine Passage aus seinem Briefwechsel mit Aron Gurwitsch Aufschluß, der auf das Jahr 1952 datiert. An der angesprochenen Stelle teilt Schütz Gurwisch mit:

> "Du weißt sehr gut, daß ich in allen meinen Arbeiten ... eine phänomenologische Analyse der natürlichen Weltanschauung zum Ziele habe... Selbstverständlich habe ich nur aus pädagogischen Gründen den Ausgangspunkt von einem theoretischen solipsistischen Ich genommen und erst nachher die Strukturen eingeführt, die die soziale Welt mit sich bringt" (Schütz-Brief vom 20.4.1952; zit. nach Grathoff 1983, S. 96).

Das klingt geradewegs so, als habe Schütz' theoretisches Ansinnen von Anbeginn der später so benannten Soziologie des Alltags gegolten, die hier allerdings noch, der Sprachregelung des "Sinnhaften Aufbaus" folgend, unter dem Titel Strukturanalyse geführt wird. Freilich verkündet Schütz bereits in seiner Einleitung in die Verstehende Soziologie, daß es sein primäres Ziel sei, die Sinnsetzungs- und Deutungsphänomene innerhalb der Sozialwelt zu erforschen. Dennoch aber führt kein Argument daran vorbei, daß die Soziologie des Alltags strenggenommen aus einer Problemlage geboren wird, die in ihren Wurzeln auf eine - durch die ungelöste Problematik der transzendentalen Intersubjektivität ausgelöste - Krise oder Wende im Husserl'schen Philosophieren zurückweist. Das zu verdeutlichen, bedarf es einer etwas ausführlicheren Besprechung des phänomenologischen Charakters von Schütz' Untersuchung.

In den von Schütz selbst abgegebenen Erklärungen heißt es, wie bereits erwähnt, daß die Durchführung der Konstitutionsanalysen zum Sinnerleben des einsamen Ich die Übernahme der phänomenologischen Reduktion (Epoché) und damit die Ausschaltung der naturalen Welt erforderlich macht. Demgegenüber stellt er es als sein weitergehendes Forschungsvorhaben heraus, "die Sinnphänomene in der mundanen Sozialität", d.h. auf dem Boden der "natürlichen Einstellung" zu analysieren, den er zuvor durch den Akt der transzendentalen Reduktion verlassen hatte. Dabei sollen nun die in der von allem weltlichen Sein gereinigten Sphäre gewonnenen Einsichten und Ergebnisse eine korrelative Übertragung auf die Ebene des Mundanen, sprich also die Sozialwelt erfahren. Eben das ist "im prägnanten Sinne des Wortes das zu lösende 'Problem der Intersubjektivität': die Konstitution der Gegenständlichkeiten und Objektivitäten alles möglichen sozialen Handlungserlebens auf der Grundlage der transzendentalen Bewußtsein- und Erlebnisstruktur; die radikale Frage nach der 'Konstitution des Du überhaupt; die Aufklärung der intersubjektiven Struktur alles Denkens'" (Grathoff 1978, S. 405). Schütz war zuversichtlich, daß Husserl dieses von ihm bislang noch unbewältigte Problem, wie angekündigt, in seinen "Cartesianischen Meditationen" lösen würde. Ihre Publikation sollte jedoch erst nach Abschluß des Sinnhaften Aufbaus erfolgen. Angesichts dessen sah Schütz sich dazu genötigt, vorerst die Intersubjektivitätsthematik auszusparen und mit einer Art von Hilfshypothese weiterzuarbeiten. Als vorläufige und rein behelfsmäßig gedachte Arbeitsgrundlage wird von ihm die "Generalthesis des alter ego" an der Nahtstelle zwischen transzendentaler und mundaner Analyse installiert. Dort plaziert, hat die Grundannahme, daß der Erlebnisstrom des Du "die gleiche Urform aufweise wie der meine", daß "das Du so wie das Ich das eigene Altern erlebt" (Schütz 1974, S. 138), die ihr zugedachte Aufgabe eines Transportbandes zum Transfer der Ergebnisse aus der einen auf die andere Sphäre zu bewerkstelligen.

Schon bald nach dem gründlichen Studium der Cartesianischen Meditationen sieht Schütz sich in seiner Erwartung enttäuscht, Husserl würde das Intersubjektivitätsproblem einer philosophischen Klärung zuführen. Nach einer anfänglich noch recht verhaltenen Distanzierung erklärt Schütz in einem seiner letzten Aufsätze das

Husserl'sche Vorhaben definitiv für gescheitert. Und nicht nur das: In einer schonungslosen Kritik wendet er sich dezidiert gegen den gesamten Lösungsansatz, den er im Grundsatz für verfehlt hält.[70] Anders als Husserl glaubt, steht nach Schütz "zu vermuten, daß Intersubjektivität nicht ein innerhalb der transzendentalen Sphäre lösbares Problem der Konstitution, sondern eine Gegebenheit der Lebenswelt ist. Sie ist die ontologische Grundkategorie des menschlichen Seins in der Welt und somit aller philosophischen Anthropologie. Solange Menschen von Müttern geboren werden, fundiert Intersubjektivität und Wirbeziehung alle anderen Kategorien des Menschseins" (Schütz 1971b, S. 116).

Auch nach dem Scheitern des Husserl'schen Vorhabens sieht Schütz keinen Anlaß, seinen Ansatz zu revidieren. Zum einen liegt für ihn die Problemstellung der Intersubjektivität weit "außerhalb des Bereiches, auf den sich Kultur- und Sozialwissenschaften beziehen" (Schütz 1971a, S. 138). Zum anderen aber kann er darauf verweisen, daß nur die Analysen zum Sinnerleben des einsamen Ich in der phänomenologisch reduzierten Sphäre durchgeführt wurden, während hingegen die Strukturanalysen sich bereits auf dem Boden der "mundanen Intersubjektivität", dem irreduziblen Fundament der Sozialwelt, bewegen. Die hier aufgenommenen Untersuchungen erfahren durch Husserls Scheitern nachträglich eine Bestätigung. Sie liegt in der Erkenntnis begründet, daß allein eine "eidetische mundane Wissenschaft", die "nach den invarianten eigenwesentlichen Strukturen einer Seele bzw. einer Gemeinschaft seelischen (geistigen) Lebens: d.h. nach ihrem a priori" fragt (Schütz 1971a, S. 138), über die Wesensgesetze der sozialen Wirklichkeit letztgültigen Aufschluß geben kann. Konsequent werden daher die im Sinnhaften Aufbau begonnenen Strukturanalysen zu einer Soziologie des Alltags ausgebaut. Mit ihr verbinden sich erkenntnistheoretische Prätentionen, die Schütz' Ansatz von jeder "ethnographischen" Dokumentation alltäglicher Interaktionsformen[71] unterscheiden. Die Herleitung dieser Ansprüche wird im folgenden zu ergründen sein.

---

[70] Neuerdings hat Grathoff (1983, S. 46) bemerkt: transzendental nicht begründbar und deshalb mundan. Der umgekehrte Schluß liegt indessen ebenso nahe, nämlich: mundan und deshalb transzendental nicht begründbar.

[71] Vgl. hierzu den von Hammerich und Klein (1978) herausgegebenen Sammelband: "Soziologie des Alltags".

3.1.1 Die Wiederentdeckung des Alltags

Einer der Streitfälle, an denen sich immer wieder wissenschaftstheoretische Diskussionen entzünden, besteht in der schwelenden und bis heute noch gänzlich unentschiedenen Frage, welcher Stellenwert objekttheoretischen Überlegungen bei der Festlegung wissenschaftlicher Spielregeln eingeräumt werden muß. Fraglich nach wir vor ist, welche Bedeutung der vortheoretischen Erfahrung im Zusammenhang metatheoretischer Erörterungen zukommt. Zweifelsfrei scheint allein festzustehen, daß Aussagen und Ermittlungen über den Gegenstandsbereich stets nur als Mittel, nicht aber als reiner Selbstzweck in Betracht zu ziehen sind. Ferner ist unstrittig, daß eine gewisse Beziehung zwischen objekttheoretischen Annahmen und methodologischen Optionen nicht völlig in Abrede gestellt werden kann. Jenseits solcher Grundeinsichten gehen allerdings die Meinungen weit auseinander. Grob klassifiziert, lassen sich zwei diametral entgegengesetzte Positionen voneinander unterscheiden. Die eine, die zum Naturalismus tendiert, propagiert, daß die Auswahl und Formung einer Methode keineswegs eine besondere Rücksichtnahme auf die Natur des vorliegenden Gegenstandsbereiches verlangt. Das ist die Auffassung all derer, die wie Popper die Einheit der Wissenschaften in der Methode fordern und sich damit dem Widerspruch der zweiten Richtung ausgesetzt sehen. Diese wird prominent von den Theoretikern der Kritischen Theorie vertreten. Allen voran hat Adorno unablässig daran gemahnt, "daß sich die Theorie in ihrem Aufbau und der Struktur des Begriffs an die Sache anmessen, daß die Sache in der Methode ihrem eigenen Gewicht nach zur Geltung kommen soll" (Adorno 1973, S. 12). Zwischen diesen idealtypisch zugespitzten Bipolen verortet, nimmt Schütz eine Mittelstellung ein. Sie gelangt darin zum Ausdruck, daß beinahe alle seine Aussagen zur Methodologie der Sozialwissenschaften eine durchgängige Spannung und permanente Oszillation zwischen einer naturalistischen und nicht-naturalistischen Haltung aufweisen. So hat er denn beispielsweise keinerlei Zweifel daran gelassen, daß er in einigen Aspekten die von Neo-Positivisten erhobenen methodologischen Grundforderungen teilt. Das wird vor allem in seiner Auseinandersetzung mit Hempel und Nagel deutlich. Dort erklärt er u.a., daß er mit Nagel übereinstimmt, "daß jedes empirische Wissen Entdeckungen in Prozessen kontrollierten Schließens impliziert, daß es in Aussagesätzen formulierbar und durch jeden verifizierbar sein muß, der bereit ist, dieses mit Hilfe von Beobachtungen zu versuchen" (Schütz 1971a, S. 59). Andererseits aber hält er eine Reflexion auf die Bedingungen vorwissenschaftlicher Erfahrung für unverzichtbar. Ihre Vernachlässigung und Diskreditierung durch den Methodenimperialismus der objektivistischen Wissenschaften gilt es nach seiner Meinung rückgängig zu machen. Diesem Ziel ist seine Soziologie des Alltags verpflichtet. Ihre erkenntnistheoretische Bestimmung muß daher in dem Bemühen um eine Rehabilitierung vortheoretischer Erfahrung gesehen werden.

Der Gegenstandsbereich sozialwissenschaftlicher Forschung besteht nach Schütz in der "sozialen Wirklichkeit". Sie wird von ihm definiert als "die Gesamtheit von Gegenständen und Erscheinungen in der sozialen Kulturwelt und zwar so, wie diese im Alltagsverständnis von Menschen erfaßt wird, die in ihr in mannigfachen Beziehungen zu ihren Mitmenschen handeln. Es ist die Welt kultureller Gegenstände und sozialer Institutionen, in die wir alle hineingeboren werden, in der wir uns zurechtfinden und mit der wir uns auseinandersetzen müssen" (Schütz 1971a, S. 60f.). Als soziokulturelle Welt des alltäglichen Lebens, die von Menschen erschaffen wurde, verfügt der Gegenstandsbereich der Sozialwissenschaften immer schon über eine ihm spezifische organisatorische Gestalt, die ihren Niederschlag in einer symbolischen Strukturiertheit findet. Sie, die symbolische Struktur, weist in ihrer Genese auf die konstitutiven Leistungen der Alltagshandelnden zurück, die bereits vor jedem methodischen Zugriff ihre Welt in Akten der Interpretation sinnhaft ausgelegt haben. Gerade dieser sinnhafte Aufbau der sozialen Welt ist es, der die unverwechselbare Eigenart des sozialwissenschaftlichen Objektbereichs ausmacht und ihn grundsätzlich von demjenigen der Naturwissenschaften unterscheidet.[72] Schütz selbst schreibt dazu:

> "Die in der Weise des Naturwissenschaftlers erforschte Welt der Natur 'bedeutet' den Molekülen, Atomen und Elektronen gar nichts. Das Beobachtungsfeld des Sozialwissenschaftlers, also die soziale Wirklichkeit, hat dagegen eine besondere Bedeutung und Relevanzstruktur für die in ihr lebenden, handelnden und denkenden menschlichen Wesen. *Sie* haben diese Welt, in der sie die Wirklichkeit ihres täglichen Lebens erfahren, in einer Folge von Konstruktionen des Alltagsverstandes bereits vorher ausgesucht und in-

---

[72] Eberle notiert dazu: "Mit der These, daß die Sinndimension - also die Vorinterpretierbarkeit der sozialen Welt durch den Handelnden - einen entscheidenden Unterschied zwischen dem sozial- und naturwissenschaftlichen Gegenstandsbereich konstituiert, bewahrt Schütz das Anliegen Diltheys und der gesamten 'Verstehenden Tradition', aus der Besonderheit der sozialen Erkenntnisobjekte die entsprechenden methodologischen Konsequenzen zu ziehen" (1984, S. 113).

terpretiert. Diese ihre gedanklichen Gegenstände bestimmen ihr Verhalten, indem sie es motivieren" (Schütz 1971a, S. 68).

Die Tatsache, daß der Sozialwissenschaftler in seinem Erkenntnisstreben auf ein Material trifft, das im Gegensatz zur rohen und unbearbeiteten Natur über eine eigene Sinn- und Relevanzstruktur verfügt, erfordert nach Schütz eine dem Methodeneinsatz vorgeschaltete Aufhellung eben jenes vortheoretischen Sinnfundamentes. Nur dadurch kann sichergestellt werden, daß der verstehende Soziologe auch tatsächlich den von den Handelnden gemeinten Sinn erfaßt und ihn nicht durch einen von ihm zugerechneten Sinn ersetzt. Die analytische Entschlüsselung und Durchleuchtung der vortheoretischen Erfahrung hilft, so gesehen, zu ihrem Teil an der Diagnose, Therapie und Prophylaxe irregeleiteter Erkenntnisgewinnung mit. Eben dies soll die Soziologie des Alltags leisten: Durch einen Rückzug auf das alltägliche Sinnfundament der Lebens-/Alltagswelt die sozialwissenschaftlichen Erkenntnisse grundsätzlich begründbar und zugleich kritisierbar zu machen.

Mit seinem Rekurs auf die alltägliche Lebenswelt setzt Schütz eine Ebene tiefer als Weber an. Wie bereits an früherer Stelle ausgeführt wurde,[73] hatte dieser in seinen methodologischen Erörterungen die Ausstattung der sozialen Wirklichkeit mit Sinn und Bedeutung zu einer transzendentalen Voraussetzung der Kulturwissenschaften erklärt. Darauf bezogen kann Schütz' Projekt einer Rehabilitierung der vorwissenschaftlichen Erfahrung in dem Bemühen gesehen werden, die transzendentale Annahme Webers nicht nur systematisch zu entfalten, sondern sie auf den Boden der "empirischen Tatsachen" zurückzuholen. Das ist bei weitem mehr, als Webers eigene erkenntnistheoretische Position jemals zugelassen hätte. Im Einklang mit der neukantianischen Wissenschaftslehre ist sie von der Vorstellung geprägt, daß die Erkenntnis des Wirklichen untrennbar an die Mittel der Begriffsbildung gebunden bleibt. Insofern kann es auch nur einen idealtypisch vereinseitigten Zugang zur sozialen Wirklichkeit geben, der zur "Sache selbst" eine methodisch kontrollierte Distanz bewahrt.

Obzwar Schütz den erkenntnistheoretischen Prämissen von Webers neukantianischer Wissenschaftsauffassung nicht folgt, erliegt er dennoch nicht der Versuchung, die "Fakten in die Texte" zu kleben.

---

[73] Vgl. hierzu S. 12f.

Auch die Analyse der vortheoretischen Erfahrung bildet den sozialwissenschaftlichen Gegenstandsbereich nicht einfach bloß ab. Er wird vielmehr mit Hilfe eines besonderen Verfahrens untersucht, das Schütz in Anlehnung an Husserl eine "konstitutive Phänomenologie der natürlichen Einstellung" nennt. Dieser Typus phänomenologischer Forschung wird von ihm als eine "eidetische mundane Wissenschaft von den Phänomenen der Kultur- und Sozialwelt" (Schütz 1971a, S. 138) vorgestellt, die nach den "invarianten Strukturen subjektiver Orientierung in der Welt" fahndet (Luckmann 1979, S. 198). Insofern bewahrt auch sie gegenüber dem Gegenstand eine gewisse methodische Distanz. Der Unterschied zu Webers erkenntnistheoretischer Position besteht jedoch darin, daß die eidetisch mundane Wissenschaft aus der Teilnehmerperspektive der sozialen Akteure die Perspektive der Teilnehmer theoretisch aufbereitet. Sie liefert damit eine "allgemeine Matrix" (Luckmann) zur Übersetzung der in der Alltags-/Lebenswelt erhobenen Daten in Grade höherer Allgemeinheit. Die Bereitstellung einer Matrix kann indessen nur der Vorentwurf zu einer Soziologie sein, die noch der Ausformulierung bedarf. Mit Luckmann kann daher auch gesagt werden, daß die phänomenologisch betriebene Analyse vorwissenschaftlicher Erfahrung allenfalls den Anspruch auf eine "Proto-Soziologie" erheben kann. Sie "ist keine Soziologie, noch nicht und nicht mehr" (Luckmann 1979, S. 205).

Schütz' Bemühen um eine lebensweltliche Begründung und Kritik sozialwissenschaftlicher Erkenntnisse entspricht in seiner Diktion ziemlich exakt dem, was auch Husserl vorschwebte, als er in seiner "Krisis-Abhandlung" das Thema der Lebenswelt für sich entdeckte. Genauer: Schütz folgt dem Husserl'schen Lebensweltkonzept. Freilich: Husserl interessierte sich für die sozialwissenschaftliche Forschung nicht. Noch weit weniger war ihm daran gelegen, deren grundlagentheoretische Schwierigkeiten zu erörtern. Die Denkbewegung, die seinem Alterswerk einer "Gelebten Philosophie" (Fellmann) zugrundeliegt, wird vielmehr durch eine "vielberedete Krisis" innerviert, von der er glaubte, daß sie das kulturelle Europa des ausgehenden 19. Jahrhunderts in seinen Grundfesten erschüttern würde.[74] Die Rede bei ihm ist von einer "Krisis des gesamten

---

[74] Vgl. hierzu auch die Darstellung von Fellmann (1983, S. 80ff.). Fellmann bettet die Krisis-Abhandlung Husserls in die Stimmungslage seiner Zeit ein. Er schreibt: "Auch Husserls 'Krisis'-Abhandlungen setzen Spengler als geistigen Hintergrund voraus. Das läßt sich besonders gut an dem Vortrag "Die Philosophie in der Krisis

europäischen Daseins", von einer "Lebensnot" der Menschen, die in den sie bedrängenden Fragen von den modernen rationalen Wissenschaften im Stich gelassen worden sind. Insbesondere in dieser Hinsicht verbindet sich für Husserl das von ihm als Einleitungstopos gewählte Statement der "Krise des europäischen Menschtums" in eindrucksvoller Weise mit seiner These von einer "Krise der Wissenschaften". Diese haben ihre Lebensbedeutsamkeit eingebüßt. Die Hauptverantwortung dafür lastet nach Husserl auf dem ausgeprägten Objektivismus und Naturalismus der modernen Wissenschaften, als deren Repräsentanten er Psychologie, Mathematik und Logik ansieht. An ihre Adresse richtet er den Vorwurf, daß sie sich zusehends von ihrer eigentlichen Grundlage, dem alltäglichen Leben, entfernt haben. Sie sind damit einer Entwicklungsrichtung gefolgt, die bereits bei Galilei angelegt ist. Schon bei ihm gibt es eine sich "vollziehende Unterschiebung der mathematisch substruierten Welt der Idealitäten für die einzig wirkliche, die wirklich wahrnehmungsmäßig gegebene, die je erfahrene und erfahrbare Welt - unsere alltägliche Lebenswelt" (Husserl 1976, S. 49). Es ist die "Seinsvergessenheit" der Wissenschaften, die sie in die Krise gestürzt hat. Um sie aus ihr wieder herauszuführen, propagiert Husserl den Rückgang auf die Lebenswelt, aus der die europäischen Wissenschaften wie der Phönix aus der Asche erneuert hervorgehen sollen. Der Rekurs auf die alltägliche Lebenswelt erfolgt also in der Absicht, den Wissenschaften ihr verlorengegangenes Sinnfundament wiederzubeschaffen. Daran wird zugleich deutlich, daß die primäre Bedeutung dieser Begriffsbildung

---

der europäischen Menschheit" ablesen, den Husserl im Jahre 1935 vor dem "Wiener Kulturbund" gehalten hat. Der Name Spengler fällt hier zwar nicht, aber die Zurückweisung einer naturalistischen Morphologie der Kulturbetrachtung ... und die Kritik am Pessimismus ... verweisen auf Spengler als Antipoden. Statt an den "Untergang Europas" glaubt Husserl fest an die "Wiedergeburt Europas aus dem Geiste der Philosophie" (1983, S. 83). Ferner entdeckt Fellmann in dem Aufkommen der Lebensweltthematik kulturkonservative Züge: "Wie stark die weltanschauliche Aura, die den Lebensweltbegriff umgeben hat, außerhalb des engeren Kreises der Phänomenologie gewesen ist, kann das 1948 erschienene Buch des Germanisten R. Benz, 'Lebenswelt der Romantik', belegen. Hier stellt Lebenswelt als Bezeichnung für die 'Bindung an das Leben', mit der die Romantik dem konservativen Geist als Antipoden zur modernen Welt der technisch-wissenschaftlichen Rationalität erscheint. Als positive Momente der Lebenswelt gelten ihre Unverfügbarkeit, ihre Ganzheit, ihre überpersönliche Einheit, der sich niemand entziehen kann. In der Lebenswelt kommt der Mensch noch einmal auch dort, wo er schöpferisch tätig ist, primär als Empfangender vor. Somit fungiert die immer schon vergangene Lebenswelt als Inbegriff der rückwärts gewandten Utopie einer heilen Welt, die den Anforderungen der modernen Rationalisierung begriffslos gegenübersteht" (1983, S. 25). Es wäre die Mühe einer eigenständigen Untersuchung wert, derartige Überlegungen in die heute gängige Konjunktur der Lebensweltthematik einzubeziehen.

aus Leben und Welt diejenige eines Bodens oder Grundfundamentes aller höherstufigen Sinnbildung ist. Die Bodenfunktion der Lebenswelt kann nach Husserl jedoch nur in einem Akt transzendentaler Reduktion thematisch gemacht werden. Paradoxerweise erfordert daher die Rückwendung der Wissenschaften auf ihr ureigentliches Fundament gerade die Enthebung und Einklammerung ihres Bodens. "Der einzige Weg, der Wissenschaft ihre Lebensbedeutsamkeit wiederzugeben, ist der, sich des Bodens der Lebenswelt in völligem Bruch mit dem natürlichen Weltleben zu entheben und eben dadurch eine Wissenschaft zu ermöglichen, die die subjektive Relativität der Lebenswelt zu ihrem universalen und systematischen Thema zu machen vermag" (Boehm 1979, S. 23). Für Husserl gilt demnach, daß erst durch einen Akt "subjektiver Weltvernichtung" jene konstitutiven und fundierenden Leistungen zum Vorschein kommen, auf denen alle wissenschaftliche und alltägliche Praxis beruht.

An der hier knapp umrissenen Originalvorlage ist Schütz' Lebensweltkonzept orientiert. Mit seinem Projekt der Rehabilitierung vorwissenschaftlicher Erfahrung begibt er sich allerdings in die Schwierigkeit, einerseits an den in transzendentaler Einstellung ermittelten Begriff von Lebenswelt anknüpfen zu müssen, weil nur er eine Begründung und Kritik sozialwissenschaftlicher Erkenntnisse liefern kann, andererseits aber, da es ihm ausschließlich um eine Wissenschaft der Sinnphänomene in der *mundanen* Sozialität geht, auf die transzendentale Reflexionsstufe verzichten zu müssen.[75] Diese Aporie hat sich in seinen Schriften in Form einer begrifflich äußerst diffusen und alles andere als klaren Unterscheidung zwischen Lebens- und Alltagswelt mitgeteilt.

3.1.2 Die Welt des Alltagshandelns

Das Feld seiner phänomenologischen Untersuchungen bezeichnet Schütz in aller Regel als "alltägliche Lebenswelt" oder als "Lebenswelt des Alltags". Legt man diese aus Alltag und Lebenswelt zusammengesetzte Begrifflichkeit zugrunde, so hat es den Anschein, daß sich Schütz bei seiner Ausarbeitung der Lebensweltthematik von der Technik eines doppelten Theorieschnitts hat leiten lassen. Nimmt man nämlich die Begriffskreation ernst, so müßte der Alltag ebenso

---

[75] Vgl. hierzu auch Eickelpasch/Lehmann (1982, S. 9ff.).

als "unbefragter Boden der relativ natürlichen Weltanschauung" wie als eine Wirklichkeitsregion unter anderen, die durch einen spezifischen Erlebnis- und Erkenntnisstil ausgezeichnet ist, aufzufassen sein. Ob eine solche zweiseitige Perspektive tatsächlich angewendet werden kann, wie der Begriff der alltäglichen Lebenswelt suggeriert, wird der Gang der Argumentation erweisen müssen. Unzweifelhaft dürfte hingegen sein, daß das von Schütz entworfene Bild vom Alltag in Anlage und Ausgestaltung weitgehend den Vorstellungen kontrastiert, die Weber mit seiner Alltagskonzeption verbindet.

Wie bereits an früherer Stelle ausführlich dargelegt wurde,[76] faßt Weber den Alltag als das Produkt eines Veralltäglichungsprozesses auf, durch den das Charisma in seinem revolutionären Elan gebremst und auf seine Ausgangslage zurückgebogen wird. Im Zuge der Veralltäglichung geht der Alltag aus der Beseitigung der Wirtschaftsfremdheit des Charisma und seiner Anpassung an eine Dauerverwaltung hervor. Mit Alltag bezeichnet Weber aber auch einen eigenständigen, d.h. vornehmlich gegenüber dem Außeralltäglichen und Übernatürlichen abgegrenzten Wirklichkeitsbereich, der in seiner Prädominanz die Stätte der Wirtschaft und der Verwaltung ist. Dauerhaftigkeit und Stetigkeit sind nach Weber schließlich diejenigen Elemente, die den Alltag vor jedem anderen Definitionskriterium in entscheidender Weise charakterisieren.

Im Gegensatz zum Alltagskonzept Webers, das im wesentlichen auf der Abgrenzung gegenüber dem Außeralltäglichen in Gestalt des Charisma beruht, atmet das von Schütz entworfene Modell der alltäglichen Lebenswelt in tiefen Zügen den Geist der Bewußtseinsphilosophie. Erkennbar wird dies daran, daß Schütz in der semantischen Verbindung von Alltag und Lebenswelt jene Bewußtseinshaltung begrifflich zu fassen sucht, in der die lebensweltlichen Subjekte ihre Wirklichkeit erfahren. Die Alltagswelt, das ist für Schütz die "Welt der natürlichen Einstellung".[77] Von ihr wird gesagt, daß sie der normale Erwachsene in jedem Augenblick seines tätigen Daseins als schlicht gegeben vorfindet, ohne deren Existenz auch nur irgendwie in Zweifel zu ziehen. In der natürlichen Einstellung herrscht die Gewißheit vor, daß die uns umgebende Welt immerfort für mich da ist und sich

---

[76] Vgl. hierzu S. 49f.

[77] Mit Bezug auf Scheler spricht Schütz zuweilen auch von der "relativ natürlichen Weltanschauung". Zu diesem Begriff vgl. Scheler (1960, S. 61).

nicht unvermutet in ein Nichts auflösen wird. Das gilt in gleicher Weise für die in ihr anzutreffenden Gegenstände - die Objekte der Natur, Kultur und Gesellschaft. Auch sie werden in ihrem Bestand als fraglos gegeben vorausgesetzt. Dennoch aber können Fragen und Zweifel auftauchen. Es mag sein, daß Bekanntes als Unbekanntes sich entpuppt, weil eine ursprünglich gemachte Erfahrung sich als falsch erwiesen hat; ferner mag es sein, daß das, was bislang völlig unproblematisch war, in ein hartnäckiges Problem umschlägt, für das es im Augenblick - und vielleicht auch später - keinerlei Lösung gibt. Zweifel und Fragen sind niemals ausgeschlossen. Doch betreffen sie immer nur Partikulares, d.h. ein einzelnes Existential oder Vorkommnis in der Welt, niemals aber die Welt im ganzen. Sie ist gegen Totalrevisionen immun und damit der "unbefragte Boden aller Gegebenheiten sowie der fraglose Rahmen, in dem sich mir die Probleme stellen, die ich bewältigen muß" (Schütz/Luckmann 1979, S. 26). Nur dadurch, daß die Welt in ihrer Existenz als konstant vorausgesetzt wird, kann überhaupt gefragt und gezweifelt werden.[78]

Die besondere Attitüde der lebensweltlichen Subjekte zu ihrer Welt und den in ihr vorfindbaren Gegebenheiten zeugt nach Schütz' Ansicht von einer spezifischen Form der Epoché, die in ihrer Durchführung jedoch eine spiegelbildliche Verkehrung der phänomenologischen Epoché darstellt. In den "Gesammelten Aufsätzen" führt Schütz aus:

> "Die Phänomenologie hat den Begriff der Epoché eingeführt. Sie versteht darunter ein Verfahren, das unseren Glauben an die Wirklichkeit der Welt ausklammert, um so die natürliche Einstellung durch eine radikale Weiterentwicklung der Cartesianischen Methode des philosophischen Zweifels zu überwinden. Man kann andererseits vielleicht sagen, daß der Mensch in der natürlichen Einstellung auch eine bestimmte *Epoché* verwendet, die allerdings von der des Phänomenologen ganz verschieden ist. Jener klammert nicht etwa seinen Glauben an die Außenwelt und ihre Gegenstände aus, sondern, im Gegenteil, seine Zweifel an der Existenz dieser Welt. Was er 'in Klammern setzt', ist sein Zweifel daran, daß die Welt und ihre Gegenstände anders sein könnten, als sie ihm erscheinen. Wir wollen diese *Epoché* die *Epoché der natürlichen Einstellung* nennen (Schütz 1971a, S. 263).

---

[78] Von welch eminenter Bedeutung die Selbstverständlichkeit der Welt ist, zeigt, daß gerade die Philosophen des radikalen Zweifels, Descartes und Husserl, vor ihrer künstlichen Ausschaltung der Seinsgeltung der Welt, sich dieser erst einmal gründlich versichert haben. Aufschlußreich in diesem Kontext sind die Ausführungen von Blankenburg (1979, S. 135).

Zweifelsohne hat Schütz zur Kennzeichnung der lebensweltlichen Grundhaltung einen äußerst treffenden und vor allem sehr anschaulichen Vergleich gewählt. Wie alle anderen Vergleiche auch kann er jedoch zu Mißdeutungen Anlaß geben, denen es energisch entgegenzutreten gilt. Ausdrücklich muß darauf hingewiesen werden, daß die Annahme einer real existierenden Welt auf einem präreflexiven und unartikulierten Glauben beruht, der strenggenommen mit keinem Akt der Ein- oder Ausklammerung gleichgesetzt werden darf. Darauf zielt auch die Bemerkung von Janssen, nach der die Thesis von der Realgeltung der Welt "eine ständige unangefochtene Überzeugung 'vorprädikativer Art' (ist), die alle einzelnen Thesen des Lebens trägt" (1976, S. 65).

Zu alledem, was in der natürlichen Einstellung als unzweifelhaft gegeben vorausgesetzt wird, gehört die Erfahrung vom Dasein anderer Menschen mit hinzu. Diese Erfahrung der Intersubjektivität beschränkt sich allerdings nicht bloß auf die Selbstverständlichkeit einer rein leiblichen Präsenz alter egos. Fraglos hingenommen wird vielmehr: "a) die körperliche Existenz von anderen Menschen; b) daß diese Körper mit einem Bewußtsein ausgestattet sind, das dem meinen prinzipiell ähnlich ist; c) daß die Außenweltdinge in meiner Umwelt und der meiner Mitmenschen für uns die gleichen sind und grundsätzlich die gleiche Bedeutung haben; d) daß ich mit meinen Mitmenschen in Wechselbeziehung und Wechselwirkung treten kann; e) daß ich mich - dies folgt aus den vorangegangenen Annahmen - mit ihnen verständigen kann; f) daß die gegliederte Sozial- und Kulturwelt als Bezugsrahmen für mich und meinen Mitmenschen historisch vorgegeben ist, und zwar in einer ebenso fraglosen Weise wie die 'Naturwelt'; g) daß also die Situation, in der ich mich jeweils befinde, nur zu einem geringen Teil eine rein von mir geschaffene ist" (Schütz/Luckmann 1979, S. 27). Die Alltagswelt oder - besser noch - Gewißheitswelt ist somit Natur-, Kultur- und Sozialwelt in einem.

Als fraglos vorgefundene und von Anbeginn an intersubjektive Welt müßte nach Schütz die alltägliche Lebenswelt die umfassendste Wirklichkeit von unüberbietbarer Extension sein. Ansonsten könnte sie wohl kaum für sich den Titel einer *Lebenswelt* in Anspruch nehmen, die "noch mehr als die alltägliche Wirklichkeit" (Schütz/Luckmann 1979, S. 49) umfaßt und selbst keinerlei einengenden Begrenzung unterliegt, sondern den Horizont abgibt, in dem alle anderen Wirklichkeiten eingebettet sind. Paradoxerweise aber erklären Schütz/Luckmann, daß die alltägliche *Lebenswelt* nur eine Wirklichkeitsregion unter anderen repräsentiert, wenngleich ihr auch in dem breit gefächerten Spektrum von Wirklichkeiten eine Vorzugsstellung eingeräumt wird.

In Anlehnung an William James, einem der Hauptvertreter des amerikanischen Pragmatismus, geht Schütz davon aus, daß es nicht nur eine einzige Realität, sondern eine Vielzahl von unterschiedlichen Wirklichkeiten gibt, in denen wir leben. So versinkt der Mensch beispielsweise in Schlaf, gibt sich Tagträumen und Phantasien hin, widmet sich dem Spiel oder betreibt religiöse Kontemplation; möglicherweise aber vertieft er sich auch in die anstrengende Lösung wissenschaftlicher Probleme. Jeder dieser einzelnen Bereiche, von denen bei weitem nicht alle aufgezählt werden konnten, stellt nach Schütz eine eigenständige und nach außen hermetisch abgeriegelte Wirklichkeitsregion dar. Soweit stimmt er vollständig mit den Ansichten von James überein. Unmißverständlich grenzt er sich jedoch gegenüber dessen Meinung ab, daß die verschiedenen Wirklichkeitsordnungen als "Subuniversa" aufzufassen sind, "die jeweils ihren besonderen, nur ihnen eigenen Seinsstil haben" (Schütz/Luckmann 1979, S. 48). Es ist nach Schütz nicht die "ontologische Struktur der Objekte", sondern der "Sinn unserer Erfahrungen", der die Realitätsbereiche konstituiert. Konsequenterweise lehnt er deshalb auch den Ausdruck "Subuniversa der Wirklichkeit" ab und ersetzt ihn durch den "geschlossener Sinngebiete". Erläuternd heißt es dazu, daß jedes einzelne Sinngebiet aus einem Komplex von Erfahrungen besteht, die in bezug auf einen bestimmten Erlebnis- und Erkenntnisstil" miteinander kompatibel sind.[79] Der kognitive Stil, der jeder einzelnen Sinnprovinz zugrundeliegt, beruht dabei auf einer spezifischen Bewußtseinsspannung, einer "attention à la vie", wie Schütz mit Bergson formuliert.[80] Mit jeder Veränderung der Aufmerksamkeit auf das Leben - und das mag man als den eigentlichen Kern von Schütz' Weltentheorie ansehen -

---

[79] Der Erkenntnis- und Erlebnisstil setzt sich nach Schütz wie folgt zusammen: a) durch eine bestimmte Form der Epoché; b) durch eine vorherrschende Form der Spontaneität; c) durch eine spezielle Form der Sozialität; d) durch eine spezifische Form der Selbsterfahrung; e) durch eine besondere Zeitperspektive (vgl. 1979, S. 51ff.).

[80] Manches deutet darauf hin, daß Schütz' Weltentheorie an seine Bergsonianische Phase, d.h. insbesondere an seine damals formulierte "Theorie der Lebensformen" anschließt. Vgl. dazu auch Schütz (1981).

treten wir seiner Auffassung zufolge in eine andere Wirklichkeit ein, die über ihren eigenen Erlebnis- und Erkenntnisstil verfügt. Dabei wird der Übergang von einer in die andere Region im Sinne von Kierkegaard als ein "Sprung" vorgestellt, der das Erlebnis eines "Schocks" nach sich zieht.

Ebenso wie Wissenschaft, Traum und Spiel faßt Schütz die Welt der natürlichen Einstellung nur als eine unter anderen Wirklichkeiten auf. Auch sie verfügt über einen bestimmten kognitiven Stil; auch sie fußt auf einer bestimmten Anspannung des Bewußtseins. Und doch kommt ihr im Vergleich zu anderen Realitätsbereichen eine Vorzugsstellung zu, die dazu berechtigt, ihr den Titel einer "paramount reality" (Schütz) zu verleihen. Diese Auszeichnung kommt der Alltagswelt auf Grund des für sie konstitutiven Prinzips der Selbstbehauptung zu. D.h.: "Es bedarf nicht nur der Leistung, oft der angestrengtesten Aktivität, um aus ihr (der Alltagswelt; B.L.) herauszukommen, sondern man findet sich, wie man sich auch dreht und wendet, schließlich immer in ihr wieder: Das Spiel geht zu Ende, der Vorhang fällt, das 'Ite, missa est' ist gesprochen. Man muß die Kirche, in der man gebetet, den Konzertsaal, in dem man Musik gehört, das Bett, in dem man geliebt oder geträumt hat, wieder verlassen. Wir fallen immer wieder zurück in diese Welt, aus der wir hergekommen sind" (Sommer 1980, S. 29). Anders ausgedrückt besagt dies, daß das Bewußtsein nach all seinen Ausflügen in die verschiedenen Sinnprovinzen, und seien sie auch noch so entfernt, stets wieder zu seinem Ausgangspunkt - der alltäglichen Lebenswelt - zurückkehrt. Eine Ausnahme davon machen allein psychopathologische Zustände, bei denen eine ausgeprägte Störung der Bewußtseinsaktivität vorliegt.[81] Ansonsten aber kann sich niemand auf Dauer der Gravitationskraft des Alltags entziehen. Diese Auffassung erinnert stark an Weber, der im Zusammenhang mit seiner Veralltäglichungsthese die Behauptung aufstellt, daß das Charisma quasi mit naturgesetzlicher Notwendigkeit scheitern muß und also immer wieder in die wohlgeordneten Bahnen des Alltags zurückflutet.

Neben dem Prinzip der Selbstbehauptung kennt Schütz jedoch noch eine Reihe von weiteren Gründen, die nach seiner Ansicht die Welt

---

[81] Zum Zusammenhang zwischen Psychopathologie und Wirklichkeitserfahrung aufschlußreiche Überlegungen bietet Blankenburg (1979, S. 125) sowie Blankenburg (1983, S. 182ff.). Auch in Schütz (1971a, S. 299ff.) finden sich einige Anmerkungen dazu.

des Alltags vor jeder anderen Wirklichkeitsregion auszeichnen. Im Gegensatz zur Welt des Traums oder des Spiels - so wird von ihm geltend gemacht - ist die alltägliche Lebenswelt vornehmlich der Bereich der menschlichen Praxis, in der wir mit unseren leibgebundenen Bewegungen verändernd eingreifen. Jenseits jedes theoretischen Interesses herrscht dabei durchgehend ein "pragmatisches Motiv" vor. Die Welt und ihre Gegenstände rücken nur insoweit in das Blickfeld, wie sie für die Verwirklichung unserer Ziele, Pläne und Absichten von unmittelbarem Belang sind und dem Handeln und Wirken Widerstände entgegensetzen. Anzumerken schließlich bleibt, daß für Schütz nur in der Alltagswelt Kommunikation, sprich also intersubjektive Verständigung möglich ist.

Die Behandlung der Lebenswelt des Alltags als eine Wirklichkeitsregion unter anderen - so wurde bereits ausgeführt - widerspricht in Geist und Diktion der Bestimmung ihrer unüberbietbaren Extension. Die Frage lautet daher: Wie läßt sich dieser offenkundige Widerspruch beseitigen? Behoben werden kann er dadurch, daß man die Ineinanderschachtelung von Lebens- und Alltagswelt aufgibt und eine strikte Differenzierung einführt.[82] Die Verwirklichung eines derartigen Vorschlages liefe darauf hinaus, den Begriff der Lebenswelt nur dann zuzulassen, wenn es um die Bezeichnung der Horizontstruktur und die Bodenfunktion der Welt der natürlichen Einstellung geht. Der Terminus Alltagswelt sollte hingegen ausschließlich der Benennung der ausgezeichneten Wirklichkeit vorbehalten sein, die als primärer Handlungsraum der "Schauplatz und das Zielgebiet" der Aktio ist.[83]

Im Unterschied zu der allumfassenden Lebenswelt verfügt der Alltag über eine räumliche, zeitliche und soziale Struktur. Für den Zweck

---

[82] Zwar nehmen auch Schütz/Luckmann eine Differenzierung zwischen Lebens- und alltäglicher Lebenswelt vor, indem sie sie in ein Verhältnis der Über- bzw. der Unterordnung bringen. So soll die Lebenswelt ihrer Ansicht nach die umfassende Wirklichkeit sein, während die alltägliche Lebenswelt nur einen Ausschnitt derselben repräsentiert (Vgl. Schütz/Luckmann 1979, S. 47). Das von ihnen erreichte Differenzierungsniveau fällt allerdings in sich zusammen, wenn sie die Begriffe Alltags- und Lebenswelt zu einem Begriff der alltäglichen Lebenswelt zusammenziehen. Allein dagegen richtet sich die hier vorgebrachte Kritik und nicht etwa dagegen, daß Schütz/Luckmann völlig auf eine Differenzierung verzichtet hätten.

[83] In der überwiegenden Zahl von Veröffentlichungen wird der Unterschied zwischen Lebens- und Alltagswelt verwischt. Eine der wenigen Ausnahmen in diesem Zusammenhang macht Grathoff (1978, S. 67ff.).

der vorliegenden Untersuchung genügt es jedoch vollauf, nur der räumlichen Aufschichtung nachzugehen.[84]

Allgemein formuliert verlangt jede Orientierung im Raum einen Punkt oder ein Zentrum, von dem aus er durchmessen und strukturiert werden kann. Aus der Sicht von Schütz/Luckmann ist dies für die Welt des Alltags der Ort meiner gegenwärtigen leiblichen Anwesenheit. "Er ist der Nullpunkt des Koordinationssystems, innerhalb dessen die Orientierungsdimensionen, die Distanzen und Perspektiven der Gegenstände in dem mich umgebenden Feld bestimmt werden. Relativ zu meinem Leib gruppiere ich die Elemente meiner Umgebung unter die Kategorien rechts, links, oben, unten, vorn, hinten, nah, fern usw." (Schütz/Luckmann 1979, S. 64). Hierbei kommt es zu einer Differenzierung in Zonen aktueller und potentieller Reichweite. Die "Welt in aktueller Reichweite" umfaßt dabei sowohl alle unmittelbar wahrgenommenen, aber auch prinzipiell wahrnehmbaren Gegenstände und damit alles, was in direkter Seh-, Hör- und Reichweite liegt. Außerhalb dieses Terrains unmittelbarer Erfahrungs- und Einwirkungsmöglichkeiten erstreckt sich die "Welt in potentieller Reichweite". Schon eine geringfügige Verlagerung des eingenommenen Standortes bewirkt, daß die Gegenstände, die gerade noch im Gesichtsfeld und Wirkungsbereich lagen, nur noch potentiell verfügbar sind. Durch den Vollzug einer besonderen Idealisierungsleistung, die Schütz im Anschluß an Husserl die Idealisierung des "Und So Weiter" nennt, geht der Alltagsverstand kontrafaktisch davon aus, daß diejenigen Dinge, die vormals im Brennpunkt der Aufmerksamkeit standen, nicht durch den Entzug der interessierenden Zuwendung vernichtet werden. Vielmehr wird in Form einer Basisunterstellung die Weltstruktur als konstant vorausgesetzt. Ferner besteht aufgrund der Idealisierung des "Ich kann immer wieder" die Gewißheit, daß die nur potentiell verfügbaren Gegenstände wieder in unmittelbare Reichweite gebracht werden können. Dazu bedarf es nur einer Ortsveränderung, die die vorangegangene rückgängig macht. Mit einem Wort kann daher gesagt werden, daß für die alltagsweltlichen Subjekte das, was für sie ehedem aktuell war, in "wiederherstellbarer Reichweite" liegt. Sie unterscheidet sich elementar von der "erlangbaren Reichweite", d.h. einer Erfahrungszone, die noch nie aktuell verfügbar war. Man wird

---

[84] Eine übersichtliche Darstellung der zeitlichen und sozialen Aufschichtung der Lebenswelt bieten Schütz/Luckmann (1979, S. 73ff.).

jedoch davon ausgehen müssen, daß der erlangbaren Reichweite Grenzen gesetzt sind, weil nicht jeder Ort der Welt für jeden erreichbar ist und weil das Vordringen in bestimmte Räume technische Mittel erfordert, die bislang noch die Erfindungsgabe übersteigen. Über Schütz/Luckmann hinausgehend, wäre es deshalb angebracht, von der Welt in erlangbarer Reichweite eine solche in "unerlangbarer Reichweite" in Abzug zu bringen.[85]

Die räumliche Gliederung der Alltagswelt nach dem Grundmuster von Nähe und Distanz zeigt deutlich, daß es nur einen eng umgrenzten Wirklichkeitsausschnitt gibt, der in der Verfügbarkeit der alltagsweltlichen Subjekte liegt, nämlich die Welt in unmittelbarer Reichweite. Aber auch sie umfaßt bei weitem noch mehr, als tatsächlich durch Handeln beherrscht werden kann. Eine direkte Beeinflussung durch Handeln ist nur in einem Segment der Welt in aktueller Reichweite, der sogenannten "Wirkzone" oder "manipulatory area", möglich. Sie bildet nach Schütz den eigentlichen Kern der Wirklichkeit. Er beinhaltet "diejenigen Gegenstände, die sowohl gesehen als auch gehandhabt werden, im Gegensatz zu entfernten Gegenständen, die nicht berührt werden können, sich aber trotzdem in unserem Blickfeld befinden. Nur die Erfahrungen von physischen Dingen innerhalb des Handlungsbereiches sind der endgültige Prüfstein jeder Wirklichkeit, nämlich die Erfahrung eines Widerstandes; nur sie definiert, was Mead die 'Standardgröße' (standard size) jener Dinge nennt, die außerhalb meines Handlungsbereiches in der Verzerrung optischer Perspektiven erscheinen" (Schütz 1971a, S. 256).

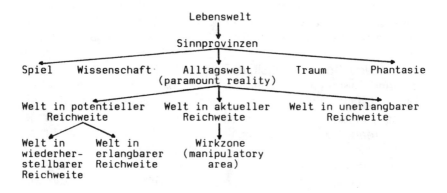

---

[85] Vgl. dazu auch Eberle (1984, S. 54).

Die bisher diskutierten Bezüge zwischen den einzelnen Welten können der vorhergehenden schematischen Übersicht entnommen werden.

Mit der zuletzt herauspräparierten Sphäre, die sich gleichsam als eine Art Nukleus der Welt darstellt, fällt es nunmehr nicht schwer, den Ort anzugeben, von dem erwartet werden kann, daß hier rationale Handlungen in der Alltagswelt angetroffen werden können. Sie treten vor allem in dem Handhabungsbereich, der Zone des unmittelbaren Wirkens, auf. Zu klären bleibt jedoch, in welchem Sinne nach Schütz überhaupt von einer Rationalität des Alltagshandelns gesprochen werden kann. Schütz' Antwort auf diese Frage liegt bereits vor. Aus den bekannten Gründen reicht das Alltagshandeln nicht an die Standards wissenschaftlicher Rationalität heran. Gleichwohl kann ihm eine Rationalität im Sinne von Verstehbarkeit, Kommunikabilität und intersubjektiver Faßlichkeit nicht abgesprochen werden. Worauf sie beruht, wird anhand von Überlegungen zu ergründen sein, die das Handeln innerhalb der Alltagswelt als ein Handeln in Situationen thematisieren.

3.2 Das Verhältnis von Handlung, Situation und Wissen

Der primäre Raum, innerhalb dessen sich das alltagsweltliche Handeln vollzieht, wurde im Vorangegangenen als Welt in aktueller Reichweite bzw. als Zone des Wirkens bestimmt. Definiert man diesen segmenthaften Ausschnitt, der sich vor dem Hintergrund der Lebenswelt als ein Sektor der Wirklichkeit abhebt, als Situation, so kann man sagen, daß alles Handeln innerhalb der Alltagswelt sich im Rahmen von Situationen bewegt. Handlungen sind daher vor allem situierte Handlungen, d.h. sie sind an eine bestimmte Raum-Zeit-Stelle gebunden, an der sie sich ereignen.[86]

Gleichgültig, um welche konkrete Situation es sich dabei auch immer handeln mag, sie ist niemals in sich bereits soweit sinnhaft vorstrukturiert, daß in ihr völlig problemlos gehandelt werden könnte. Alle Situationen - und zwar selbst diejenigen, die wiederholt auftreten und die daher als bekannt vorausgesetzt werden können - enthalten Momente der Unsicherheit und Unbestimmtheit. Bevor eine Hand-

---

[86] Vgl. dazu die ethnomethodologische Auffassung S. 174f.

lungsabsicht mit Erfolg Wirklichkeit werden kann, muß daher die Unbestimmtheit in Bestimmtheit überführt werden. Es bedarf - mit einem seit W.J. Thomas in der Soziologie geläufigen Wort ausgedrückt - der Herbeiführung einer *Situationsdefinition*.[87] Eben derselben Ausdrucksweise bemächtigen sich auch Schütz/Luckmann, um ihre Auffassung begrifflich zu präzisieren, daß ich meine Lebenswelt "zu jenem Grad verstehen (muß), der nötig ist, um in ihr handeln und auf sie einwirken zu können" (1979, S. 28).

Das Grunderfordernis allen Handelns innerhalb der alltäglichen Wirklichkeit besteht also in der Notwendigkeit, die jeweils aktuell vorliegende Situation zu definieren. Dieser undispensierbaren Voraussetzung ihres Handelns kommen die in der Welt der natürlichen Einstellung Lebenden nach, indem sie die Situation mit Hilfe des ihnen zur Verfügung stehenden *Wissensvorrates*, dem "stock of knowledge at hand" auslegen. Das dabei erlangte Wissen um die Situation und ihre Beschaffenheit geht in den Plan des Handelns mit ein. Sollte sich nämlich herausstellen, daß der Verwirklichung der Handlungsabsicht situationsbedingte Widerstände entgegenstehen, so muß der Plan entsprechend modifiziert, gegebenenfalls sogar aufgegeben werden. Insofern besteht Grund zu der Annahme, daß es das Alltagswissen und nicht das von Weber für orientierungswirksam gehaltene Gefüge von außeralltäglichen Orientierungen ist, an dem das Handeln im Alltag seine Ausrichtung findet. Trifft diese bisher noch unbestätigte Vermutung zu, dann bedeutet dies, daß Schütz rationales Handeln auch und gerade für die moderne, restlos entzauberte Welt voraussetzen kann. Der letztgültige Beweis dafür wird jedoch erst noch zu erbringen sein. Ein Schritt auf dem Wege dorthin kann durch die Beantwortung der Frage getan werden, was es heißt, eine Situation mit Hilfe des zuhandenen Wissens zu definieren.

3.2.1 Die Definition der alltäglichen Handlungssituation

Das zur Situationsbestimmung herangezogene Wissen ist weit davon entfernt, Träger jener Ideen zu sein, die von charismatischen Stifterfiguren erschaffen wurden. Im Verständnis von Schütz besteht das Alltagswissen zu einem nicht unerheblichen Teil "aus einer Reihe

---

[87] Vgl. dazu Thomas (1972).

von Systemen relevanter Typifikationen, typischer Lösungen für typische praktische und theoretische Probleme, typischer Vorschriften für typisches Verhalten" (Schütz 1971a, S. 401). Allerdings machen diese Rezepturen zur Bewältigung von Problemlagen nicht den einzigen Inhalt des vorrätigen Wissens aus. Vielmehr setzt es sich aus verschiedenen situationsgebundenen Erfahrungen zusammen, von denen das Rezeptwissen nur ein singulärer Bestandteil ist. Zusammengenommen mit den Fertigkeiten (den erlernten körperlichen Geschicklichkeiten wie Gehen, Schwimmen oder Essen) und dem Gebrauchswissen (den automatisierten und standardisierten Tätigkeiten wie Zahlen addieren, Sprechen oder Schreiben) gehört es zu dem von Schütz so benannten "*Gewohnheits-* oder *Routinewissen*". Seiner Definition nach stellt es "'endgültige' Lösungen für Probleme dar, die in den Erlebnisablauf eingeordnet sind, ohne daß man ihnen Aufmerksamkeit zu schenken braucht" (Schütz/Luckmann 1979, S. 142). So bereitet es beispielsweise keinerlei Schwierigkeiten, während einer Fahrt mit dem Fahrrad parallel zur Beobachtung der vorüberziehenden Landschaft ein Lied zu pfeifen, oder bei der Niederschrift eines Aufsatzes eine Zigarette zu rauchen. Alle diese Tätigkeiten sind soweit habitualisiert, daß sie routinemäßig erledigt werden können. Vielleicht könnte man sogar sagen, daß sie mit dem von Weber erstellten Typus des traditionalen Verhaltens identisch sind. Ein wesentliches Merkmal des Routinewissens ist, daß es unthematisch bleibt und automatisch in Situationen und Aktionen miteinbezogen wird. Dadurch unterscheidet es sich vom *Wissensbestand im engeren Sinne*, der zum Teil aus hochspezialisierten Kenntnissen besteht, wie etwa jenen, die dazu erforderlich sind, um ein elektronisches Gerät o.ä. zu reparieren. Weil aber das Routinewissen in Situationen nur "griffbereit" und nicht ständig mitgegeben ist, hebt es sich auch von dem eigentlichen Kernbestand des alltäglichen Wissens - seinen "Grundelementen" - ab. Sie sind unmittelbar auf die Situation des erfahrenden Subjektes bezogen. Und zwar unterwirft das konkrete Hier und Jetzt nicht nur die Inhalte des Wissens historisch variablen Bedingungen, sondern es geht seiner Struktur nach selbst in den Wissensvorrat mit ein. Als Grundelement des Wissens lagert sich die Erfahrung ab, daß, obgleich schon jede Situation unterschiedliche Bestimmungsmöglichkeiten zuläßt, sie zwei unabänderlichen Begrenzungen unterliegt. Es sind dies die Grenzen, die a) durch die Einbettung meiner inneren Dauer in die Transzendenz der Weltzeit und b) durch die Vorgegebenheit meines Körpers und sein "gewohnheitsmäßiges Funktionieren" gezogen werden. Die Transzendenz der Weltzeit schlägt sich in der subjektiven Erfahrung u.a. als das Erlebnis der eigenen Endlichkeit und als "Unterordnung meines Handelns unter das Prinzip des 'first things first' nieder" (Schütz/Luckmann 1979, S. 134). Beabsichtige ich, einen bestimmten Beruf zu ergreifen, so weiß ich, daß ich eine langjährige Phase der Ausbildung absolvieren muß. Ebenso ist mir bekannt, daß ich die Summe meiner gesamten finanyiellen Aufwendungen nur dann erfahren, kann, wenn ich eine Addition der Einzelbeträge durchgeführt habe. Nicht minder entschieden begrenzt die die Vorgegebenheit des Körpers und sein gewohnheitsmäßiges Funktionieren die Situation. Der Ort meiner leiblichen Präsenz stellt das Koordinatensystem meiner Erfahrung von Welt dar, und die rein physische Ausstattung steckt den Radius des prinzipiell Erfahrbaren ab. Weder bin ich in der Lage, mich an zwei Orten gleichzeitig aufzuhalten, noch kann ich mich außerhalb meines Körpers stellen, so daß er mir als ein Gegenstand im Raum erscheint. Schließlich bildet die räumliche, zeitliche und soziale Gliederung der Erfahrung von Welt ein weiteres Grundelement des Wissensvorrates. Das Wissen um die Begrenztheit der Situation und die strukturelle Gliederung der Erfahrung bezeichnen Elemente des alltäglichen Wissens, die universell, grundsätzlich unveränderbar und in jeder Situation mitgegeben sind.

Es ist dieser aus den Grundelementen, dem Gewohnheits- und Spezialwissen, zusammengesetzte Wissensvorrat, der zur Definition der Situation herangezogen wird und der dadurch auf den Plan des Handelns zurückwirkt, daß er ihn ungehindert passieren läßt oder aber ihn situationsadäquat modifiziert. Wie nun die Zusammensetzung des Alltagswissens bereits deutlich gemacht hat, gehört zu den Grundelementen des Wissens die Kenntnis davon, daß prinzipiell jede Situation einer unabänderlichen Begrenzung unterliegt. Desweiteren kommt das Wissen hinzu, daß die vorliegende Situation eine "biographische Prägung" aufweist. Damit soll zum Ausdruck gebracht werden, daß sie über eine bestimmte Vorgeschichte verfügt, die sie zu dem macht, was sie gegenwärtig ist, nämlich diese und keine andere Situation. So gesehen sind die Situationen des Handelns im Alltag nicht vollständig undeterminiert. Sie erweisen sich im Gegenteil als "auferlegt" und in Maßen bereits unabänderlich vorstrukturiert. Dennoch aber bedürfen sie einer Auslegung und Definition seitens derer, die nach einer erfolgreichen Realisation ihrer Handlungsabsichten streben. Denn über die rein formale und unveränderbare Vorherbestimmtheit hinaus verfügt grundsätzlich jede Situation über einen "unendlichen inneren und äußeren Horizont; sie ist nach ihren Beziehungen zu anderen Situationen, Erfahrungen usw. auslegbar, auf ihre Vorgeschichte und ihre Zukunft hin. Zugleich ist sie unbeschränkt auf die sie konstituierenden Einzelheiten zerlegbar und interpretierbar" (Schütz/Luckmann 1979, S. 149). Obwohl es aber gerade die offenen und unbestimmten Elemente einer Situation sind, die zu deren Auslegung auffordern, brauchen jedoch nicht alle prinzipiell möglichen Bestimmungen in Betracht gezogen werden. Die Situationsdeutung folgt allein dem bereits erwähnten pragmatischen Motiv,[88] sie richtet sich ausschließlich nach dem "planbestimmten Interesse" des Handelnden, d.h. nach ihren aus der Planhierarchie des Lebenslaufs abgeleiteten Interessen und ihren Relevanzkritierien. "Mit anderen Worten: das Interesse bestimmt, welche Elemente der ontologischen Struktur der vorgegebenen Welt und andererseits des aktuellen Wissensvorrates für das Individuum *relevant* sind, um seine Situation denkend, handelnd, emotional zu definieren, sich in ihr zu orientieren und mit ihr fertig zu werden" (Schütz 1971b, S. 160). Offensichtlich ist es so, daß die Relevanzstrukturen eines Subjekts maßgeblich in das Gefüge von Handeln, Situation und Wissen eingreifen. Die Klärung des Begriffs Relevanz soll in einer kurzen Zwischenbetrachtung erfolgen.

Exkurs:
Die bei Schütz unter dem Titel "Relevanz" vereinigten Überlegungen setzen sich generell damit auseinander, daß etwas in der als fraglos hingenommenen Welt der natürlichen Einstellung fragwürdig und damit zum Problem werden kann. Dieses Generalthema wird von ihm an drei miteinander verbundenen Fragen entlang entwickelt. Wortgetreu wiedergegeben lauten sie:

> "Wie kommt es ... überhaupt zur Stellung eines Problems, nämlich dazu, daß uns das fraglich Gewordene auch des Fragens würdig erscheint? Was ist für die Lösung eines Problems relevant? Wann erscheint es uns als für unsere Zwecke 'hinreichend' gelöst, so daß wir weitere Untersuchungen abbrechen?" (Schütz 1971b, S. 154).

Den zitierten Fragen entsprechend unterscheidet Schütz drei Formen der Relevanz:

a) die thematische Relevanz,

---

[88] Vgl. dazu S. 112.

b) die Interpretations- oder Auslegungsrelevanz[89] und
c) die Motivationsrelevanz.

a) *Thematische Relevanz* liegt nach Schütz dann vor, wenn "etwas inmitten des unstrukturierten Feldes einer unproblematischen Vertrautheit zum Problem gemacht" wird (Schütz 1971c, S. 56). Die Auswahl dessen, was als Problem zur Thematisierung gelangt, hängt von einer Anzahl unterschiedlicher Faktoren ab. Die Bildung eines Themas kann zum einen das Resultat einer erzwungenen Aufmerksamkeit sein, zum anderen aber kann sie auch auf einen Akt freiwilliger Zuwendung zurückgehen. Im ersten Fall spricht Schütz von einer "auferlegten thematischen Relevanz". Sie tritt immer dann auf, wenn entweder "eine unvertraute Erfahrung sich gerade wegen ihrer Unvertrautheit aufdrängt" (Schütz 1971c, S. 58, Hvh.i.Orig.), oder ein sozialer Zwang die Aufmerksamkeit evoziert und lenkt. Die Zuwendung zu einem Thema kann aber auch freiwillig, d.h. aufgrund eines im Vordergrund stehenden Interesses, motiviert sein. Diese Form der nicht-auferlegten Relevanz enthält als Unterklassifikation die bewußte Ausweitung und Ausbreitung einer vorgegebenen Thematik in Richtung auf den ihr stets mitgegebenen äußeren und inneren Horizont. Während der äußere Horizont alles das einschließt, was gleichzeitig mit dem Thema im Bewußtsein gegeben ist, beinhaltet der innere Horizont alles das, was im Thema selbst zur Gegebenheit gelangt, "die verschiedenen Elemente also, in die das Thema 'zerlegt' werden kann, die Teilstrukturen dieser Elemente und deren Gesamtzusammenhang, durch den sie zu einem einheitlichen Thema werden" (Schütz/Luckmann 1979, S. 237). Allein der innere Horizont bietet die Möglichkeit dazu, in ein Thema tiefer einzudringen und es in vielfältiger Weise auszuloten. "In diesem Sinne ist das Thema die Abbreviatur oder der Ort einer unendlichen Anzahl thematischer Relevanzen, die durch die weitere Thematisierung des inneren Gehalts erschlossen werden können" (Schütz 1971c, S. 62; Hvh.i.Orig.). Nicht immer aber führt die freiwillige Themenkonstitution zu einer Subthematisierung. Sie kann sehr wohl auch in einem Themenwechsel bestehen. Ob es dazu oder zu einer systematischen Ausforschung des Thematischen kommt, hängt letztlich von den vorherrschenden Interessen und Zielperspektiven ab.

---

[89] Die Bezeichnung "Interpretationsrelevanz" geht auf Schütz/Luckmann zurück, während hingegen der Begriff "Auslegungsrelevanz" von Bayer in der Übersetzung von Schütz' Relevanzpapier (1971c) geprägt wurde.

b) Als *Auslegungs-* oder *Interpretationsrelevanz* bezeichnet Schütz, daß ein konstituiertes Thema im Bewußtsein mit den Elementen des Wissensvorrates zur Deckung gelangt, die zu seiner Bestimmung von Bedeutung sind. Ähnlich wie bei der thematischen Relevanz läßt sich auch hier eine Form der willkürlichen von einer Form der unwillkürlichen Relevanz unterscheiden. Unwillkürlich, sprich also auferlegt ist sie, wenn sich Thema und Wissenselemente quasi automatisch und rein routinemäßig decken. In einem solchen Fall "erfolgt keine explizit urteilende Auslegung, in der einerseits das Thema, andererseits relevante Wissenselemente gesondert in den Griff des Bewußtseins kommen und miteinander 'verglichen' werden" (Schütz/Luckmann 1979, S. 242). Anders verhält es sich dagegen, wenn die routinemäßige Auslegung stockt, eine aktuelle Erfahrung sich als untypisch erweist oder Widersprüchlichkeiten zwischen einzelnen Elementen des Wissens im Akt der Auslegung in das Bewußtsein treten. Möglicherweise reicht aber auch nur das vorhandene Wissen nicht zur Deutung des Themas aus. Das Auftreten von derartigen Schwierigkeiten zieht eine motivierte Auslegungsrelevanz nach sich. Mit Nachdruck weist Schütz jedoch darauf hin, "daß das, was wir Auslegung und Auslegungsrelevanz nennen, innerhalb der vorprädikativen Sphäre gründet"[90] (Schütz 1971c, S. 75; Hvh.i.Orig.). Es wäre daher unangemessen, sie mit einem Vernunftschluß gleichzusetzen. Im übrigen aber gilt, wie schon zuvor, daß auch die Auslegung eines Themas von Interessen geleitet wird.

c) Die letzte der von Schütz behandelten Formen der Relevanz knüpft nahtlos an das an, was bereits über die Definition der Situation in Erfahrung gebracht wurde, und zwar, daß die jeweiligen Interessen diejenigen Elemente der Situation und des Wissens

---

[90] Nach Schütz zeigt die phänomenologische Untersuchung, "daß es eine vorprädikative Erfahrungsebene gibt, in der die intentionalen Gegenstände und ihre Qualitäten durchaus nicht klar umrissen sind, daß wir ferner keine ursprünglichen Erfahrungen von isolierten Gegenständen und Qualitäten, sondern vielmehr ein Erfahrungsfeld vor uns haben, aus dem unsere Bewußtseinstätigkeit gewisse Elemente auswählt, die sich von ihrem raumzeitlichen Hintergrund abheben. Sie zeigt, daß innerhalb der durchgängigen Verknüpftheit aller Elemente im Bewußtseinsstrom alle derart ausgewählten Elemente von einem Hof, von einem charakteristischen Horizont umgeben sind, daß sie also offene Ränder (fringes) behalten. Daher ist eine adäquate Untersuchung des prädikativen Urteilsmechanismus nur im Rückgriff auf die Bewußtseinsprozesse zu gewährleisten, in denen und durch die sich vorprädikative Erfahrungen konstituieren" (Schütz 1971a, S. 129). Das gleiche gilt übrigens auch für den Typisierungsvorgang, der weiter unten noch zu besprechen sein wird.

herausfiltern, die zu ihrer Bestimmung von Bedeutung sind. "Diese Form der Relevanz (so schreibt Schütz) wollen wir, weil sie subjektiv als Motiv zur Definition der Situation erlebt wird, *Motivationsrelevanz* nennen" (Schütz 1971b, S. 160). Wie alle anderen zuvor besprochenen Arten der Relevanz auch kann sie entweder von außen auferlegt oder frei und selbstbestimmt sein. Als nicht-auferlegte steht die Motivation in einem sogenannten Um-zu-Zusammenhang, der das zu realisierende Handeln im konkreten Hier und Jetzt in Bezug zu den Absichten und Plänen der Handlungssubjekte setzt. Im Gegensatz dazu besteht die auferlegte Motivationsrelevanz in einem Weil-Zusammenhang, der aus retrospektiver Sicht das vollzogene Handeln erklärt. Die Weil-Motive erläutern, wie es zur Aufstellung und zum Vollzug eines Handlungsplans kam, aus dem die Um-zu-Relevanzen motivationsmäßig entspringen.

Eine Situationsdeutung umfaßt mithin beide Gesichtspunkte: die in der Vergangenheit wurzelnden Weil- und die dem vorliegenden Plan erwachsenden Um-zu-Motive. Die wichtigste Leistung der Relevanzen kann man jedoch darin sehen, daß sie die Handlung und das Wissen situationsadäquat miteinander verbinden. Gerade das trägt zur Erhärtung der Auffassung bei, daß in der Tat das Alltagshandeln eine Ausrichtung an dem verfügbaren Wissensvorrat erfährt.

Die mit Hilfe des Wissens vorzunehmende Deutung der Situation erfolgt in vielen Fällen routiniert. Gelingt es den Handelnden in der Alltagswelt, die Situation durch die Aktivierung ihres Gewohnheitswissens hinreichend zu bestimmen, so handelt es sich hierbei um eine *Routinesituation*. Daneben tauchen aber auch immer wieder *problematische Situationen* auf, in denen der Versuch einer automatischen Bestimmung versagt. Der Grund dafür kann sein, daß ein einzelnes Element der Situation völlig neu und unbekannt ist, so daß es sich nicht in den vorhandenen Bestand des Wissens einfügt. Unter solchen Umständen erweist es sich als unverzichtbar, an dem bisherigen Wissen entsprechende Reparaturleistungen vorzunehmen, so daß damit dem planbestimmten Interesse Genüge getan wird. Sollte aber die routinierte Auslegung der Situation deshalb scheitern, weil sie, die Situation selbst, neuartig und unbekannt ist, so genügt es nicht, bloß Korrekturen an dem Wissen anzubringen, es bedarf dann vielmehr einer gezielten Wissenserweiterung, damit das Handeln in die Tat umgesetzt werden kann.

Die auf das Wissen gestützte Situationsdeutung bemißt sich ausschließlich an der Reichweite des plan-bestimmten Interesses der

Handelnden. Dieses Interesse bleibt aber nicht von der erlangten Definition der Situation unberührt. Zumindest entscheidet sie mit darüber, auf welche Art und Weise gehandelt wird. Wenn nämlich das Wissen um die Situation zu der Einsicht führt, daß "die Dinge so und so liegen, dann werde ich so und so handeln" (Schütz/Luckmann 1979, S. 37). Stellt man einen solchen Rückkopplungseffekt zwischen der Deutung der Situation und dem Plan des Handelns in Rechnung, fällt die Einsicht nicht schwer, daß das Alltagswissen das Handeln orientiert. Fraglich aber ist, ob eben diese Ausrichtung des Handelns an dem, was die Alltagshandelnden wissen, genügt, um ihren Handlungen das Prädikat der Rationalität zu verleihen. An der Beantwortung dieser Frage entscheidet es sich, inwieweit Schütz mit seiner Soziologie des Alltags das Problem rationalen Handelns in der Moderne wird lösen können.

3.3 Die Strukturen des Wissens und die Rationalität des Handelns

Die Beschreibung der Art und Weise, in der die in der Alltagswelt Lebenden ihre Handlungssituationen bewältigen, begründete die Überlegung, daß es das Alltagswissen ist, an dem das Handeln seine Ausrichtung findet. Sollten daran trotz allem noch Zweifel bestehen, so macht spätestens Schütz' Äußerung, daß "alle Entwürfe meiner kommenden Handlungen ... auf mein zur Zeit des Entwerfens verfügbares Wissen gegründet" (Schütz 1971a, S. 23) sind, klar, daß für ihn das Wissen den Stellenwert "eines Systems unmittelbar handlungsleitender Orientierungen" (Matthes/Schütze 1976, S. 17) hat. Ebenso entschieden aber steht für Schütz fest, daß das, was die Alltagshandelnden wissen, nicht im mindesten dazu ausreicht, um den von ihnen in Szene gesetzten Handlungen das Prädikat einer vollständigen Rationalität zu verleihen. Wie bereits an früherer Stelle ausführlich dargestellt wurde,[91] wäre dazu ein lückenloses Wissen von allen Zweck-Mittel-Relationen, von allen auftretenden Nebenfolgen des Handelns und der Stellung des angestrebten Zieles im Rahmen der gesamten Handlungspläne erforderlich. Kurz, der Handelnde müßte eine klare und bestimmte Kenntnis von allen Elementen des komplexen Handlungssystems besitzen. Nur unter dieser Voraussetzung könnte nach Schütz das Handeln vollständig

---

[91] Vgl. S. 91.

rational genannt werden. Das ist bei weitem mehr, als ein Normal-Sterblicher innerhalb der Alltagswelt, selbst bei größtem Bemühen, jemals erreichen kann. Nicht nur mangelt es ihm stets an umfassenden, d.h. alle Aspekte des Handlungssystems einschließenden Informationen, sondern die Wissenselemente, über die er verfügt, sind zudem in einigen Fällen mehr, in anderen weniger *vertraut*. Davon ausgenommen sind lediglich die in jeder Situation mitgegebenen Grundelemente des Wissensvorrates und das griffbereite Gewohnheitswissen. Wie Schütz/Luckmann versichern, "sind sie so selbstverständlich 'vertraut', daß man sie nicht mehr in die Gliederung des Wissensvorrates nach Vertrautheitsstufen einordnen möchte" (1979, S. 174). Alle übrigen Elemente des Wissens aber weisen unterschiedliche Grade der Vertrautheit auf.

An William James Klassifikation anknüpfend, teilt Schütz das Wissen der Alltagshandelnden in ein "Bekanntheits-" (knowledge of aquaintance) und ein "Vertrautheitswissen" (knowledge about)[92] ein und macht damit geltend, daß uns mit einigen Dingen eine intime Kenntnis verbindet, während hingegen andere uns nur flüchtig vertraut sind. Über diese Polarisierung hinaus gibt es jedoch noch eine Reihe von weiteren Abstufungen, die über das blinde Vertrauen bis hin zum vollständigen Nichtwissen reichen,

Forscht man nach den Ursachen für die Abstufungen der Vertrautheit des Wissens, so wird man auf den Prozeß seiner Aneignung zurückverwiesen. Grundsätzlich hängt der Grad der Vertrautheit der Wissenselemente davon ab, "inwieweit die inneren und äußeren Horizonte der in den Wissensvorrat eingehenden Erfahrungen jeweils ausgelegt worden sind" (Schütz/Luckmann 1979, S. 178). Eine vollständige Auslegung müßte demnach zu einem absoluten Grad der Vertrautheit führen. Er wird im Alltag jedoch nicht erreicht. Die in der Welt der natürlichen Einstellung Lebenden erwerben ihr Wissen - worauf noch zurückzukommen sein wird - in Akten der Auslegung ihrer alltäglichen Situationen. Sie werden von ihnen soweit bestimmt, wie es zur Erfüllung des plan-bestimmten Interesses unbedingt erforderlich ist. Reicht die erlangte Interpretation zur Bewältigung der Situation aus, so wird der Vorgang der Auslegung abgebrochen und auf jede weitere Bestimmungsmöglichkeit verzichtet. Situationsadä-

---

[92] Vgl. hierzu auch die von Ryle (1969) getroffene Unterscheidung in "knowing that" und "knowing how". Interessant in diesem Zusammenhang auch die Ausführungen von Polanyi (1985) zum "impliziten Wissen".

quat wie sie ist, konstituiert die Auslegung "einen für diese Situation ausreichenden Vertrautheitsgrad. Das so konstituierte Wissenselement ist daraufhin in allen gleichen und ähnlichen Situationen zur Genüge vertraut" (Schütz/Luckmann 1979, S. 178).[93] Bei dem Versuch, eine neue Situation zu bestimmen, kann es jedoch vorkommen, daß das Wissen zur Bewältigung der Situation nicht ausreicht. War es zuvor noch vertraut, so schlägt es nunmehr in Unvertrautheit um und muß in eine neue Vertrautheit überführt werden. Das ist einer der Gründe, warum nicht alle Wissenselemente über den Status einer Hochvertrautheit verfügen. Nicht vertraut kann ein Wissenselement aber auch deshalb sein, weil der Akt der Auslegung der Situation, der zur Befriedigung der plan-bestimmten Interessen führen sollte, zum Beispiel durch eine sich in den Vordergrund drängende neue Situation unterbrochen wurde. Ein letztes Motiv für die Unvertrautheit der Wissenselemente wurzelt schließlich in der prinzipiellen "Undurchschaubarkeit und Undurchsichtigkeit der Lebenswelt". Undurchschaubar ist sie, weil alles Wissen, das von ihr erlangt werden kann, durch die Situation, in der es erworben wird, begrenzt ist. Die Beschränkung der Situation bewirkt, daß jeder Versuch, die Lebenswelt in ihrer Totalität kennenzulernen, von vornherein scheitern muß. Wie intensiv und ausdauernd der Erfahrungserwerb auch immer sein mag, es gibt stets etwas, das noch nicht erfahren wurde, das man noch auslegen kann. Hinter jeder durchgeführten Bestimmung und hinter jeder erlangten Vertrautheit verbirgt sich stets ein Unvertrautes und Unbestimmtes, das an den Rändern des Wissens als die Undurchschaubarkeit und Undurchsichtigkeit der Lebenswelt zum Vorschein kommt.

Die Vertrautheit respektive Unvertrautheit eines Wissenselementes hängt überdies eng mit einem noch zu besprechenden Phänomen, der im Wissensvorrat gespeicherten Typizität der Erfahrung, zusammen. Bei den typischen Erfahrungen handelt es sich um solche, die nach dem Muster der selektiven Wahrnehmung gebildet und von den sie mitbestimmenden situativen Variablen abgelöst wurden. Das geschieht regelmäßig dann, wenn zum Beispiel etwas mit Hilfe von Kategorien oder Benennungen auf den Begriff gebracht wird. Gelingt es durch die Anwendung der im Wissensvorrat eingelagerten Typen, eine Situation adäquat auszulegen, so erlangt sie einen entspre-

---

[93] Schütz/Luckmann verweisen an dieser Stelle auf den Zusammenhang zwischen Vertrautheit und Typik.

chenden Grad der Vertrautheit. Auf diese Weise betrachtet ist die Vertrautheit "dadurch gekennzeichnet, daß neue Erfahrungen mit Hilfe eines in Vorerfahrungen konstituierten Typs bestimmt werden können und sich diese Bestimmung in der Bewältigung der Situation bewährt" (Schütz/Luckmann 1979, S. 184).

Das Wissen der Alltagshandelnden weist aber nicht nur hinsichtlich seiner Vertrautheit graduelle Abstufungen auf, es ist auch in unterschiedlichem Maße *bestimmt*. Der jeweilige Grad, in dem das der Fall ist, richtet sich nach dem Umfang, in dem der innere und äußere Horizont der Erfahrung einer Auslegung unterzogen wurde. Das heißt: Der Bestimmtheitsgrad eines Wissenselementes ist um so höher, "je weiter die Auslegung des inneren und äußeren Horizontes der betreffenden Erfahrung fortgeschritten ist, während eine Erfahrung, die nur vage als Einheit im Erfahrungsablauf abgehoben ist, einen entsprechend niedrigen Bestimmtheitsgrad hat" (Schütz/Luckmann 1979, S. 189). Obzwar Vertrautheit und Bestimmtheit auf einen gemeinsamen Ursprung verweisen, nämlich die Prozesse des Wissenserwerbs, trennt sie doch ein signifikanter Unterschied. Die Vertrautheit definiert sich rein *subjektiv* als das, was zur Bewältigung einer vorliegenden Situation ausreicht. Demgegenüber bezieht sich der Grad der Bestimmtheit auf *objektive* Bestimmungsmöglichkeiten, die allerdings insofern "grundsätzlich historisch und variabel sind", als sie von dem Bestand des in der relativ natürlichen Weltsicht verfügbaren Wissens abhängen. Trotz ihrer Verschiedenartigkeit hängen Bestimmtheit und Vertrautheit miteinander zusammen. "Den Stufen der Vertrautheit entspricht die relative Fraglosigkeit, mit der sich die ... Bestimmungsmerkmale der Situation bzw. der Erfahrung in die typische Einheit eines Situations- bzw. Erfahrungstyps fügen" (Schütz/Luckmann 1979, S. 184). Der Bestimmtheitsgrad, den eine aktuelle Erfahrung im Akt der Auslegung und damit das Wissenselement erlangt, variiert mit dem jeweiligen Grad, in dem der Typus bestimmt ist. Seine Bestimmtheit bemißt sich schließlich daran, inwieweit die in ihm abgelagerten Erfahrungen bestimmt worden sind.

Als eine weitere Strukturdimension des alltäglichen Wissens zeichnet sich neben der Vertrautheit und Bestimmtheit die *Klarheit* der Wissenselemente ab. Sie gründet zum einen auf dem Maß der Bestimmtheit und zum anderen auf der *Widerspruchslosigkeit* der einzelnen Wissenselemente untereinander. Es versteht sich daher von selbst, daß nur ein bestimmtes und zugleich widerspruchsloses

Wissen über eine ausreichende Klarheit verfügt. Da die Bestimmtheit als Dimension des Wissens bereits abgehandelt wurde, kommt es nunmehr darauf an herauszufinden, inwieweit das, was die Alltagshandelnden wissen, Anspruch auf Widerspruchslosigkeit erheben kann. Die Beantwortung dieser Frage fällt relativ leicht. "Klare und widerspruchsfreie Sätze, die in einer Hierarchie der Allgemeinheit systematisch angeordnet sind" (Schütz/Luckmann 1979, S. 158), könnten die Elemente des alltäglichen Wissens nur sein, wenn sich ihre Aneignung einer kühl und streng logisch kalkulierenden Denkleistung verdanken würde. Ein derartiger Erkenntnisstil ist dem Alltagsdenken jedoch fremd. Er unterliegt daher auch nicht der Art und Weise, in der die Alltagshandelnden ihr Wissen erwerben. Wie schon mehrfach angedeutet wurde, beziehen sie ihre Kenntnisse vornehmlich aus der interpretativen Bewältigung von alltäglichen Handlungssituationen. Diese Situationen bleiben nicht ständig gleich, sondern wechseln - oftmals sogar von Augenblick zu Augenblick. Unschwer läßt sich daher einsehen, daß verschiedenartige Situationen auch zu verschiedenartigen Wissenselementen führen. Gerade hierin liegt die Ursache ihrer *theoretischen* Widersprüchlichkeit. Die zwischen den Wissenselementen auftretenden Widersprüche bleiben dem Alltagsdenken zumeist verborgen. Ins Bewußtsein treten sie nur dann, wenn ein zur Bewältigung der Situation verwendetes Element des Wissens seinen Dienst versagt und daraufhin weitere Elemente in die Interpretation miteinbezogen werden müssen, die mit dem vorangegangenen nicht kompatibel sind. Insofern sich aber die konfligierenden Bestandteile des Wissens separat, das heißt in verschiedenartigen Situationen beweisen müssen, besteht keine Notwendigkeit dazu, sie in Übereinstimmung zu bringen. Im Gegenteil garantiert das ihre relative Langlebigkeit. Als allgemeines Resümee kann daher festgehalten werden: "Die Struktur des lebensweltlichen Wissensvorrates gleicht weder der logischen Systematik einer nicht-empirischen Wissenschaft, wie zum Beispiel der Algebra, noch dem Gefüge von Deutungschemata, Taxonomien, Gesetzen und Hypothesen der empirischen Wissenschaften" (Schütz/Luckmann 1979, S. 158). Eher schon gleicht das Alltagswissen einer Kraterlandschaft, die - von Verwerfungen durchzogen - zum Teil in Dunkelheit verhüllt ist, zum Teil in matter Helligkeit erstrahlt. Daher kann auch von einer völligen Luzidität des Wissens ebensowenig die Rede sein.

Wenn schon das Alltagswissen nicht mit einer Widerspruchslosigkeit und expliziten Klarheit aufwarten kann, so wäre zumindest noch seine *Glaubwürdigkeit* ein Fall, der im Bereich des Denkbaren liegt. Diese, im Hinblick auf die Realisation von Handlungsplänen besonders wichtige Strukturdimension des Wissens kommt ebenso wie die Vertrautheit und Bestimmtheit in verschiedenen Abstufungen vor. Deren Bandbreite reicht von dem dumpfen, "tierischen Glauben" - wie Schütz mit Satayana formuliert - bis hin zu einer Form der "empirischen Gewißheit", ohne jedoch den Status der absoluten Gewißheit zu erlangen. Alle Wissenselemente, die glaubwürdig sind, sind dies nur bis auf weiteres, da eine neue Erfahrung die vorangegangene widerlegen, sie möglicherweise aber auch erhärten kann. Welchen Grad der Glaubwürdigkeit die Wissenselemente erreichen, hängt von der Vollständigkeit ab, mit der eine Situation bzw. ein Erfahrungsobjekt ausgelegt wurde.

Schütz' zusammenfassende Charakterisierung des Alltagswissens scheint einer fast vollständigen Dequalifikation gleichzukommen: Das Wissen ist "bruchstückhaft ..., es ist auch häufig in sich inkonsistent und zeigt alle Grade der Klarheit und Bestimmtheit von der völligen Einsicht im 'Wissen von' (*knowledge about*), wie James es nannte, über das 'Bekanntheitswissen' (*knowledge of aequaintance*) oder bloße Vertrautheit, bis zum blinden Glauben an einfach für selbstverständlich gehaltene Dinge" (Schütz 1971a, S. 63). Damit ist ausgesagt, daß es dem Handeln innerhalb der Alltagswelt an einer vollständigen Rationalität mangelt. Um so erstaunlicher ist es, daß die in der Welt der natürlichen Einstellung Lebenden ihre Handlungen wechselseitig verstehen. Es stellt sich daher die Frage, wie es die Akteure innerhalb der Welt des Alltags schaffen, trotz ihres mit Mängeln behafteten Wissens ihr Handeln so zu gestalten, daß es die Voraussetzungen einer qualitativen Rationalität im Sinne der Verstehbarkeit erfüllt. Diese Frage ist um so schwerer zu beantworten, als die erwähnten Defizite des Alltagswissens durch die Schwierigkeit potenziert werden, daß alles erworbene Wissen unverwechselbar die Züge seiner individuellen Aneignung trägt, so daß es in einem gewissen Sinne als ein privates Wissen bezeichnet werden muß. Das zu verdeutlichen macht eine Darstellung der Genese des Wissens erforderlich.

3.4 Die Genese des Alltagswissens und die Verstehbarkeit des Handelns

Das, was die Alltagshandelnden von der Welt, in der sie leben, wissen, haben sie - wenn auch nicht ausnahmslos, so doch zu einem nennenswerten Teil - im Umgang mit ihrer Welt erworben.[94] In beschränktem Umfang ist das Routine- bzw. Gebrauchswissen ebenso wie das aus sehr spezifischen Kenntnissen zusammengesetzte Spezialwissen aus der aktiven Auseinandersetzung mit der Welt hervorgegangen. Einzig die Grundelemente des Wissensvorrates sind nicht in gleicher Weise wie die verschiedenen Teilinhalte des Wissensbestandes erworben. Als auferlegte und universelle Konstanten reflektieren die Grundelemente die Bedingungen, unter denen sich der Erwerb des Wissens vollzieht.

Schütz/Luckmann zufolge kann die Aneignung des Wissens in einem engeren und in einem weiteren Sinne aufgefaßt werden. In einem weiteren Sinne thematisiert, geht ihrer Meinung nach das Alltagswissen aus einer "Sedimentierung aller aktuellen Erfahrungen in 'zusammenhängenden', das heißt nach Relevanz und Typik zusammengefügten Sinnstrukturen" hervor (Schütz/Luckmann 1979, S. 159). Demnach trägt grundsätzlich jede Erfahrung, die gemacht wurde, in ihrer Archivierung zur Ausbildung eines Wissensvorrates bei. Der Ort, an dem sich innerhalb des Alltags Erfahrungen sedimentieren, ist die jeweilige Situation, in der sich die handelnden und erlebenden Subjekte in jedem Augenblick ihres Daseins vorfinden. Wenn im Wissensvorrat unterschiedliche Wissenselemente anzutreffen sind, dann deshalb, weil die Sedimentierung von Erfahrungen sich in unterschiedlichen Situationen vollzog. Die von der Situation gesetzten Bedingungen geben zugleich die dem Wissenserwerb unabänderlich auferlegten Rahmenbedingungen ab. Das sind zum einen die von dem gewohnheitsmäßigen Funktionieren des Körpers und der Transzendenz der Weltzeit gezogenen Grenzen der Situation und zum anderen die räumliche, soziale und zeitliche Gliederung der Erfahrung. Die Aneignung von Wissen als Erfahrungssedimentierung beschreibt zudem einen Prozeß, der sich

---

[94] Anzumerken ist hier, daß der Wissensvorrat der strukturellen Gliederung der Welt analog gedacht werden muß. So gibt es denn einen "lebensweltlichen Wissensvorrat", ein "Alltagswissen", "wissenschaftliches Wissen" etc. Die nachfolgende Darstellung legt den Akzent auf das Alltagswissen.

im Bewußtsein der Handelnden abspielt und der den Wesensgesetzen des inneren Zeitbewußtseins unterliegt. In ihm konstituieren sich die Erfahrungen durch aktive Zuwendungen der Aufmerksamkeit in Einheiten der Zeit.

Das durch Sedimentierung von Erfahrungen in Situationen gewonnene Wissen wird zur Bestimmung und Interpretation von aktuellen Erfahrungen und Situationen herangezogen. Mithin ist davon auszugehen, daß sich die Aneignung von Wissen als Prozeß darstellt, der sich im Kreise dreht. Die Zirkularität des Vorgangs macht zweierlei deutlich: Erstens offenbart sie, daß das Wissen unmöglich auf eine "Urerfahrung" zurückgeführt werden kann. Jede neue Erfahrung trifft bei ihrer Sedimentierung auf Vorerfahrenes, auch wenn der von ihm gebildete Wissensbestand auch noch so gering ausfallen mag. Zweitens macht der Kreisprozeß klar, daß Erfahrungen, die sich umstandslos in das schon bestehende Wissen einfügen, strenggenommen nichts zu dessen Erweiterung beitragen, sondern es lediglich befestigen und bestärken. Insofern führt nicht schon jede Erfahrungssedimentierung zu einer Bereicherung und Expansion des Wissensvorrates. Neue Elemente wachsen ihm erst in dem Maße zu, in dem sich herausstellt, daß mit seiner Hilfe eine aktuelle Erfahrung oder Situation nicht zureichend bestimmt werden kann und neue Auslegungen durchgeführt werden müssen. "Deshalb (so schreiben Schütz/Luckmann) kann es in manchen Zusammenhängen nützlich sein, vom Wissenserwerb im engeren Sinn zu sprechen, der aus der Sedimentierung 'neuer' Auslegungen besteht" (1979, S. 159). Vordergründig sieht es so aus, als ob der Anstoß zum Erwerb von neuem Wissen von dem "Versagen" des alten Wissens ausgeht. Das trifft in gewisser Weise auch zu. Doch sind es letztlich die aus der Planhierarchie des Lebenslaufs abgeleiteten pragmatischen Motive und Interessen, die darüber befinden, ob eine Erfahrung problemlos abläuft oder ob sie einer Auslegung bedarf und wie weit diese vorangetrieben wird. Welches Wissen erworben wird, hängt also von den in Situationen zur Geltung gebrachten pragmatischen Motiven ab. "Was man weiß, weiß man, weil man es wissen wollte oder wissen mußte" (Schütz/Luckmann 1979, S. 204). So ist denn der Wissensvorrat in erster Linie eine "Sedimentierung all dessen, was einen je 'anging', womit man sich auseinandersetzen mußte" (Schütz/Luckmann 1979, S. 204).

Das von den Alltagshandelnden erworbene Wissen weist stets eine "biographische Artikulation" auf. Sie steht unter anderem damit im

Zusammenhang, daß die Erfahrungen, die sich im Wissensvorrat zusammenschließen, in Situationen erworben werden, die aufgrund ihrer Vorgeschichte absolut einzigartig sind und daher von keinem anderen Handlungssubjekt geteilt werden. Biographisch artikuliert ist das Wissen aber vor allem deshalb, weil die Erfahrungen durch ihre je eigene Intensität, d.h. Erlebnistiefe und -dauer und durch ihre Reihenfolge und Erlebnisnähe, den Stempel ganz privater, unverwechselbarer Erfahrungen erhalten. Das hat für die Konzeption rationalen Handelns innerhalb der Alltagswelt einschneidende Konsequenzen. Zwar kann Schütz im Unterschied zu Weber darauf verweisen, daß das Handeln im Alltag eine Ausrichtung an dem verfügbaren Wissensvorrat erfährt, die jeden systematischen Rekurs auf das Außeralltägliche und Übernatürliche erspart. Wenn aber das im Umgang mit der Welt erworbene Wissen als ein System von unmittelbar handlungsanleitenden Orientierungen sich aus *privaten* Erfahrungen speist, taugt es nicht zur Begründung der *inter*subjektiven Verstehbarkeit und Sinnhaftigkeit, also der qualitativen Rationalität des Alltagshandelns.

Dagegen kann jedoch der Einwand vorgebracht werden, daß nur ein geringer Teil des Wissens, über das die Alltagshandelnden verfügen, aus rein individuell angeeigneten Erfahrungen besteht. Der Großteil des zuhandenen Wissens ist nach Schütz "sozial abgeleitet, dem Einzelnen in dem langen Prozeß der Erziehung durch Eltern, Lehrer, Lehrer der Lehrer, durch umweltliche, mitweltliche, vorweltliche Beziehungen aller Art übermittelt, und zwar in der Form von Einsichten, mehr oder weniger wohl fundierten bzw. blinden Meinungen, Maximen, Rezepten, Gebrauchsanweisungen zur Lösung von typischen Problemen, d.h. zur Erzielung typischer Resultate durch typische Anwendung typischer Mittel" (Schütz 1971b, S. 157). Unter die Rubrik des sozial abgeleiteten Jedermannswissens fällt neben dem soeben angedeuteten Gebrauchs- oder Routinewissen auch das Spezialwissen. Das bedeutet jedoch nicht, daß alle Handelnden die gleichen Kenntnisse und Erfahrungen vorweisen können und es keinerlei Unterschiede zwischen den Wissensbeständen der Handlungssubjekte gibt. Zutreffend vielmehr ist, daß das Wissen einer "sozialen Verteilung" unterliegt. Sie klingt bisweilen in Vokabeln wie Herrschafts- oder Expertenwissen an, mit denen - je nach dem Feld, auf dem sie zur Anwendung kommen - sich oftmals ideologisch besetzte Bewertungen verbinden.[95] Davon unberührt, hat Schütz zur Verdeutlichung der sozialen Wissensverteilung drei Idealtypen kreiert, die er den "Mann auf der Straße", den "gut informierten Bürger" und den "Experten" nennt. Diese drei Figuren unterscheiden sich hinsichtlich ihrer Bereitschaft, Dinge oder Sektoren ihrer Welt als fraglos gegeben zu akzeptieren. Beim Mann auf der Straße ist der Grad der fraglosen Akzeptanz am größten. Er begnügt sich mit seinem pragmatisch motivierten Rezeptwissen, das ihm zur Herstellung typischer Ergebnisse mit typischen Mitteln dient. Der gut informierte Bürger hingegen gibt sich nicht zufrieden mit der "Vagheit des bloßen Rezept-Wissens oder mit der Irrationalität seiner ungeklärten Leidenschaften oder Gefühle. Gut informiert zu sein bedeutet ihm, zu *vernünftig begründeten* Meinungen auf den Gebieten zu gelangen, die seinem Wissen entsprechend ihn zumindest mittelbar angehen, obwohl sie seinem zuhandenen Zweck direkt nichts beitragen" (Schütz 1972, S. 88). Der Experte schließlich strebt nach gesicherten Behauptungen, die er allerdings mit einer Einschränkung seines Wissens auf einen schmalen Sektor erkauft. Selbstverständlich spiegeln die Idealtypen nicht die reale Struktur der Wissensdistributation im alltäglichen Leben wider. Denn "in der Tat ist jeder von uns im täglichen Leben und zu jedem Augenblick gleichzeitig Experte, gut informierter Bürger und Mann auf der Straße, aber jedes davon mit Bezug auf eine andere Wissensregion" (Schütz 1972, S. 88).

Trotz der differentiellen Wissensverteilung, die im übrigen von den Handelnden gewußt wird, ist also davon auszugehen, daß das Wissen überwiegend einer sozialen Ableitung entstammt. Gurwitsch geht in seiner Interpretation des Schütz'schen Gedankengutes sogar soweit und behauptet, daß "alles, was ich persönlich erworben (habe), was ich mit angeeignet habe..., bereits einen sozial abgeleiteten 'verfügbaren Wissensvorrat' voraus(setzt), insofern nämlich diese erworbenen Elemente in jenen sozial abgeleiteten Rahmen eingeordnet werden und in ihm ihren Platz finden müssen" (1971a, S. XXII). Auch wenn Gurwitsch mit dieser seiner Interpretation möglicherweise die soziale Ableitung des Wissens überakzentuiert, so weist er doch mit Recht auf die grundlegende Sozialität des Alltagswissens hin.

---

[95] Vgl. hierzu auch Scheler in Schütz (1972, S. 221).

Um Licht in den Vorgang der sozialen Ableitung des Wissens zu bringen, stellt Schütz jene Basisannahme vor, die nach seiner Meinung eine Übernahme fremdgenerierten Wissens ermöglicht. Dargestellt werden von ihm verschiedene subjektive Gründe der Glaubwürdigkeit einer dargebotenen Information. Sie lauten:

> "'Ich glaube an die Erfahrung meines Mitmenschen, weil, wenn ich an seiner Stelle wäre (oder gewesen wäre), ich die gleichen Erfahrungen machen würde (oder gemacht hätte) wie er, weil ich so wie er handeln könnte (oder handelte), weil ich die gleichen Chancen oder Risiken in der gleichen Situation hätte. Was daher für ihn ein wirklich existierender Gegenstand seiner aktuellen Erfahrung ist (oder war), ist für mich ein virtuell existierender Gegenstand der möglichen Erfahrung'" (Schütz 1972, S. 98).

Die Übernahme fremder Erfahrungen und Wissenselemente gründet in dem Vollzug einer Idealisierungsleistung, die Schütz andern Orts auch als "Generalthese der Reziprozität der Perspektiven" beschrieben hat.[96] Sie schließt als konstitutive Unterstellung die Fiktion einer "prinzipiellen Vertauschbarkeit der Standorte" und einer "Kongruenz der unterschiedlichen Relevanzsysteme" ein. Es sind diese beiden "Sozialitätsidealisierungen", auf denen das sozial abgeleitete Wissen beruht und die es zu einem intersubjektiv geteilten Wissen machen.

Mit dem Aufweis einer grundlegenden Sozialität des Alltagswissens scheint die Frage nach der Möglichkeit einer intersubjektiven Verstehbarkeit und Kommunikabilität des Alltagshandelns definitiv beantwortet. Indessen darf eines nicht übersehen werden: "Obwohl Erfahrungen grundsätzlich 'sozialisierte' und in hochanonyme, idealisierte und - vor allem sprachlich - objektivierte Sinnzusammenhänge eingefügt sind, obwohl sie vor allem als solche in den Wissensvorrat des einzelnen eingehen, so sind sie dennoch in ihrer biographischen Artikulation prinzipiell einzigartig. Noch so objektive, anonyme und ideale Elemente des Wissensvorrates verweisen auf ihre biographisch artikulierte Konstitutionen. Der Wissensvorrat hat immer eine 'private' Komponente" (Schütz/Luckmann 1979, S. 146f.). Das aber bedeutet, daß auch die Sozialität des Alltagswissens noch lange nicht die Verstehbarkeit, Kommunikabilität und intersubjektive Faßlichkeit des Alltagshandelns garantiert. Wenn Handlungen im Alltag trotz alledem offenbar relativ problemlos verstanden werden

---

[96] Vgl. hierzu die Arbeit von de Folter (1983, S. 157ff.) und Schütz (1971a, S. 12ff.).

können, so muß das andere Gründe haben als die, die bislang angeführt wurden.

3.5 Typisierung und Rationalisierung

Das Wissen, über das die Alltagshandelnden verfügen, setzt sich aus Erfahrungen zusammen, die sowohl dem eigenen Umgang mit der Welt als auch den zumeist auf der Ebene der Kultur institutionalisierten und organisierten Lernprozessen entstammen. Es gehört zu den bisher nur am Rande erwähnten Besonderheiten des subjektiven und stets biographisch artikulierten Wissens, daß die in ihm akkumulierten Erfahrungen als typische Erfahrungen eingelagert sind. Unser gesamtes Wissen von der Welt - so behauptet Schütz - besteht aus nichts anderem als aus einer Fülle von Konstruktionen ihrer typischen Aspekte. Im weiten Feld von zahllosen Erfahrungen, denen die Handelnden teilhaftig werden, gibt es keine, die nicht typisiert wäre. "Vielmehr müssen wir - mit Husserl - Erfahrung und Typik als 'gleichursprünglich' auffassen" (Schütz/Luckmann 1979, S. 280). Es ist also keineswegs so, daß sich die erlebte Welt zunächst nur in Form von uninterpretierten Rohdaten präsentiert, in die das Bewußtsein Ordnung bringt, indem es aus dem vorgegebenen amorphen Stoff Typen modelliert; mit Husserl teilt Schütz die Überzeugung, daß ausnahmslos jeder Erfahrungserwerb mit der Bildung von Typen einhergeht:

> "Die physische wie auch die sozio-kulturelle Welt wird von Beginn an durch die Vermittlung von Typen erlebt: Es gibt Berge, Bäume, Vögel, Fische, Hunde und unter ihnen Irish Setters; es gibt Kulturobjekte, z.B. Häuser, Tische, Stühle, Bücher, Werkzeuge und unter ihnen Hämmer; und es gibt typische soziale Rollen und Beziehungen, z.B. Eltern, Geschwister, Verwandte, Fremde, Soldaten, Jäger, Priester usw." (Schütz 1972, S. 211).

Da keine Erfahrung als vortypisch gedacht werden kann und ausnahmslos jeder Erfahrungserwerb mit der Bildung von Typen einhergeht, kommt die Ausrichtung des Handelns an dem verfügbaren Wissensvorrat einer Orientierung an den in ihm eingelagerten alltagsweltlichen Typisierungen gleich. Es ist gerade diese Orientierung an den Typisierungen, auf die sich im Verständnis von Schütz der Begriff der alltagsweltlichen im Gegensatz zu dem der wissenschaftlichen Rationalität bezieht. Das belegt seine Äußerung, "daß 'rationales Handeln' auf der Ebene des alltäglichen Denkens immer Handeln in einem nicht weiter in Frage gestellten und nicht weiter bestimmten Rahmen typischer Konstruktionen ist, nämlich von Typisierungen der gegebenen Situation, der Motive, der Mittel und Zwecke, der Handlungsabläufe und Persönlichkeiten, die betroffen sind und als selbstverständlich hingenommen werden. Diese Konstruktionen werden jedoch nicht nur vom Handelnden als selbstverständlich hingenommen, sondern von jedem Mitmenschen wird dies ebenfalls vorausgesetzt" (Schütz 1971a, S. 37). Schütz' Feststellung, daß rationales Handeln im Alltag ein Handeln im Rahmen von typischen Konstruktionen ist, wird sich in ihrem Sinn erst dann vollständig erfassen lassen, wenn hinreichend geklärt worden ist, was er unter der Typizität einer Erfahrung bzw. deren Typisierung versteht. Die Erörterung dessen soll denn auch vorrangig in Angriff genommen werden.

In den auf der Ebene des Alltagsverstandes gebildeten Typen spiegelt sich gewissermaßen die gesamte Organisation der Erfahrung von Welt wider. Das könnte ein Grund dafür sein, eine Aufzählung der Typen durchzuführen, die in der Welt der natürlichen Einstellung Verwendung finden. Doch wird man von einem solchen Vorgehen wohl kaum wesentlich mehr als eine redundante Dokumentation der Produkte des "gesunden Menschenverstandes" erwarten können. Schütz verfolgt ein derartiges Ansinnen nicht. Als Phänomenologe kommt es ihm im wesentlichen auf die Erforschung des *Vorgangs* der Typisierung an.

Für Schütz unterscheidet sich die Genese der Typen nicht grundsätzlich von derjenigen des Alltagswissens. Im Gegenteil: Der Prozeß, der zum Erwerb von Wissenselementen führt, wird von ihm zugleich als ein Vorgang der Typisierung betrachtet. Das ergibt sich schon allein daraus, daß grundsätzlich jede Erfahrung typisiert ist und es daher keine vortypischen Erfahrungen gibt. Die Identität beider Vorgänge weist darauf hin, daß Typen - ebenso wie die Elemente des Wissensvorrates - in bestimmten Situationen des alltäglichen Umgangs mit der Welt entstehen und das daran Auslegungsprozesse beteiligt sind.

Der Typus definiert sich dadurch, daß er ein "in lebensweltlichen Erfahrungen 'gestifteter' Sinnzusammenhang" ist (Schütz/Luckmann 1979, S. 278). Von einem Sinnzusammenhang sagt Schütz, daß er ein "Schema der Erfahrung" ist, das als "Auslegungsschema" zur Deutung von Erlebnissen fungiert. Die Deutung durch Auslegungsschemata geht in Form einer "Synthesis der Rekognition" vor sich, bei der ein Erlebnis auf vorrätige Erfahrungsmuster zurückgeführt und dadurch in den Gesamtzusammenhang der Erfahrung eingeordnet wird.[97] Einen Erfahrungsgegenstand als Typ aufzufassen heißt demnach, ihn mittels einer Rekognitionssynthesis an schon bestehende Erfahrungen anzukoppeln.

Normalerweise handelt es sich hierbei um Vorgänge, die automatisch erfolgen. Solange das geschieht, entsteht kein Problem und die alte und die neue Erfahrung werden rein routinemäßig zur Deckung gebracht. Das ändert sich jedoch, sobald eine Art von "Deckungslücke" auftritt, das heißt, wenn sich eine Erfahrung dem Versuch einer reibungslosen Bestimmung durch den als Sinnzusammenhang ausgewiesenen Typus widersetzt und eine "Krise" entsteht. Unter solchen Voraussetzungen werden an der Horizontstruktur der Erfahrung ansetzende Auslegungsvorgänge erforderlich, die ihren Abschluß erst in einer adäquaten Problemlösung finden. "Mit anderen Worten, ein Typ entsteht in einer situationsadäquaten Lösung einer problematischen Situation durch die Neubestimmung einer Erfahrung, die mit Hilfe des schon vorhandenen Wissensvorrates, das heißt also hier mit Hilfe einer 'alten' Bestimmungsrelation, nicht bewältigt werden konnte" (Schütz/Luckmann 1979, S. 279).[98]

---

[97] Vgl. hierzu Schütz (1974, S. 100ff.).

[98] Eine wirklich genetische Erklärung der Typen enthält diese Darstellung nicht. Denn strenggenommen ist jeder Typ "nur eine Abwandlung schon vorhandener Typisierungen, wie schlicht und grobmaschig diese auch sein mögen (z.B. eßbar/ungenießbar; schmerzhaft/angenehm, 'bewegt sich' usw." (Schütz/Luckmann 1979, S. 280). Hingegen muß das eigentliche Herzstück von Husserls - und damit auch von Schütz - Typentheorie darin gesehen werden, daß Vorerfahrenes jederzeit wieder reaktiviert werden kann und wird. Der Mechanismus, der das bewirkt, besteht nach Husserls Meinung in einer "passiven Deckungssynthesis, die auf Ähnlichkeit und Unähnlichkeit basiert" (Schütz 1971b, S. 131). Damit ist gemeint, daß jede neue Erfahrung in dem habituellen Besitz, Erinnerungen an Vorerfahrungen hervorruft, die der soeben gemachten entweder ähnlich sind oder aber mit ihnen kontrastieren. Werden die alte und die neue Erfahrung in einer Synthesis zur Deckung gebracht, so wird auf diese Weise ein Typ konstituiert. In einer Zusammenfassung des Husserl'schen Gedankens schreibt Schütz: "So ruft die Erfassung einer Gegenständlichkeit in ihrem Horizont die Erinnerung an andere ähnliche oder sogar gleiche Gegenständlichkeiten auf und konstituiert damit eine Typik, auf Grund deren durch 'apperzeptive Übertragung' andere Gegenständlichkeiten desselben Typus, das heißt einer vorgegebenen und mehr oder minder spezifischen Vertrautheit aufgefaßt werden" (Schütz 1971b, S. 131f.). Die Ähnlichkeit oder Unähnlichkeit einer neuen mit einer vorangegangenen Erfahrung entscheidet darüber, ob ein Gegenstand als typisch oder aber als atypisch aufgefaßt wird.

Die Typisierungen, deren sich die Alltagshandelnden zur Auslegung ihrer Welt bedienen, sind nur zu einem geringen Teil Erzeugnisse ihres eigenen Verstandes. Die weitaus überwiegende Zahl der verfügbaren Typen kann als sozial abgeleitet bzw. als ererbt gelten. Typen werden von einer Generation auf die andere übertragen. Dafür sorgt allein das Erlernen der Sprache, die den einzelnen mit einem ganzen System von Typisierungen ausrüstet, indem sie die begrifflichen Werkzeuge zur Kategorisierung der Erfahrung zur Verfügung stellt. Dennoch kommen nicht alle Typen durch die Anwendung sprachlicher Mittel zustande. Es gibt auch solche, die sprachunabhängig erzeugt worden sind.[99] Wenn wir aber "einen Erfahrungsgegenstand benennen, verknüpfen wir ihn in seiner Typik mit vorerfahrenen Dingen ähnlicher typischer Struktur. Wir nehmen seinen offenen Horizont, der auf zukünftige Erfahrungen des gleichen Typs verweist, hin. Diese Erfahrungen können daher mit dem gleichen Namen benannt werden" (Schütz 1971a, S. 328). Ohne Frage ist die Sprache das typisierende Medium par exellence.[100]

Das Erlernen der in einer Gesellschaft oder einem Kulturkreis gesprochenen Sprache stattet die in eine Kommunikationsgemeinschaft Hineingeborenen mit einer ganzen Fülle von alltagsweltlichen Typisierungen aus. Erworben werden zahllose Rezepte, Regeln und typische Verhaltensweisen für typische Problemsituationen. Jedermann erlangt Kenntnis davon, welche typischen Mittel er anwenden muß, um ein typisches Ziel zu erreichen. Dazu gehört beispielsweise das Wissen um jene Verrichtungen, die notwendig sind, um ein Telefonat zu führen oder eine längere Wegstrecke mit Hilfe eines öffentlichen Verkehrsmittels zurücklegen zu können. Das in der Sprache

---

[99] Schütz/Luckmann schreiben dazu, daß "sowohl Typ-Konstitution wie Typ-Struktur grundsätzlich auch ohne Sprache denkbar sind, wie ja auch in gewissem Sinn 'vorsprachliche' Erfahrungen gedacht werden können. Dies gilt in zweifacher Weise. Erstens liegen die Fundierungsverhältnisse so, daß die Struktur der Sprache Typisierungen voraussetzt, nicht aber umgekehrt. Zweitens sind empirisch-genetisch typisierende Schemata durchaus auch schon bei Kindern, die noch nicht sprechen, nachzuweisen" (1979, S. 281). Reizvoll wäre in diesem Kontext auch eine Verbindung mit den Thesen von Whorf (1963) zum "sprachlichen Relativitätsprinzip".

[100] Das widerlegt die Auffassung von Habermas, nach der Schütz/Luckmann "unter den Prämissen der Bewußtseinsphilosophie den Stellenwert der Sprache, insbesondere der sprachlichen Vermittlung sozialer Interaktionen, herunterspielen" (1981, Bd. 2, S. 199). Davon kann speziell auch im Hinblick auf den Aufsatz von Schütz "Symbol, Wirklichkeit und Gesellschaft" (1971a, S. 331) keine Rede sein. Außerdem wäre heranzuziehen: Schütz/Luckmann (1984, S. 201ff.).

konservierte Tradiergut macht einen wesentlichen Bestandteil unseres Wissens von der Welt und der in ihr verfügbaren Gegebenheiten aus.

Die mit dem Erfahrungserwerb sich vollziehende Konstitution eines Typs bedeutet in jedem Falle die Ausblendung vieler Merkmale, die den typisierten Gegenstand in seiner vollen Konkretion auszeichnen. Im Vergleich zu der Fülle von möglichen Gesichtspunkten, unter denen ein Erfahrungsobjekt aufgefaßt werden kann, bringt der Typus immer nur eine begrenzte und hoch selektive Auswahl von Aspekten zur Geltung, einer Reduktion von äußerster Komplexität vergleichbar. Den Verlust der Inhaltsfülle begleitet dabei eine steigende Anonymisierung, so daß der Prozeß der Typisierung auch als ein Vorgang der Anonymisierung verständlich gemacht werden kann. Stattdessen soll hier lediglich betont werden, daß das Typische der strikte Gegensatz zum Individuellen und je Einzigartigen ist. Aus diesem Grund wird man das Wesen der Typisierungen in einer Abstraktionsleistung sehen müssen, die alles ausblendet, was zur unverwechselbaren Identität eines Objekts dazu gehört. Derselben Ansicht scheint auch Schütz zu sein, nur wird von ihm das Wesen der Typik auf eine "Unterdrückung von Indizes" zurückgeführt. Die Unterdrückung der Indizes oder die "Entindexikalisierung", wie die Ethnomethodologen sagen,[101] basiert auf einer von zwei lebensweltlichen Idealisierungen.[102] In Anlehnung an Husserl nennt Schütz die eine Idealisierung die "Idealität des Und-so-weiter". Mit ihr verbindet sich die Erwartung, daß die vormals gemachten Erfahrungen auch in Zukunft ihre Gültigkeit behalten werden und daß die Weltstruktur nichts von ihrer Konstanz einbüßt. Auf diesen Konstanzannahmen folgt als eine weitere Idealität die Unterstellung des "Ich-kann-immer-wieder". Sie impliziert den Glauben daran, "daß ich, was ich bisher in dieser Welt und auf sie wirkend vollbringen konnte, in Hinkunft wieder und immer wieder vollbringen können werde" (Schütz 1971b, S. 153). Die Idealisierung des Ich-kann-immer-wieder ist es, auf der nach Schütz die Unterdrückung der Indizes gründet. Im Hinblick auf die Konstruktion eines typischen Handlungsverlaufs vermerkt er:

---

[101] Darauf wird an geeigneter Stelle noch zurückzukommen sein.

[102] Die Verbindung von Typik und Idealisierungen begründet die Erfahrung von Normalität. Zu diesem Themenkomplex vgl. u.a. die Arbeiten von Natanson (1979, S. 78ff.), Grathoff (1979, S. 89ff.) und de Folter (1983, S. 157ff.).

"Ein erstes Handeln A' begann in den Umständen C' und erbrachte die Situation S'; das wiederholte Handeln A" beginnt im Zustand C" und soll erwartungsgemäß die Situation S" herstellen. ... Wenn ich die Idealisierung 'Ich kann immer wieder' vollziehe, so interessieren mich nur die typischen Aspekte A, C und S ohne alle Indizes. Bildlich gesprochen besteht die Konstruktion in der Unterdrückung der Indizes, die als irrelevant erklärt werden, und das ist, nebenbei bemerkt, charakteristisch für Typisierungen jeder Art" (Schütz 1971a, S. 23f.).

Der Vollzug der Idealisierung des "Ich kann immer wieder" bewirkt eine Einklammerung aller situativen, unwiederholbaren und absolut einzigartigen Momente einer Handlung, eines Ereignisses oder Objektes. Die Fähigkeit zu einer solchen "Reduktion" siedelt Schütz im Bereich einer banalen Kompetenz an, die sowohl sozial als auch psychisch funktional und wichtig ist. Denn "eine Welt ohne Anonymisierung und Unterdrückung der Indizes gliche in gewisser Weise einigen Aspekten des psycho-pathologischen Verhaltens. Hier ist gerade die Fähigkeit, sich von einer begrifflichen Ordnung zur anderen zu bewegen und selbst Namen und Kategorien zu gebrauchen, eingeschränkt oder überhaupt nicht mehr gegeben. Eine solchermaßen kranke Person lebt in einer partikularisierten, bruchstückhaften Welt von Augenblicken, die voneinander isoliert sind" (Natanson 1979, S. 85).

Die bisherigen Einsichten in die Genese und das Wesen der alltagsweltlichen Typisierungen sind für unser Thema bedeutend genug, um sie in einer Art von Zwischenbilanz nochmals vor Augen zu führen. Dargelegt wurde, daß Typen in Situationen entstehen. Welcher Typus gebildet und welche selektive Auswahl von Aspekten getroffen wird, hängt vollständig von den jeweiligen Interessen und Zwecken ab, die im Vordergrund stehen. Kategorisch heißt es bei Schütz, daß es keinen "reinen Typus" an sich gibt. "Alle Typen sind relationale Begriffe, die - um bei der Mathematik zu borgen - einen Index tragen, der sich auf den Zweck bezieht, um dessentwillen der Typus gebildet wurde. Und dieser Zweck ist nichts anderes als das theoretische oder praktische Problem, welches als Konsequenz unseres situational bestimmten Interesses als fragwürdig sich von einem unbefragten Hintergrund der selbstverständlich hingenommenen Welt abhebt" (Schütz 1972, S. 213). Die Idealisierung des "Ich kann immer wieder" verdeutlicht dagegen, daß gerade das Wesen der Typisierung in einer Abstraktion von allen situationalen und je einzigartigen Variablen eines Objektes oder einer Erfahrung besteht. Das bedeutet, auf einen Punkt gebracht, daß Typen zwar in Situationen mit problemverweisenden Indizes entstehen, aber darüber hinausweisen und gleichsam situations- und problemunabhängig sind. Ein Typus zeichnet sich unverwechselbar dadurch aus, daß er nicht nur für die Situation, in der er erschaffen wurde und nur für das Problem, das er lösen half, steht, sondern, daß er in allen anderen typisch ähnlichen Situationen und Problemkonstellationen angewendet werden kann. Dabei wird die Zahl der mit seiner Hilfe bewältigbaren Situationen und Problemfälle umso größer sein, je höher der Grad der Allgemeinheit und Abstraktheit des Typus ist.

Die gesuchte Lösung des Problems der Verstehbarkeit des Handelns besteht eben hierin: die Abstraktheit und Generalität der orientierungswirksamen Typen überwindet die Schranke des privat angeeigneten Wissens und macht eine Handlung über ihre Unmittelbarkeit und Situiertheit hinaus verständlich. Sinnentsprechend kann auch formuliert werden, daß eine Alltagshandlung aufgrund der situativen Transzendenz der Typisierungen verstehbar, mitteilbar und kommunikabel ist.

Wie bereits de Folter ausgeführt hat, gibt es bei Schütz "vielfältige Transzendenzen, angefangen bei denen, die über die Grenzen der Welt, bestimmt durch die jeweilige Reichweite des Menschen hinausreichen, bis zu jenen, die die ausgezeichnete Wirklichkeit des Alltags durchbrechen..." (1983, S. 174).[103] Von allen Transzendenzen aber, die auftreten können, verdient besonders die "Appräsentation" Aufmerksamkeit, weil sie neben der Apperzeption eines der wenigen Mittel verkörpert, mit dessen Hilfe es gelingt, das Erlebnis der Transzendenz in das konkrete Jetzt-Hier-So, sprich also in die Situation einzubeziehen.[104] Auf welche Weise das geschieht, läßt sich - wie Husserl selbst es häufig getan hat - exemplarisch an der Wahrnehmung eines Gegenstandes verdeutlichen.

Eine Analyse der Wahrnehmung[105] bringt nach Husserl zu Bewußtsein, daß jedes aufgefaßte Ding der Außenwelt sich in einen umfas-

---

[103] Vgl. hierzu u.a. Schütz/Luckmann (1984, S. 139ff.).

[104] Grathoff vertritt dagegen die Auffassung: "... jede Typisierung verweist - und das ist ihr appräsentativer Teil - auf eine Problemlösungssituation..." (1976, S. 132). Damit trifft er wohl kaum den Sinn dessen, was Appräsentation sowohl bei Husserl als auch bei Schütz heißt.

[105] Husserls Analysen sind vornehmlich am Paradigma der Wahrnehmung orientiert. Schütz merkt dazu an: "Die herkömmliche Phänomenologie, Husserls einbegriffen,

senden Horizont eingebettet findet, der in seiner Totalität mit den Grenzen der Welt zusammenfällt. Angenommen, ich sehe einen Tisch vor mir stehen, so wird er in seiner Wahrnehmung unwillkürlich auf andere Objekte und Gegebenheitsweisen verweisen, die nicht im Brennpunkt meiner Aufmerksamkeit stehen. Der Tisch, der mir in der Perzeption vor Augen tritt, ist zugleich ein Teil des Mobiliars, das sich in diesem Raum befindet, der zu einer von mir bezogenen Wohnung des Hauses gehört, das am Rande der Stadt erbaut wurde, die in einer bestimmten Gegend eines europäischen Landes liegt usw.. Die Gesamtheit der "Implikationen", die ein Wahrnehmungsobjekt begleiten und es als integralen Bestandteil einer Welt von Dingen erscheinen lassen, nennt Husserl den "äußeren Horizont der Erfahrung". Ihm stellt er den sogenannten "inneren Horizont" gegenüber, da sich mit der Wahrnehmung eines Objektes nicht nur nach "außen" gerichtete Verweisungen verbinden, sondern auch solche, die nach "innen" wirken. Nochmals das Beispiel der Wahrnehmung eines Tisches. Sehe ich ihn vor mir stehen, so werde ich an ihm nur immer einzelne Aspekte erfassen können. Ich sehe seine Rück- oder Vorderseite, seine Ober- oder Standfläche und möglicherweise sogar das eine oder andere Seitenteil. Jeder einzelne Aspekt aber, der an ihm wahrgenommen wird, verweist stets auf andere Aspekte bzw. Teilansichten, derer ich gewahr werden könnte, sofern ich den Blickwinkel verändern und um den Tisch herumgehen und ihn eventuell sogar anheben würde. Die jeweils im optischen Feld liegenden Aspekte verweisen also immer schon auf solche, die in der Perzeption zur "Anschauung" gelangen könnten, gegenwärtig aber nicht anschaubar sind. Dennoch sind sie, die nicht wirklichen, sondern bloß potentiellen Ansichten eines Dings oder einer Sache in der Erfahrung mitgegeben, sie sind - im Sprachgebrauch der Phänomenologie - appräsentiert. Die Durchsetzung der Erfahrung mit appräsentativen Verweisungsstrukturen führt dazu, daß jene grundsätzlich mehr vorstellig macht, als in der tatsächlichen Wahrnehmung gegeben ist. Die bei der Wahrnehmung auftretenden "Überschüsse" (Verweisungsstrukturen) oder Transzendenzen begleiten jeden Akt der Typisierung, so daß die "Appräsentationsschemata zugleich als eine Art von Typisierungsschemata aufzufassen" sind (de Folter 1983, S. 175).

---

ist in dem Sinne naiv, daß sie als Hauptparadigma die Wahrnehmung analysiert, ohne sich darüber Rechenschaft zu geben, daß Wahrnehmung ja ein lebensweltliches Phänomen ist..." (Brief von Schütz an Gurwitsch vom 13.10.1954; zit. nach Srubar 1984, S. 79).

Zweifelsohne: Die von Schütz vorgestellte Transzendenz der Situation unterscheidet sich grundsätzlich von der Transzendenz des Alltags durch das Übernatürliche und Außeralltägliche in Webers Soziologie. Während nämlich das Übernatürliche in Gestalt des Charisma die Fesseln des Alltags sprengt - wenn auch nur für kurze Zeit -, bleibt die Transzendenz des konkreten Jetzt-Hier-So innerhalb der Grenzen des Alltags bzw. der Lebenswelt. Mit Nachdruck hebt Schütz hervor, daß es - abgesehen von der Appräsentation, die er Symbol[106] nannte - "keinesfalls so ist, daß das Appräsentierte die Lebenswelt transzendiert. Was transzendiert wird, ist das instantane Jetzt-Hier-So, und der Mechanismus, durch den das Transzendente in das Jetzt-Hier-So appräsentativ einbezogen wird, macht Lebenswelt erst möglich" (Brief von Schütz an Gurwitsch vom 13.10.1954; zit. nach Sruber 1983, S. 79).[107] Eine Annäherung der unterschiedlichen Standpunkte wird jedoch dann erreicht, wenn - wie bereits früher dargelegt wurde - Weber für die entzauberte Welt einen Glauben an Rationalität und Berechenbarkeit diagnostiziert, der "der Lage des 'Zivilisierten', ... ihre spezifische 'rationale' Note gibt..." (Weber 1982, S. 473). Diese Form der Selbsttranszendenz hat mit derjenigen der Appräsentation gemeinsam, daß sie das Gegebene auf virtuelle Gegebenheiten bezieht.

Eindeutig bekennt Schütz sich zu Webers Gedanken der Entzauberung der Welt als eines Prozesses der Transformation "einer unkontrollierbaren und unverständlichen Welt in eine organisierte Gestalt, die wir verstehen und deshalb beherrschen können und in deren Rahmen Vorhersagen möglich werden" (Schütz 1972, S. 31). Anders als Weber aber, für den die Entzauberung stringent der durch Ideen angestoßenen und durch Interessen vermittelten eigensinnigen Entfaltung der Weltbildstrukturen folgt, sieht Schütz in dem Modernisierungsprogramm einen Prozeß progressiv vorangehender Typisierung. "Wenn wir wollen (so führt er aus) können wir den Prozeß der wachsenden Typisierung als einen Prozeß der Rationalisierung verstehen. Zumindest ist dies eine der verschiedenen Bedeutungen, die Max Weber dem Begriff 'Rationalisierung' gibt,

---

[106] Vgl. hierzu Schütz (1971a, S. 399ff.).

[107] Mit seinem Versuch, die "Struktur der Lebenswelt aus dem Erlebnis der Transzendenz" zu erklären, geht Schütz auf Distanz zu dem Husserl'schen Weg einer transzendentalen Begründung der Lebenswelt und propagiert den "Aufstand des Mundanen gegen das Transzendentale" (Waldenfels).

wenn er von der 'Entzauberung der Welt' spricht" (Schütz 1972, S. 30). In Anbetracht der Ahistorizität von Schütz' phänomenologischem Ansatz, löst es nicht wenig Verwunderung aus, daß er sich einer Ausdrucksweise Webers bedient, die dieser zur Bezeichnung geschichtlicher Entwicklungsvorgänge geprägt hat. Das, worauf es hier jedoch ankommt, ist, daß nach Meinung von Schütz der Prozeß der Typisierung zugleich ein Vorgang der Rationalisierung ist. Diese Parallelstellung berechtigt zu dem Schluß, daß nach Schütz die Verstehbarkeit einer Handlung, ihre Kommunikabilität und intersubjektive Faßlichkeit in dem Maße anwächst, in dem der Grad ihrer Typizität, d.h. also ihre Abstraktheit, Allgemeinheit und Anonymität, zunimmt. Die Entzauberung der Welt, so wie Schütz sie sieht, stellt die Verstehbarkeit des Handelns in der Moderne also nicht in Frage, sie macht sie im Gegenteil erst möglich. "Jedoch ist dies das Paradox der Rationalität auf der Ebene der Alltagserfahrung: Je standardisierter das Muster ist, umso weniger kann das Alltagsdenken in der Weise rationaler Einsichten die zugrunde liegenden Elemente analytisch aufklären" (Schütz 1971a, S. 38). Verstehbar ist eine alltagsweltliche Handlung nicht aufgrund, sondern entgegen ihrer analytischen Dechiffrierbarkeit. Die fehlende wissenschaftliche Rationalität im Alltag stellt denn auch weniger einen Problem- als vielmehr einen Lösungszusammenhang dar. Verstehbar wird eine alltägliche Handlung nämlich nicht durch ein Wissen, das sämtliche handlungsrelevante Informationen umfaßt, sondern gerade dadurch, daß sie nicht zur Verfügung stehen und Typisierungen gebildet werden.

Die einleitend geäußerte Erwartung, daß Schütz für das bei Weber aufgetretene Problem rationalen Handelns in der entzauberten Welt eine Lösung würde bieten können, hat sich nunmehr, d.h. mit dem Einblick in das Wesen und die Funktion der alltagsweltlichen Typisierungen, erfüllt. Im Verlauf der Rekonstruktion der Position Max Webers war offenkundig geworden, daß für ihn das rationale Handeln im Alltag auf der Einflußnahme durch außeralltägliche Orientierungen, namentlich des Charisma, beruht, Dieses Modell, das den Prozeß der Entzauberung der Welt selbst noch zu erklären vermag, versagt seinen Dienst angesichts des in der Gegenwartsdiagnose festgehaltenen vorläufigen Endresultates der gesellschaftlichen Entwicklung - einer vollständig säkularisierten Welt, in der auch die letzten Reste des Zaubers und mit ihm die letzten Chiffren der Transzendenz getilgt sind, soweit sie allgemein verbindlich waren. Demgegenüber arbeitet Schütz mit der Vorstellung, daß die Orientierungsmuster, die den alltagsweltlichen Handlungen zu ihrer intersubjektiven Verstehbarkeit verhelfen, in den auf der Ebene des Alltagsverstandes gebildeten Typisierungen bestehen. Sie werden von einer Form der Transzendenz begleitet, die die jeweilige Handlung über ihre Unmittelbarkeit und über ihren Problembezug hinaus verständlich macht. Insofern kommt auch Schütz nicht ohne die Annahme einer Transzendenz aus, doch bleibt sie im Unterschied zum Charisma - dem Außeralltäglichen - innerhalb der Grenzen des Alltags bzw. der Lebenswelt. Schütz' Lösung des Problems rationalen Handelns in der entzauberten Welt fußt ja gerade darauf, daß sich die Typisierungen, an denen die Handlungen ihre Ausrichtung finden, alltagsimmanent konstituieren und nicht von außen in die Welt der natürlichen Einstellung eindringen. Weil für Schütz die Orientierungen der Handlungen aus einer dem Alltag immanenten Struktur entspringen und damit kein Rekurs auf das Außeralltägliche und Übernatürliche systematisch erforderlich ist, hat er keinerlei Schwierigkeiten, auch und insbesondere für die moderne, restlos entzauberte Welt qualitativ rationale Handlungen voraussetzen zu können. Während also für Weber noch "die 'Veralltäglichung' der 'entzauberten Welt' mit ihrer Anonymisierung durch Vergesellschaftung einen *qualitativen* Wandel der Alltagsstruktur" bedeutet, stellt für Schütz ... "die 'Veralltäglichung' nur ein *graduelles* Anwachsen des mitweltlichen (d.h. anonymen) Typisierbaren dar, also nur eine Verschiebung innerhalb der Alltagsstruktur, die an der prinzipiellen Bedeutsamkeit dieser Struktur nichts ändern kann" (Srubar 1981, S. 101; Hvh. B.L:).

Wie deutlich geworden ist, vertritt Schütz hinsichtlich der Frage nach der Konstitution rationalen Handelns innerhalb der Alltagswelt eine grundsätzlich andere Auffassung als Weber. Nach der Konzeption von Schütz verleiht das System von alltagsweltlichen Typisierungen den Handlungen ihre qualitative Rationalität. Die Gleichsetzung von Typisierung mit Rationalisierung erlaubt es, verstehbares, kommunikables und intersubjektiv faßliches Handeln auch unter den Bedingungen einer entzauberten Welt voraussetzen zu können. Daß Schütz eine prinzipiell andere Auffassung von der Konstitution rationalen Handelns innerhalb der Welt der natürlichen Einstellung vertritt, sagt allerdings noch nichts darüber aus, wie er (Schütz) sich die methodisch kontrollierte Erfassung des Gegenstandsbereiches sozialwissenschaftlicher Erfahrung vorstellt. Dies herauszufinden wird die Aufgabe der nachfolgenden Überlegungen sein.

3.6 Methodologische versus alltagsweltliche Rationalität. Das Verfahren kontrollierten Fremdverstehens

Den überwiegenden Teil seiner Forschungsarbeiten hat Schütz in den Dienst der so benannten Rehabilitierung vorwissenschaftlicher Erfahrung gestellt. Dennoch ließ er zu keinem Zeitpunkt irgendeinen Zweifel daran aufkommen, daß für ihn Wissenschaft eine Angelegenheit des Denkens ist und bleibt, selbst wenn - wie im Fall der Soziologie - sich ihre Erkenntnistätigkeit auf das Leben in der natürlichen Einstellung bezieht. Wissenschaft und Lebenswelt sind für Schütz durch eine unaufhebbare Differenz voneinander getrennt. Nichts wäre daher abwegiger als ihn jener Kategorie von minuziös verfahrenden Dokumentaristen einzuverleiben, für die ein mit Block und Bleistift entworfenes Abbild des bunten Treibens im Alltag Ziel und Endpunkt ihres quasi-wissenschaftlichen Bemühens ist. In Frontstellung gegen eine zu beobachtende Verwechslung von Leben und Denken schreibt Schütz, daß wir sicherlich erstaunt wären, "wenn wir einen Kartographen fänden, der für die Aufstellung seines Stadtplans sich darauf beschränken würde, Informationen von den Einheimischen zu sammeln. Trotzdem wählen Sozialwissenschaftler häufig diese merkwürdige Methode. Sie vergessen, daß ihre wissenschaftliche Arbeit auf der Ebene der Auslegung und des Verstehens getan wird, die sich von den naiven Orientierungs- und Auslegungseinstellungen unterscheidet, welche den Menschen im alltäglichen Leben eigentümlich ist" (Schütz 1972, S. 25). Die intensive Beschäftigung mit dem Bereich vorwissenschaftlicher Erfahrung dient keinem anderen Zweck als dem, eine interpretativ verfahrenden Wissenschaft über ihre gegenstandstheoretischen Voraussetzungen aufzuklären, damit sichergestellt werden kann, daß der verstehende Soziologe auch tatsächlich den von den Handelnden gemeinten Sinn erfaßt und ihn nicht durch einen von ihm intendierten Bedeutungsgehalt ersetzt. Allein darauf bezieht sich der von Schütz gegenüber Weber erhobene Fundierungsanspruch und seine kritischen Einwände gegen das von ihm geschärfte Profil einer Verstehenden Soziologie.

Den Gegenstand verstehen, das will auch Schütz - objektiv und nicht subjektiv. In der Verfolgung dieser Absicht knüpft er ohne jedes Zögern an die methodologischen Zielvorgaben Webers an. An dem Objektivitätsideal sozialwissenschaftlicher Erkenntnis hat Schütz trotz seines intensiven Bemühens um eine Restituierung der Dimension vorwissenschaftlicher Erfahrung keinerlei Abstriche gemacht. Ja, es scheint sogar, als habe er die Auseinandersetzung mit Hempel und Nagel gesucht, um die "Rationalitätskriterien des 'klassischen' metawissenschaftlichen Paradigmas" (List 1983, S. 41) für die sozialwissenschaftliche Forschung nutzbar zu machen.[108] In einer in seinen Notizbüchern enthaltenen Liste stellt Schütz zusammen, in welchen Punkten er grundsätzlich mit den Ansichten von Hempel und Nagel übereinstimmt:

> "a) Alles empirische Wissen involviert Entdeckungen durch Prozesse kontrollierten Schließens.
> b) Muß in Form von Sätzen ausführbar sein.
> c) Muß verifizierbar sein, bei jedem, der bereit ist, die nötige Anstrengung der Beobachtung zu machen - wenn auch nicht sinnlicher Beobachtung.
> d) 'Theorie' bedeutet in allen empirischen Wissenschaften die explizite Formulierung bestimmter Relationen zwischen einer Gruppe von Variablen, mit deren Hilfe eine ziemlich umfangreiche Klasse empirisch feststellbarer Regelmäßigkeiten erklärt werden kann.
> e) Weder der Umstand, daß die Regelmäßigkeiten in ... den SW (Sozialwissenschaften; B.L.) eine eher eingeschränkte Universalität haben, noch daß sie nur in beschränktem Maß Vorhersagen zulassen, bildet eine grundsätzliche Differenz zwischen NW (Naturwissenschaften; B.L:) und SW, da gewisse Zweige der NW dieselben Merkmale haben" (Schütz/Luckmann 1984, S. 298).

Objektiv sollen die sozialwissenschaftlichen Erkenntnisse sein. Als Hauptproblem sieht Schütz jedoch an, wie dieses Gebot eingelöst werden kann, da doch der Gegenstand, auf den sich die verstehende Soziologie bezieht, der subjektiv gemeinte Sinn ist, den die Handelnden mit ihrem Handeln verbinden. Die Frage muß daher lauten: "Wie sind Wissenschaften vom subjektiven Sinnzusammenhang überhaupt möglich?" (Schütz 1974, S. 31, Hvh.i.Orig.). Dieses Problem der Ersetzung der subjektiven durch die objektiven Sinnzusammenhänge hebt damit an, daß der Sozialwissenschaftler über keinen originären Zugang zu seinem Untersuchungsfeld - der sozialen Wirklichkeit - verfügt. Wie alle anderen Wirklichkeitsbereiche ist auch die Wissenschaft eine Enklave innerhalb der Totalität der Lebenswelt, durch einen ihr spezifischen Erlebnis- und Erkenntnisstil

---

[108] In dieser Richtung ist auch der Versuch von Helling (1979) zu verstehen, Schütz' "Wissenschaftstheorie der Sozialwissenschaften so weit als möglich mit der gängigen Methodologie der empirischen Soziologie zu interpretieren" (S. 72). Ob eine solche Schütz-Interpretation in den Augen der klassischen Wissenschaftstheoretiker und den "main-stream"-Soziologen Bestand haben wird, sei dahingestellt. Jedenfalls aber hat Schütz die Richtung des an ihn herangetragenen Ansinnens selbst präformiert.

charakterisiert. Dieser unterscheidet sich von denjenigen aller übrigen Sinnprovinzen und damit selbstverständlich auch von dem kognitiven Stil, der den Alltag zum Alltag macht. Der Übergang vom Alltag zur Wissenschaft kann nur mit Hilfe eines "Sprungs" bewältigt werden, da es zwischen den Sinnbezirken an "Transformationsregeln" fehlt. Derjenige, der den Sprung wagt und die Pforte zur Wissenschaft aufstößt, tauscht seine natürliche gegen eine *theoretische Einstellung* ein.[109] Diese Haltung entspricht nach Schütz der Attitüde eines uninteressierten Beobachters, der, statt handelnd in die Welt einzugreifen, sie mit "detachiertem Gleichmut" observiert. Im Unterschied zum Alltagshandelnden kennt der Wissenschaftler nicht das pragmatische Motiv als Triebfeder seines Tuns; ständig der Wahrheit[110] auf der Spur, geht er rein kognitiven Interessen nach und läßt durch sie seine Aktionen und Operationen bestimmen. In theoretischer Einstellung kann das, "was in der biographischen Situation des Alltags als selbstverständlich gilt ... fragwürdig werden und umgekehrt; was auf einer Ebene höchst relevant zu sein scheint, kann auf der anderen völlig irrelevant werden" (Schütz 1971a, S. 42f.). Überhaupt ändert sich mit dem Sprung in die theoretische Einstel-

---

[109] Anstelle von einer theoretischen Einstellung spricht Schütz zuweilen auch von einer "Epoché der wissenschaftlichen Einstellung", durch die die Subjektivität des Denkens neutralisiert wird. Zur Einordnung dieser Epoché führt er aus: "Selbstverständlich darf diese Form der *Epoché* nicht mit derjenigen verwechselt werden, die zur phänomenologischen Reduktion führt und die nicht nur die Subjektivität des Denkers, sondern die ganze Welt in Klammern setzt. Theoretisches Denken muß als zur 'natürlichen Einstellung' gehörend charakterisiert werden. Der Begriff wird *hier* ... im Unterschied zur 'phänomenologischen Reduktion' gebraucht" (1971a, S. 286). Analog heißt es bereits bei Husserl: "'Natürlich eingestellt', wie wir nach den festesten, weil nie beirrten Gewohnheiten auch im wissenschaftlichen Denken sind..." (1976, S. 67).

[110] Gegenüber der Vorstellung, daß Wahrheit das Ziel jeder wissenschaftlichen Erkenntnis sei, hat Luhmann (1974) Wahrheit als ein Kommunikationsmedium des Wissenschaftssystems eingeführt. Im übrigen belegt Knorr-Cetina, wie wenig wissenschaftliche Arbeit von dem Ziel der Wahrheitssuche geleitet ist. Am Beispiel naturwissenschaftlicher Laborforschungen führt sie aus: "Genauso wenig wie die Natur finden wir im Labor die Suche nach der Wahrheit, die gewöhnlich der Wissenschaft zugeschrieben wird. Zwar nimmt die Rede der Wissenschaftler durchaus Bezug auf Begriffe wie 'wahr' oder 'falsch'. Aber dieser Gebrauch unterscheidet sich nicht von unserem Alltagsgebrauch solcher Worte in einer Reihe von pragmatischen und rhetorischen Funktionen, die kaum etwas mit der epistemologischen Konzeption von Wahrheit zu tun haben. Falls es ein Prinzip gibt, das das Forschungshandeln steuert, so kommt es wohl am ehestem im Ziel der Wissenschaftler zum Ausdruck, Dinge zum Laufen zu bringen (*to make things work*)" (1984, S. 24).

lung das gesamte vormalige Bezugszentrum. An die Stelle der biographischen Situation im Alltag tritt die wissenschaftliche Situation, und das Alltagswissen wird durch den Corpus der Wissenschaft substituiert, der die Verfahrensregeln und -techniken der Erkenntnisarbeit enthält. Außerdem büßt der Sozialwissenschaftler seinen Standort in der Sozialwelt ein. Er verliert sein dortiges Hier und Jetzt, so daß sich für ihn diese Welt auch nicht in Schichten um ihn herum ordnet. Genauer gesagt betrachtet der Wissenschaftler "seine Position in der Sozialwelt und das daran geknüpfte Relevanzsystem für sein wissenschaftliches Unterfangen als irrelevant" (Schütz 1971a, S. 45). Was für ihn Relevanz erlangt, gibt ihm das wissenschaftliche Problem vor. Es bestimmt, was "untersucht werden muß und was als 'Datum' selbstverständlich hingenommen werden kann; es bestimmt damit die Forschungsebene im weitesten Sinn, also die Abstraktionen, Generalisierungen, Formalisierungen, Idealisierungen, kurz gesagt, es bestimmt die zur Lösung des betrachteten Problems notwendigen und zulässigen Konstruktionen" (Schütz 1971a, S. 43).

So wie Schütz die Welt der Wissenschaft beschreibt, ähnelt sie stark den klischeehaften Vorstellungen der Pionier- und Entdeckerzeit. Aus dem "theoretischen Selbst", das heißt aus jenem Teil der Persönlichkeit, der sich als Wissenschaftler engagiert, formt Schütz einen einsamen Denker und "Dachkammer-Gelehrten", der fernab aller lebenspraktischen Involviertheit den Problemvorgaben seiner Wissenschaft folgt und hofft, mit den von ihm aufgefundenen Problemlösungen der Wahrheit zu dienen. Zwar gesteht Schütz zu, daß der einsame Denker nicht völlig vereinsamt ist. Er räumt ein, daß zur wissenschaftlichen Arbeit auch der interpersonelle Austausch von Meinungen und Forschungsergebnissen sowie die wechselseitige Kritik und Anregung gehört. Doch sobald seiner Meinung nach der Wissenschaftler auch nur für einen Augenblick in eine "mitmenschliche Wirkungsbeziehung" zu einem in der Sozialwelt Handelnden tritt, verläßt er den Boden der theoretischen Einstellung. Er ist dann, was er vor seinem Entschluß, Wissenschaft zu treiben, war - Mensch unter Mitmenschen mit all ihren Sorgen, Hoffnungen und Ängsten. Dieser Fall tritt auch dann ein, wenn der Sozialwissenschaftler als teilnehmender Beobachter die Bühne der Sozialwelt betritt, um Daten zu sammeln. Sein der wissenschaftlichen Einstellung entstammendes Relevanzsystem, das die Auswahl und Interpretation der Daten bestimmt, muß von ihm bis auf weiteres außer acht gelassen werden (Schütz 1971a, S. 46).

Wissenschaft und Lebenswelt trennt eine Demarkationslinie, die nur mit Hilfe eines Sprungs überwunden werden kann. Mit Notwendigkeit drängt sich daher die Frage auf: "Wie soll es dem einsamen Denker, der sich in seiner theoretischen Einstellung aus allen sozialen Beziehungen heraushält, gelingen, einen Zugang zur Alltagswelt zu finden, in der Menschen unter ihren Mitmenschen wirken - und das in jener natürlichen Einstellung, die der Theoretiker notwendig aufgeben muß" (Schütz 1971a, S. 292). Fest steht jedenfalls, daß ein direkter Zugang zum Objektbereich der Sozialwissenschaften ausgeschlossen ist. Um Aussagen über den Gegenstandsbereich machen zu können, schlägt Schütz in Analogie zu Weber die Bildung von sogenannten Idealtypen als geeignete Erkenntnismittel vor. Expressis verbis führt er aus, der Sozialwissenschaftler "muß" 'Idealtypen' oder 'Motivationsmodelle' konstruieren, mit deren Hilfe er offenkundiges soziales Verhalten zu 'verstehen' sucht..." (1971a, S. 58). Während Weber den Begriff des Idealtypus auf solche gedanklichen Gebilde eingrenzt, die eine maximale Verdeutlichung der in der Sozialwelt selbst sichtbar werdenden Tendenzen zur Sinnüberstimmung zum Ziel haben ("wie durch Zauberschlag ordnen sich die Trümmer der positivistischen Faktenwelt zu einem verstehbaren und menschlichen Kosmos", kommentiert Tenbruck (1959, S. 608) das Verfahren Webers), dehnt Schütz den Begriff relativ unbekümmert aus. So hat Helling anhand einer Analyse der Schütz'schen Texte ausgemacht, daß für ihn "Begriffe, Begriffsschemata, Sätze der theoretischen Sozialwissenschaften, Modelle idealer Handelnder, Modelle sozialen Handelns, Modelle eines Ausschnittes der sozialen Welt, Gesetze in den theoretischen Sozialwissenschaften, theoretische Systeme", also beinahe alle gedanklichen Produkte unter die Rubrik Idealtypus fallen (1979, S. 31). Trotz dieser expansiven Verwendungsweise schränkt Schütz in gewisser Weise das Spektrum wieder ein, wenn er für die konkrete Forschungspraxis die Devise ausgibt, mit der Bildung von sogenannten "materialen Ablauftypen des Handelns" zu beginnen, denen dann ein "personaler Idealtypus" zugeordnet werden kann:

> "Wie geht also der Sozialwissenschaftler vor? Er beobachtet gewisse Tatsachen und Ereignisse in der sozialen Wirklichkeit, die auf menschliches Handeln verweisen, und er konstruiert typische Muster des Verhaltens oder des Handlungsablaufs aus dem, was er beobachtet hat. Daraufhin ordnet er diesen typischen Mustern des Handlungsablaufs jeweils Modelle eines oder mehrerer idealer Handelnder zu, die er sich mit Bewußtsein ausgestattet vorstellt. Es ist jedoch dieses Bewußtsein so weit eingeschränkt, daß es nichts weiter enthält, als was für die Ausführung des beobachteten Musters des Handlungsablaufs relevant ist. Er schreibt so diesem fiktiven Bewußtsein eine

Reihe typischer Vorstellungen, Absichten und Ziele zu, die in dem scheinbaren Bewußtsein des imaginären Handelnden als invariant vorausgesetzt werden. Diese Figur, dieser Homunculus, soll mit anderen Homunculi, die ähnlich konstruiert sind, in Mustern von Wirkensbeziehungen verbunden sein. Unter diesen Homunculi, mit denen der Sozialwissenschaftler sein Modell der alltäglichen Sozialwelt bevölkert, werden nun Folgen von Motiven, Zielen, Rollen - allgemein gesagt - werden Relevanzsysteme in genau der Weise verteilt, wie es das vorliegende wissenschaftliche Problem verlangt" (Schütz 1971a, S. 73f.).

Die vom Sozialwissenschaftler erstellten Typenkonstruktionen unterliegen den Relevanzgesichtspunkten seiner Wissenschaft, d.h. dem anvisierten Ziel oder Zweck, für das bzw. für den sie entworfen wurden. Auch die wissenschaftlichen Typen tragen also gleich ihren alltagsweltlichen Pendants einen problemverweisenden Index, ohne deshalb jedoch mit jenen identisch zu sein.

Die wissenschaftlichen Idealtypen müssen nach Schütz verschiedenen Bildungsgesetzen oder Vorschriften gehorchen. Sie sollen sicherstellen, daß es tatsächlich zu der angestrebten Ersetzung der subjektiven durch die objektiven Sinnzusammenhänge kommt. Wie Hellig (1979, S. 60ff.) dargelegt hat, lassen sich bei Schütz solche Bildungsgesetze ausmachen, die die *"Wissenschaftlichkeit"* der erstellten Konstruktion garantieren sollen. Sie können von den Vorschriften unterschieden werden, bei deren Befolgung sich die *"Angemessenheit an den Gegenstand"* einstellen soll. Zu der ersten Gruppe methodologischer Anweisungen gehört - neben verschiedenen anderen - das *"Postulat der Rationalität"*. Es besagt: "Der Idealtypus der sozialen Handlung muß auf solche Weise konstruiert werden, daß der Handelnde in der lebendigen Welt die typisierte Handlung ausführen würde, wie wenn er eine klare und deutliche wissenschaftliche Kenntnis aller Elemente besäße, die für seine Wahl und die andauernde Tendenz, das angemessenste Mittel zur Realisierung des angemessensten Zwecks zu wählen, relevant ist" (Schütz 1972, S. 48). Mit dieser Forderung folgt Schütz explizit dem normativen Gehalt von Webers Methodologie, d.h. dem Postulat, das alltägliche Handeln am Leitfaden der Zweck-Mittel-Rationalität zu rekonstruieren. Ebenso wie Weber gibt auch Schütz sich keinerlei Illusion darüber hin, daß das alltägliche Handeln dem Standardmaß der Zweck-Mittel-Rationalität genügt. Rationales Handeln innerhalb der Alltagswelt - das haben die vorangegangenen Untersuchungen ergeben - ist stets ein Handeln im Rahmen typischen Konstruktionen auf der Basis eines unvollständigen Wissens. Daß Schütz trotz der *"partiellen Rationalität"* des Alltagshandelns das Zweck-Mittel-

Schema als Instrument zur Deutung der sozialen Wirklichkeit einsetzt, wird von ihm folgendermaßen begründet: Grob gesagt soll das Schema die Wissenschaftlichkeit der Konstruktion verbürgen. Im Detail ausgeführt bedeutet dies, daß nur die Zweckrationalität ein Höchstmaß an Klarheit und Genauigkeit bietet und daß nur dieses Modell die Möglichkeit zu Vergleichen und Prognosen eröffnet (Schütz 1971a, S. 51f.). Überdies gibt Schütz an, "daß nur eine Handlung innerhalb des Rahmens der rationalen Kategorien wissenschaftlich diskutiert werden kann. Der Wissenschaftler verfügt nicht über andere Methoden als die rationalen und kann deshalb keine rein okkasionellen Sätze verifizieren oder falsifizieren" (Schütz 1972, S. 48).

Gegen das Postulat, die wissenschaftlichen Handlungsmodelle am Leitfaden der Zweckrationalität zu konstruieren, steht indessen die Forderung nach der Angemessenheit an den Gegenstand - das *"Postulat der Adäquanz"*. Diese ursprünglich noch in die Postulate der *"Sinn- und Kausaladäquanz"*[111] aufgespaltene methodologische Devise erläutert Schütz in seinen späteren Schriften so: Logische Maxime: "Jeder Begriff in einem wissenschaftlichen Modell menschlichen Handelns muß so konstruiert sein, daß eine innerhalb der Lebenswelt durch ein Individuum ausgeführte Handlung, die mit der typischen Konstruktion übereinstimmt, für den Handelnden selbst ebenso verständlich wäre wie für seine Mitmenschen, und das im Rahmen des Alltagsdenkens" (Schütz 1971a, S. 50). Mit einem Wort: "Das Postulat der Adäquanz verlangt, daß die typische Konstruktion mit der Totalität sowohl unseres täglichen Lebens als auch unserer wissenschaftlichen Erfahrung übereinstimmen muß" (Schütz 1972, S. 49). Fraglich ist, ob es eine derartige Übereinstimmung überhaupt geben kann, wenn auf der einen Seite vom Wissenschaftler Zweck-Rationalität als Instrument zur Deutung der sozialen Wirklichkeit eingesetzt wird und auf der anderen Seite (der des Gegenstandes) bereits vor jedem methodischen Zugriff die Gewißheit vorherrscht, daß das Alltagshandeln dem an ihn herangetragenen Maßstab nicht genügt und auch nicht genügen kann? Die Antwort, die Schütz auf diese Frage gibt, gleicht beinahe wortgetreu derjenigen Webers. Ebenso wie dieser vertritt Schütz die Meinung, daß der Typus des zweckrationalen Handelns die Funktion eines Sondierungsvehikels

---

[111] Vgl. hierzu Schütz (1974, S. 325ff.).

erfüllt, mit dessen Hilfe ein Abstandsmeßverfahren durchgeführt werden kann. Er schreibt:

> "Das Modell rationalen Handelns kann ... als ein Verfahren benutzt werden, um abweichendes Verhalten in der wirklichen Sozialwelt festzustellen und es auf 'problemtranszendierende Daten' zu beziehen, das heißt auf nicht typisierte Elemente' (Schütz 1971a, S. 52).

Zudem hält Schütz ein Argument in der Hinterhand, das er aus seiner Analyse der vorwissenschaftlichen Erfahrung gewinnt. Im Unterschied zu Weber kann er darauf verweisen, daß die Einstellung des Sozialwissenschaftlers zu seinem Gegenstandsbereich dieselbe ist, die auch die Handelnden in der Mitwelt einnehmen, wenn sie den fremdgemeinten Sinn ihres Gegenübers deuten. Verstehen ist für Schütz nicht eine besondere Technik, die sich der Erfindungsgabe sozialwissenschaftlicher Forschung verdankt. Sinnverstehen ist für ihn "der priviligierte Erfahrungsmodus der Angehörigen einer Lebenswelt" (Habermas 1981, Bd. 1, S. 176).[112] Bereits auf der Ebene

---

[112] Die Analyse der Sinnkonstitution im individuellen Bewußtseinserleben hatte Schütz zu dem Ergebnis geführt, daß der subjektiv gemeinte Sinn prinzipiell an die Selbstauslegung durch einen Erlebenden gebunden ist. Das heißt mit anderen Worten ausgedrückt, daß grundsätzlich nur er weiß, was er tut, warum er etwas tut und welche Bedeutung er damit verbindet. Infolgedessen kann die Deutung fremdseelischen Erlebens durch einen außenstehenden Beobachter auch stets nur einen vorläufigen, sprich also tentativen Charakter beanspruchen. Die unausweichliche Vagheit der Sinninterpretation macht indessen nicht die einzige Schwierigkeit aus, die sich bei dem Versuch des Fremdverstehens einstellt. Eine zusätzliche Komplikation tritt dadurch ein, daß die Möglichkeit der Sinndeutung in den verschiedenen Regionen der Sozialwelt (Umwelt, Mitwelt, Folgewelt usw.) spezifischen Modifikationen unterliegt. Von einer relativ eindeutigen und zuverlässigen Sinndeutung kann nach Schütz nur in der Sphäre der Umwelt gesprochen werden, die durch die "reine Wirbeziehung" gebildet wird. In raum-zeitlicher Koexistenz miteinander verbunden, erleben ego und alter hier den Vorgang ihres Alterns gemeinsam. Das soll heißen, daß ihre Bewußtseinsströme die gleiche Zeitlichkeit und somit auch denselben Verlauf aufweisen. Dieser einzigartige Synchronismus ermöglicht es, daß ego - ebenso wie alter - das Erleben des jeweils anderen Selbst unmittelbar erfassen und in einem Akt der Selbstauslegung nachvollziehen kann. Das ändert sich jedoch, sobald an die Stelle der reinen Wirbeziehung die Relation des "Ihr" in der sozialen Mitwelt tritt. Hier kann von einer "lebendigen Gleichzeitigkeit", die Einblick in das fremde Bewußtseinserleben erlaubt, keinerlei Rede mehr sein. Weil in der Mitwelt ein direkter Zugang zum Erleben des Mitmenschen ausgeschlossen ist, bedarf es eines Hilfsmittels des Verstehens, nämlich "der Konstruktion einer typischen Verhaltensweise, eines typischen Musters zugrundeliegender Motive, typischer Verhaltensweisen eines Persönlichkeitstyps, für die der Andere und sein gerade geprüftes Verhalten nur Sonderfälle oder Beispiele sind" (Schütz 1971a, S. 19). Die Erfassung des alter ego außerhalb der dyadischen Beziehung des "Wir" erfordert also die Bildung eines *Idealtypus*, der jedoch nicht mit demjenigen eines Wissenschaft-

des Alltagsverstandes kommt es aus der Sicht von Schütz zu einer methodisch bedeutsamen Ersetzung der Typenkonstruktionen:

> "Unterscheiden wir zwischen (subjektiven) personalen Typen und (objektiven) Typen des Handlungsablaufs, so können wir sagen, daß zunehmende Anonymisierung der Konstruktionen zum Ersatz der subjektiven durch die objektiven Typen führt. Bei vollständiger Anonymisierung werden die einzelnen als austauschbar angenommen und der Typ des Handlungsablaufs verweist auf das Verhalten von 'Irgendeinem', der in typisch definierter Weise handelt" (Schütz 1971a, S. 20).

Stellt sich die vollständige Anonymität und Austauschbarkeit ein, so haben die alltagsweltlichen Konstruktionen "die Ebene der totalen Typisierung innerhalb der Konstrukte der Wissenschaft erreicht" (Grathoff 1976, S. 130). Selbst wenn sich der Übergang von den alltagsweltlichen zu den wissenschaftlichen Typen sukzessive vollzieht, so bleiben die artifiziellen Gebilde des Soziologen dennoch Konstrukte zweiten Grades, d.h. Typisierungen der Typisierungen, die im Alltag Verwendung finden.[113] An der Disparatheit von Lebenswelt und Wissenschaft ändert der Vorgang der schrittweisen Ersetzung der Typen nichts. Und doch nennt Schütz die Grundlage dieser Trennung - die abgeschlossenen Sinnbereiche - "lediglich Titel für verschiedene Spannungen ein- und desselben Bewußtseins, und es ist das selbe Leben, das weltliche Leben in der ungebrochenen Einheit von der Geburt bis zum Tod, dem wir uns in verschiedenen Modifikationen zuwenden" (Schütz 1971a, S. 297). Die organisatorische Einheit - das Ich - umspannt als Klammer sowohl das Leben als auch das Denken - Adäquanz verbürgt sie jedoch nicht.

Zusammenfassung

Schütz' Vorschläge zum methodisch kontrollierten Handlungsverstehen gehen über das von Weber entwickelte methodologische Instrumentarium nicht hinaus. Beide Autoren setzen den Idealtypus

---

lers verwechselt werden darf. Im Unterschied zu den wissenschaftlichen Typen erfolgt die Bildung der alltagsweltlichen Konstrukte auf der Basis einer Synthese der Deutungsakte, die in der Umwelt konstruiert wurden. Das zeigt zum einen an, daß alles Fremdverstehen letztlich auf der Grundrelation des Wir fundiert; zum anderen aber auch, daß für Schütz die "Sinnkonstitution und die Typenbildung ... aufs engste untereinander verflochten sind" (Srubar 1979, S. 30).

[113] Ähnlich dazu auch meine früheren Ausführungen in Eickelpasch/Lehmann (1983, S. 54ff.).

des zweckrationalen Handelns als ein Instrument zur Deutung der sozialen Wirklichkeit ein, wohlwissend, daß das reale Handeln im Alltag sich dem methodisch in Anschlag gebrachten Rahmen nicht fügt. Der Unbeirrtheit, mit der sie an dem zweckrationalen Handlungsmodell aus Gründen der Wissenschaftlichkeit, Evidenz und größtmöglicher Klarheit festhalten, entspricht auf der Seite des zu erforschenden Objektes die sich in interaktiven Bezügen stets wieder aufs neue bewährende qualitative Rationalität des Alltagshandelns im Sinne von Verstehbarkeit, Kommunikabilität und intersubjektiver Faßlichkeit. Die Konstitution einer derartigen Basis-Rationalität, die selbst noch das zweckrationale Kalkül fundiert, besteht für Weber aus einer Mitstrukturierung des Alltagshandelns durch außeralltägliche Ideen. Das demonstrieren seine historisch gerichteten Analysen, die das Thema der gesellschaftlichen Modernisierung zum Inhalt haben. Dort erfolgreich erprobt, gerät das Konzept rationalen Handelns in der Alltagswelt jedoch in erhebliche Nöte, wenn es zu klären gilt, wie sich die qualitative Rationalität des alltäglichen Handelns unter den Bedingungen einer vollständig entzauberten Welt herstellt, für die das Außeralltägliche keine orientierungswirksame Rolle mehr spielt. In dem stahlharten Gehäuse, das Weber der Moderne attestiert, ist keine Platz mehr für alltagstranszendente Ideen, geschweige denn für charismatische Eruptionen, Erlösungs- und Erweckungsvorstellungen, die das Handeln in ihren Bann schlagen und nach ihrem Willen rationalisieren. Die wenigen Andeutungen, die Weber zu einer Art von Selbsttranszendenz in Form eines Glaubens an Rationalität und Berechenbarkeit macht, können das entstandene Problem nicht bewältigen. In eben diese Erklärungslücke stößt Schütz mit seinem phänomenologisch geschulten Ansatz vor. Den Blick konsequent auf die universalen Strukturen subjektiver Orientierung in der Welt gerichtet, zeigt er auf, daß das Alltagshandeln seine Ausrichtung an den alltäglichen Typisierungen findet. Mit ihnen verbindet sich eine Selbsttranszendenz, die das Handeln über seine Unmittelbarkeit hinaus verständlich macht. Weil sich für Schütz die Muster der Handlungsorientierung alltagsimmanent statt transzendent konstituieren, bereitet es ihm keinerlei Schwierigkeiten, rationales Handeln für die moderne, restlos entzauberte Welt voraussetzen zu können. Die Austreibung der Götter, Geister und Dämonen aus der Welt, ihre schonungslose Sachlichkeit ist für Schütz die Bedingung dafür, daß im Alltag rational gehandelt werden kann, insofern nämlich die Rationalisierung mit der Typisierung zusammenfällt. So könnte man denn auch von einer Art von Arbeitsteilung sprechen, die darin besteht, daß Weber für die vormodernen

Phasen der gesellschaftlichen Entwicklung ein passendes Modell zur Erklärung rationalen Handelns in der Alltagswelt zur Verfügung hält, während hingegen Schütz dies mit seinem Ansatz für die entzauberte Welt anbieten kann. Von einer derartigen Arbeitsteilung ausgehen heißt freilich ignorieren, daß es Schütz um eine Beschreibung der *universalen* Strukturen subjektiver Orientierung geht, die sich gegen jede Historisierung sperren.

Sein zentrales Konzept des Alltags ist von der Art, daß es in allen historischen Epochen Gültigkeit beansprucht und zwar unabhängig davon, welche Erschütterungen, Konvulsionen oder Eruptionen den Lauf der Geschichte begleitet haben. Alltag, so müßte man mit Schütz argumentieren, hat es zu allen Zeiten gegeben. Das sieht auch Weber durchaus so. Beide teilen außerdem die Ansicht, daß der Alltag mit einer Gravitationskraft ausgestattet ist, die Ausbrüche aus der Routineexistenz nur für eine bestimmte Zeitdauer erlaubt.

Der kardinale Unterschied, der den phänomenologisch inspirierten Schütz von dem Architekten der Verstehenden Soziologie trennt, liegt eindeutig in der von Schütz in Szene gesetzten Rehabilitierung der vorwissenschaftlichen Erfahrung. Mit diesem Unternehmen, das Weber so nicht möglich gewesen wäre, hat Schütz nicht nur den Alltag soziologiefähig gemacht, sondern vor allem die Basis für eine Begründung und Kritik sozialwissenschaftlicher Erkenntnisse geschaffen. Soweit es die von Weber erstellten methodologischen Imperative betrifft, hat Schütz jedoch davon keinerlei Gebrauch gemacht. Genau besehen wollte er nur der bessere verstehende Soziologe sein, er wollte das sozialwissenschaftliche Verfahren der Interpretation nicht revolutionieren, sondern fundieren. Dieses Unternehmen ist nicht frei von einer gewissen Aporie. Besteht doch in allen Arbeiten von Schütz "durchgängig eine letztlich unaufhebbare Spannung zwischen dem phänomenologisch verstandenen 'Postulat der subjektiven Interpretation' und den Objektivitätsforderungen, an denen Schütz mit Weber festhielt" (List 1983, S. 41). Erst die in den 60iger Jahren allmählich ins Rampenlicht der soziologischen Öffentlichkeit drängende neue Richtung der Soziologie - die Ethnomethodologie - hat auf der Basis von Schütz' konstitutiver Phänomenologie der natürlichen Einstellung das Verhältnis von Alltag und Wissenschaft einer radikalen Kritik unterzogen, die das Spannungsverhältnis von alltagsweltlicher und wissenschaftlicher Interpretation des Handelns aufhebt. An die Stelle der Gegensätzlichkeit von wissenschaftlicher und alltagsweltlicher Rationalität des Handelns setzen die

Ethnomethodologen einen Begriff von praktischer Rationalität, dessen Gültigkeit sie sowohl für den Bereich des Lebens als auch des Denkens reklamieren. Ziel der nachfolgenden Erörterungen wird es sein, diesem Begriff von praktischer Rationalität nachzuspüren und - wenn möglich - ihn zu den bisher diskutierten Konzepten in Beziehung zu setzen.

4.0 Der ethnomethodologische Beitrag zum Verständnis der Konstitution rationalen Handelns innerhalb der Alltagswelt

4.1 Der Problemansatz

Der Einsicht in die Notwendigkeit, daß eine verstehende Analyse (und nicht nur sie) sich Klarheit über ihren symbolisch vorstrukturierten Gegenstandsbereich verschaffen muß, bevor sie daran gehen kann, mit ihren ausgefeilten Techniken der Erkenntnisgewinnung das Objekt der Untersuchung aufzufassen, hat Schütz Konsequenzen folgen lassen.[114] Mittels der von ihm ins Leben gerufenen konstitutiven Phänomenologie der natürlichen Einstellung breitet er die universalen Strukturen subjektiver Orientierungen in der Welt aus. Er zeigt auf, daß das Alltagshandeln über eine ihm spezifische Rationalität verfügt und wie diese sich - im Gegensatz zur Ansicht Webers - innerhalb der Grenzen des Alltags konstituiert. O'Neill glaubt sogar Grund zu der Behauptung zu haben, daß wir Schütz den grundlegenden Versuch verdanken, "die Rationalität des Alltagslebens wiederherzustellen... (sowie) den Aufweis, daß diese Rationalität niemals durch das Paradigma wissenschaftlicher Rationalität ersetzt werden kann" (1978, S. 47). Nichtsdestoweniger aber trifft zu, daß Schütz aus methodologischen Erwägungen heraus es für notwendig gehalten hat, Alltagshandlungen am Leitfaden wissenschaftlicher Rationalität zu rekonstruieren und sie auf das

---

[114] Eventuell ließe sich hier die schon von Hegel gegen Kant eingewendete Kritik vorbringen, "man soll das Erkenntnisvermögen erkennen, ehe man erkennt" (1980, Bd. 3, S. 334). Die Beschreibung der Struktur vorwissenschaftlicher Erfahrung zielt jedoch auf etwas anderes, zumal sie sich nicht der Verstehenden Soziologie als ihrer Methode bedient.

Zweck-Mittel-Schema zu beziehen. Nur so glaubt er in Anlehnung an Weber, die Objektivität des Verstehens sicherstellen zu können.

Die Kontrastierung von alltagsweltlicher und wissenschaftlicher Rationalität ist innerhalb der Ethnomethodologie - dem jüngsten Ableger der phänomenologischen Bewegung - auf energischen Widerspruch gestoßen, und das, obwohl sie sich in vielerlei Belangen mit Schütz durchaus einer Meinung weiß. Einigkeit demonstrieren die Ethnomethodologen mit dem Begründer der Sozialphänomenologie, wenn sie ebenso wie er ihr Interesse an dem Wie der alltäglichen Wirklichkeitskonstitution bekunden. Die Aufgabe, der sie sich vor allem widmen, ist, herauszufinden, wie die Gesellschaftsmitglieder es bewerkstelligen, stets das Gefühl zu erzeugen, daß sie in einer geordneten, sinnhaften und vertrauten Welt leben. In phänomenologischen Terms ausgedrückt, geht es ihnen in gleicher Weise wie Schütz um die Erforschung des sinnhaften Aufbaus der sozialen Welt. Sicherlich aber wäre die Ethnomethodologie weit weniger originell, wenn sie nicht zugleich auch das von Parsons aufgeworfene Problem sozialer Ordnung in ihre Fragestellung mit einbezogen hätte.[115] Während Parsons davon ausgeht, "daß soziale Ordnung zumindest mancherorts und wie unvollständig auch immer, aber eben doch wahrnehmbar existiert, weshalb wir erklären müssen, wie dies möglich ist" (Münch 1982, S. 37), interessieren sich die Ethnomethodologen allerdings nur für die Herstellung eines *"sense of social structure"*. Erforscht werden soll, "how members of society go about the task of *seeing, describing*, and *axplaining* order in the world in which they live" (Zimmermann/Wieder 1970, S. 289). Im Unterschied zu Parsons interessieren sich die Ethnomethodologen also dafür, wie sich soziale Ordnung in den Köpfen der Gesellschaftsmitglieder realisiert. Das dabei einzig und allein der *Sinn* sozialer Ordnung zum Thema gemacht wird, dokumentiert den phänomenologischen Charakter der Ethnomethodologie. Bezeichnenderweise begreift sie es gerade als den entscheidenen Mangel der soziologischen Normalwissenschaft, daß diese es bislang versäumt hat, den in der Welt der natürlichen Einstellung anzutreffenden Konstitutionsleistungen nachzuspüren. Dies ist in der Sicht der

---

[115] Eberle vertritt die Meinung, daß der "revolutionäre Dreh" der Ethnomethodologie darin gesehen werden muß, daß sie "die konstitutive Phänomenologie der Lebenswelt soziologisch ... reinterpretiert und sie als Ansatz zur Erklärung der sozialen versteht" (1983, S. 468).

Phänomenologie ein Defizit, das die gesamte von Durkheim begründete Tradition sozialwissenschaftlicher Forschung begleitet.

Dem Namen - wenn auch vielleicht nicht unbedingt der Idee nach - war es Durkheim, der in seinen "Regeln der soziologischen Methode" die Devise ausgegeben hatte, soziale Tatsachen wie Dinge zu behandeln. Er lieferte damit die Grundlage für eine Reifikation des Untersuchungsgegenstandes, auf die sich bis heute alle objektivistisch eingestellten Sozialwissenschaften beziehen. Mit ihren diversen Methoden der Wirklichkeitserfassung verbinden sie die Erwartung, zu grundlegenden und vor allem höherwertigen Einsichten in das Leben der sozialen Akteure zu gelangen. Dabei zeigt sich nach Ansicht der Ethnomethodologen gerade dort, wo mit den oft raffiniertesten Techniken der Erkenntnisgewinnung die Erforschung der Sozialwelt betrieben wird, wie sehr ein solches Unterfangen einem ontologisierenden Wirklichkeitsverständnis aufsitzt, das die extrovertierten Apologeten der Meßbarkeit zutiefst mit dem Common-sense verbindet. Denn ebenso wie die in der Attitüde der natürlichen Einstellung Lebenden fraglos mit der Vorgegebenheit einer objektiven Welt rechnen, unterstellen die Anhänger des "social fact paradigma" die Existenz einer unabhängigen und objektiv beschreibbaren Welt. Ihr Einverständnis mit den Grundannahmen des Common sense demonstriert die "constructive analysis" jedoch nicht bloß dadurch, daß sie gemeinsam mit dem Mann auf der Straße die Realität für schlicht daseiend hält; nach Zimmermann und Pollner stellt sie es auch dadurch unter Beweis, daß sie sich der alltagsweltlichen Deutungen und Erklärungen umstandslos als Informationsquelle ihrer Untersuchungen bedient, obwohl es ihre eigentliche Aufgabe sein müßte, diese einer eigenständigen Analyse zuzuführen. Das, woran die etablierte Soziologie leidet, besteht in einer unzulässigen Vermengung des Untersuchungsgegenstandes ("topic") mit den Untersuchungsmitteln ("resource"):

> "We argue that the world of everyday life, while furnishing sociology with its favored topics of inquiry, is seldom a topic in its own right. Instead, the familiar, common-sense world, shared by the sociologist and his subjects alike, is employed as an unexplicated resource for contemporary sociological investigations. Sociological inquiry is addressed to phenomena recognized and described in common-sense ways..., while at the same time such common-sense recognitions and descriptions are pressed into service as fundamentally unquestioned resources for analyzing the phenomena thus made available for study. Thus, contemporary sociology is characterized by a confunding of topic and resource" (Zimmerman/Pollner 1970, S. 80f.).

Durch die Verwendung von alltagsweltlichen Ressourcen als undeklarierte Hilfsmittel der Untersuchung macht sich die objektivistische Soziologie der Verfehlung ihres Forschungsauftrages schuldig. Ironischerweise nimmt sie zugleich an der Herstellung der Ordnung der Dinge teil, deren Analyse sie vorgeblich betreibt. Das Unternehmen der traditionellen Soziologie erweist sich damit im Gegensatz zu dem mit ihm verbundenen Selbstverständnis als das praktische Räsonieren einer "folk discipline".

Die angezeigten Mängel lassen sich nach ethnomethodologischer Auffassung nicht dadurch beheben, daß man den stumpf gewordenen Glanz der vorhandenen methodischen Instrumentarien aufpoliert oder nach neuen Techniken sucht, die das reichhaltige Arsenal von Meßgeräten durchführen und die notwendige Beseitigung der Mängel auf unbestimmte Zeit vertagen. Die Befreiung der Soziologie aus ihrem Dasein einer "folk discipline" verlangt nach Ansicht der Ethnomethodologen "a radical departure from traditional sociological thinking" (Zimmerman/Wieder 1970, S. 295). Das "mundane Denken" (Pollner), dessen sich die professionellen Soziologen ebenso wie die Laien bedienen, muß selbst zum Thema soziologischer Forschung gemacht werden:

> "We propose to suspend conventional interest in the topics of member's practical investigations and urge the placing of exclusive emphasis on inquiry into practical investigations themselves, lay or professional. The topic then would consist not in the social order as ordinarily conceived, but rather in the ways in which members assemble particular scenes so as to provide for one another evidences of a social order als - ordinarily - conceived. Thus one would examine not the factual properties of status hierarchies, for example, but the *fact* of the factual properties of status hierarchies: one would ask how members provide for the *fact* that status hierarchies are factual features of the member's world. Similary, instead of treating statistical rates as representations of trends, processes and factual states of the society, one would ask how members manage to assemble those statistics, and how they use, read, and rely on those statistics as indications of the states of affaire they are taken to decipt" (Zimmerman/Pollner 1970, S. 83).

Gegenüber dem Objektivismus der herkömmlichen Soziologie insistieren die Ethnomethodologen darauf, durch einen radikalen Perspektivenwechsel die Herstellungsmechanismen sozialer Wirklichkeit in den Blick zu bringen. Der Umsetzung dieser Zielvorstellung dient die Ersetzung des ontologisierenden Wirklichkeitsverständnisses durch die Vorstellung, daß die Objektivität und Faktizität der Welt das Ergebnis eines "ongoing accomplishment of the concerted activities of daily life" (Garfinkel 1967, S. VII) ist. "Where others might see 'things', 'givens' or 'facts of life', the ethnomethodologist sees (or attempts to see) *process*", kommentiert Pollner (1974, S. 27) die forschungsstrategische Position der Ethnomethodologen, durch die der vorgebliche Tatsachencharakter der sozialen Realität auf die intentionalen Leistungen der Handelnden zurückgeführt wird.

Obwohl die Ethnomethodologen ihr Interesse an dem latenten Muster aller Sinn- und Wirklichkeitskonstitution bekunden und auch der Meinung sind, daß "die Gesellschaft ... jenseits der Sinnproduktion ihrer Mitglieder kein 'Ding' oder 'Objekt' für die Untersuchung (ist)" (Psathas 1979, S. 181), lassen sie sich auf keine irgendwie gearteten transzendentalen Analysen ein, von denen sich Schütz unter dem primären Einfluß Husserls wesensmäßige Einsichten in den sinnhaften Aufbau der sozialen Welt erhoffte. In polemischer Form hält Garfinkel der transzendentalen Vorgehensweise der Phänomenologie entgegen:

> "I shall exercise a theorist's preference and say that meaningfull events are entirely and exclusively events in a person's behavior environment, with this defined an accordance which Hallowell's usage. Hence there is no reason to look under the skull since nothing of interest is to be found there but brains. The 'skin' of the person will be left intact. Instead questions will confined to the operations that can be transformed upon events that there are 'scenic' to the person" (Garfinkel 1963, S. 190).

Die von der Phänomenologie im Bewußtseinsleben des einsamen Ich aufgespürten Sinnphänomene transformieren die Ethnomethodologen auf die gleichsam öffentlich angewendeten Methoden und Verfahren der intersubjektiven Sinnkonstitution herunter. Das Zentrum ihres Untersuchungsansatzes bilden die "concerted activities of daily life" (Garfinkel 1967, S. VII), d.h. die aufeinander abgestimmten praktischen Handlungen, deren sich die Gesellschaftsmitglieder zur Konstitution von Sinn bedienen. Durch diese Verlagerung der Sinnkonstitution auf die Ebene der alltagspraktischen Handlungsvollzüge tritt für die Ethnomethodologen erst gar nicht das phänomenologisch äußerst brisante und von Husserl ungelöste Problem auf, wie man vom einsamen Ich ausgehend zu einer Welt gemeinsamer Intentionalitäten gelangen kann. Die Konzentration auf die von Anbeginn an intersubjektiven Methoden der Sinnherstellung bedeutet freilich nicht, daß sich die Ethnomethodologen der von Schütz vertretenen Auffassung anschließen, daß, solange Menschen von Müttern geboren werden, Intersubjektivität und Wirbeziehung alle anderen Kategorien des Menschseins fundieren. Schütz' Position ist für die Ethnomethodologen nicht tragbar, weil sie Intersubjektivität in den Rang einer sozialen Tatsache - eines ontologischen Grundfundamentes aller sozialen Wirklichkeit - erhebt. Sie verstößt damit gegen das zentrale ethnomethodologische Postulat, daß jede Form der Reifikation sozialer Wirklichkeit zugunsten der Methoden der Herstellung eben dieser Wirklichkeit aufgegeben werden muß. Ebenso wie alle anderen sogenannten sozialen Tatsachen, lösen die Ethnomethodologen daher auch Intersubjektivität prozessual auf. "Intersubjectivity" - so formulieren Heap und Roth - "enters the ethnomethodological domain as the *sense* of intersubjectivity contingently accomplished by members' situated practices" (1973, S. 364).

Insofern die Ethnomethodologie auf jede transzendentale Analyse verzichtet und sich von Beginn an dem besonderen Wie der alltäglichen Wirklichkeitsherstellung innerhalb der relativ natürlichen Weltsicht zuwendet, gleicht ihr Untersuchungsprogramm in etwa demjenigen von Schütz' konstitutiver Phänomenologie der natürlichen Einstellung. Im Gegensatz zu einer rein eidetisch mundanen Wissenschaft (Schütz) scheuen die Ethnomethodologen bei ihren Recherchen allerdings nicht vor der Verwendung von empirischen Verfahren zurück. Relativ unbekümmert machen sie von experimentellen Designs Gebrauch, die sie in Abgrenzung zu den sogenannten "harten Methoden der Datengewinnung" jedoch nur als "Demonstrationsexperimente" verstanden wissen wollen. Die vereinzelt und nur zu heuristischen Zwecken eingesetzten Experimente sind sicherlich kein Indiz dafür, daß sich die Ethnomethodologie einem strengen Empirismus verschrieben hat. Nichtsdestoweniger aber deutet ihre Bereitschaft, derartige Forschungsmethoden überhaupt zuzulassen, darauf hin, daß sie in ihrer analytischen Mentalität mehr zu einer empirischen denn zu einer Wesenswissenschaft tendiert.[116] Zweifelsfrei jedenfalls ist, daß sie von einer bloßen We-

---

[116] Bergmann, der mit seiner Arbeit (1974) viel zur Rezeption der Ethnomethodologie in der westdeutschen Soziologie beigetragen hat, gelangt zu ähnlichen Überlegungen. Er schreibt: "Schütz selbst hat die Analyse der Konstitution der gesellschaftlichen Wirklichkeit in der vorwissenschaftlichen Erfahrung - vielleicht nicht rein philosophisch, so doch - in philosophischer Manier betrieben, d.h. an seinem Schreibtisch, in seinem Kopf, mit seinem Wissen, seiner Erinnerung und seiner Vorstellungskraft; seine persönliche Erfahrung war sozusagen seine einzige Empirie. Garfinkel dagegen hat sehr früh damit begonnen, anhand von Materialien (Krankenakten etc.), Tonband- und Videoaufzeichnungen sowie teilnehmenden Beobachtungen im Detail zu analysieren, auf welche Weise sich die gesellschaftliche Wirklichkeit im sozialen Handeln der Leute konstituiert" (1980, S. 38).

sensschau Abstand nimmt. Sie rückt damit von einem rein phänomenologischen Forschungsansatz ab, den Schütz zur Grundlage seiner Erkenntnisgewinnung machte. Zu dieser Differenz kommt hinzu, daß die Ethnomethodologie den Stellenwert ihres Forschungskonzeptes grundsätzlich anders als Schütz bewertet. Bei Schütz stehen die Analysen innerhalb der mundanen Sozialität gegenüber der Methodik des Verstehens in einem Verhältnis der Nachordnung. Primäres Ziel der konstitutiven Phänomenologie der natürlichen Einstellung ist es, den verstehenden Ansatz über seine Voraussetzungen und Möglichkeiten aufzuklären, so daß die Erfassung des subjektiv gemeinten Sinns nicht fehl gehen kann. Die mundanen Analysen wollen und können bei Schütz kein Ersatz für die methodisch angeleitete Erkenntnisgewinnung sein. Demgegenüber begreifen die Ethnomethodologen ihr Programm nicht als Prolegomena, denen eine spätere Hauptuntersuchung folgt. Alle ihre Bemühungen um die Beantwortung der Frage nach dem Wie der alltäglichen Wirklichkeitskonstitution sind nicht bloß Mittel zu einem Zweck, sondern Selbst-Zweck. Für die Ethnomethodologen ist Schütz gewissermaßen auf halbem Wege stehengeblieben, als er sein Projekt der Rehabilitierung vorwissenschaftlicher Erfahrung in Angriff nahm. Es bedarf ihrer Meinung nach keiner zusätzlichen Methodik, die im Nachgang abschöpft, was vorgängig ermittelt wurde, weil die Prinzipien der Wirklichkeits- und Sinnkonstitution für die Wissenschaftler dieselben wie für die Gesellschaftsmitglieder sind. Schließlich war gerade Schütz es, der auf strukturelle Gemeinsamkeiten zwischen Wissenschaft und Lebenswelt aufmerksam gemacht hat, indem er die Behauptung aufstellte, daß die "Sozialwissenschaften dieselbe Einstellung zur Sozialwelt haben wie der Beobachter der Mitwelt" (1974, S. 314). Diese Einsicht bleibt bei ihm in ihrer Tragweite ungenutzt. Nicht so bei den Ethnomethodologen. Sie nehmen den Gedanken auf und radikalisieren ihn dahingehend, daß die sorgsam gehütete Grenze zwischen Lebenswelt und Wissenschaft sich auflöst. Davon legt die Entszientifizierung des Methodenbegriffs Zeugnis ab.

Wissenschaft schließt normalerweise die Vorstellung mit ein, daß das Forschungshandeln nur dann erfolgreich sein kann, wenn es bestimmten, vorher genau festgelegten Regularien folgt.[117] Die

---

[117] Freilich gibt es dazu auch andere Auffassungen wie zum Beispiel die von Gadamer, dem es um Wahrheit und nicht um Methode geht. Vgl. dazu Gadamer (1960).

Normierung des szientifischen Sprachspiels geht auf die Festlegung einer Methode aus, die die Garantie dafür übernimmt, daß das Erkannte nicht in den Bereich der Beliebigkeit des Forschenden fällt. Methodisch generierte Erkenntnis setzt sich dem Anspruch der Nachprüfbarkeit und damit der Objektivität aus. Mit der gleichen Selbstverständlichkeit, mit der die Methode als Instrument des kontrollierten Wissenserwerbs definiert wird, setzen die Ethnomethodologen voraus, daß es sich bei den von den Alltagshandelnden zur Herstellung ihrer Wirklichkeit angewendeten Techniken und Verfahrensweisen um *praktische Methoden* handelt. Ethnomethodologie ist im prägnanten Sinne des Wortes der Versuch, eben diese Alltagsmethoden ausfindig zu machen, die als Tiefenstruktur der Handlungsvollzüge das operative Fundament der Sozialwelt bilden. Von den Ethnomethoden wird angenommen, daß sie weder zeit- noch situationsabhängig sind und allen Handelnden in gleichem Maße zur Verfügung stehen. Bei der Abwicklung ihrer alltäglichen Angelegenheiten verhalten sich Wissenschaftler wie Alltagsmenschen unterschiedslos als praktische Methodologen. Folglich kann Methodizität auch kein Diskriminationsmerkmal mehr sein, das die Erkenntnisse in wissenschaftliche und nichtwissenschaftliche unterteilt. Methodizität avanciert vielmehr zu einem gemeinsamen Fundament aller Handlungen und wird zur Klammer, die Wissenschaft und Lebenswelt zu einer Einheit verbindet.

Allerdings gleicht die Ethnomethodologie mehr einem Sammelbecken von verschiedenen Denkströmungen als einer einheitlichen Theorierichtung.[118] Seit ihren Anfängen hat sie ein verzweigtes System von theoretischen Stilen wie beispielsweise den der "Konversationsanalyse"[119] hervorgebracht, die unter Linguisten besser als unter Ethnomethodologen bekannt zu sein scheint. Besonders auffallend ist, daß Cicourel - einer der Urheber der Ethnomethodologie - schon frühzeitig einen Kurs der Theoriebildung steuerte, der auf die Profilierung eines eigenständigen Ansatzes hinausläuft. Hinsichtlich der im Begriff Ethnomethodologie programmatisch angelegten Nivellierung der Schranke zwischen Wissenschaft und Lebenswelt nimmt er einen anderen Standpunkt als beispielsweise Garfinkel ein. Ein - wenn auch relativ schwacher - Indikator dafür ist, daß er für sich eine

---

[118] Zur Entwicklung der Ethnomethodologie vgl. Mullins (1973, S. 255ff.) und Mullins (1973). Als Literaturbericht zu empfehlen ist Patzelt (1984).

[119] Vgl. hierzu auch List (1983, S. 32).

Umwidmung der Ethnomethodologie in "Cognitive Sociology" vorgenommen hat. Seine Schrift über "Methoden und Messungen in der Soziologie" zeigt, daß es ihm fernliegt, die Barriere zwischen Leben und Denken niederzureißen. Ihm geht es allein um die Optimierung soziologischer Erkenntnisarbeit, d.h. um die Beseitigung der Mängel und Probleme, die ihren Erfolg vereiteln. "In diesem Buch", so kündigt er in einer Einleitung zu seiner Arbeit an, "hoffe ich, die soziologische Forschung dadurch zu stärken, daß ich die Grundlagen von Methode und Messung in der Soziologie, insbesondere auf der Ebene des sozialen Prozesses, einer kritischen Prüfung unterziehe" (Cicourel 1974, S. 11). Anti-szientifische Polemik oder gar Wissenschaftsstürmerei sind Cicourel fremd. Bei ihm überwiegt der Wille zur Integration in die vorherrschende Wissenschaftstradition.

Ethnomethodologie im originären Sinne des Wortes ist die Sache Harold Garfinkels, ihres Erfinders und prominentesten Vertreters. Er ist es auch, der die von Schütz wie von Weber vollzogene Gegenüberstellung von alltagsweltlicher und wissenschaftlicher Rationalität attackiert und als ungerechtfertigt zurückweist. Im Brennpunkt der Auseinandersetzung steht nicht die Unterscheidung zwischen alltagsweltlicher und wissenschaftlicher Rationalität an sich, sondern der Versuch, die eine gegen die andere auszuspielen. Garfinkel folgt Schütz, indem auch er eine Liste mit verschiedenen Alltagsrationalitäten präsentiert, die er im einzelnen "categorizing and comparing", "tolerable error", "strategy", "concern for timing", "predictability", "rules of procedure", "choice" und "grounds of choice" nennt und sie von vier wissenschaftlichen Rationalitätsbedeutungen abgrenzt, die die Bezeichnung "compatibility of ends-means relationships with principies of formal logic", "semantic clarity and distinctness", "clarity and distinctness 'for its own sake'" und "compatibility of the definition of a situation with scientific knowledge" tragen. In Übereinstimmung mit Schütz führt Garfinkel sogar aus, "that the scientific rationalities, in fact, occur as stable properties of actions and as sanctionable ideals only in the case of actions governed by the attitude of scientific theorizing. By contrast, actions governed by the attitude of daily life are marked by the specific absence of these rationalities either as stable properties or as sanctionable ideals" (Garfinkel 1967, S. 270; Hvh.i.Orig.). Es wird also keineswegs in Abrede gestellt, daß zwischen der Rationalität des Alltags und der der Wissenschaft ein grundlegender Unterschied besteht. Ebensowenig wird bestritten, daß die alltagsweltliche Rationalität nicht an diejenige der Wissenschaft heranreicht. Aber gerade weil dem so ist, d.h., weil die Rationalitäten der natürlichen und theoretischen Einstellung inkompatibel sind, lehnt Garfinkel es ab, das wissenschaftliche Rationalitätsmodell dem alltäglichen Handeln normativ überzustülpen:

> "In a word, the model furnishes a way of stating the ways in which a person would act were he conceived to be acting as an ideal scientist. The question then follows: What accounts for the fact that actual persons do not match up, in fact rarely match up, even as scientists? In sum, the model of this rational man as a standard is used to furnish the basis of ironic comparison; and from this one gets the familar distinctions between rational, nonrational, irrational, and arational conduct" (Garfinkel 1967, S. 280).

Die hier geäußerte Kritik trifft Webers Methodologie ebenso wie diejenige von Schütz. Indem beide das Alltagshandeln an den Probierstein wissenschaftlicher Rationalität anlegen, um die Grade der Abweichung des realen von dem idealen Handlungsverlauf abschätzen zu können, machen sie sich die Methode des "ironischen Vergleichs" zu eigen. Die Herabwürdigung des Alltagshandelns zu einem eingeschränkt rationalen oder irrationalen Sichverhalten stuft mit der Äußerungsform der Handlungssubjekte diese selbst ein. Derjenige, der weder über ein hinreichendes Maß an Urteilsfähigkeit verfügt noch sein Handeln zielbewußt ausrichten kann, gibt zu erkennen, daß er ein "kognitiver Trottel" ist. Genauer gesagt wird er dazu von den Sozialwissenschaften gemacht:

> Social science theorists - most particularly social psychiatrists, social psychologists, anthropologists, and sociologists - have used the fact of standardization to conceive the character and consequences of actions that comply with standardized expectancies. Generally they have acknowledged but otherwise neglected the fact that by these same actions persons discover, create, and sustain this standardization. An important and prevalent consequence of this neglect is that of being misled about the nature and conditions of stable actions. This occurs by making out the member of the society to be a judgmental dope of a cultural or psychological sort, or both, with the result that the *unpublished* results of any accomplished study of the relationship between actions and standardized expectations will invariably contain enough incongruous material to invite essential revision" (Garfinkel 1967, S. 66f.).

Der Fehler der Sozialwissenschaften besteht darin, daß sie von ihrem Rationalitätsideal geblendet verkennen, daß die Rationalität des Alltagshandelns kein mißratenes Stiefkind des wissenschaftlichen Standards ist, noch danach strebt, diesem nachzueifern. Garfinkels Ansicht zufolge repräsentiert sie eine eigenständige Rationalitätsform, die Anspruch darauf hat, als solche Forschungsthema zu werden. Das spricht, wie bereits gesagt, nicht grundsätzlich gegen ein wissenschaftliches Rationalitätsmodell, wohl aber dagegen, es als Sondierungsvehikel zur Grundlage eines Abstandmeßverfahrens zu machen. "To be sure a *model* of rationality is necessary, but only for the task of deciding a definition of credible knowledge and then *only but unavoidably for scientific theorizing*", schreibt Garfinkel und fügt hinzu: *"It is not necessary and it is avoidable in theorizing activities employed in coming to terms with the affairs of everyday life"* (1967, S. 280). Die Ethnomethodologie, so wie Garfinkel sie sieht, begreift sich selbst als den Versuch, die Konstitution rationalen Handelns in der Alltagswelt zu erforschen. Dieses Erkenntnisinteresse wird sogleich eingehender zu ergründen sein.

4.2 Rationalität als Merkmal alltagspraktischer Handlungen

Die Rekonstruktion alltagsweltlicher Handlungen am Leitmodell wissenschaftlicher Rationalität lehnt Garfinkel als ein ineffektives und untaugliches Verfahren ab, weil es seiner Meinung nach dem realen Handeln eine Norm aufzwingt, der es in keiner Weise genügen kann und auch nicht genügen will. Er hält der von Weber und Schütz propagierten Methode der Abstandsmessung vor, daß sie zu Lasten des Handelns in der natürlichen Einstellung einen "ironischen Vergleich" inszeniert, der die Handelnden zu "kognitiven Trotteln" degradiert. Gegen eine weitere Diskreditierung des Alltagshandelns und seines Urhebers tritt Garfinkel für eine Ablösung von Rationalität als methodisches Interpretament von Handlungen ein und plädiert dafür, Rationalität als ein empirisch feststellbares Merkmal aufzufassen:

> "Instead of the properties of rationality being treated as a methodological principle for interpreting activity, they are to be treated only as a empirically problematical material. they would have the status only of data and would have to be accounted for in the same way that the more familiar properties of conduct are accounted for" (Garfinkel 1967, S. 282; Hvh.i.Orig.).

Der alternativen Sichtweise, für die Garfinkel hier wirbt, liegt unübersehbar der engagierte Versuch einer Rehabilitierung der alltäglichen Handlungsrationalität zugrunde. Dieses Engagement will jedoch richtig verstanden sein. Garfinkel geht es keineswegs darum, eine falsche Bewertung der einen wie der anderen Rationalität durch eine richtige zu ersetzen. Er lehnt jedes Anbringen von Korrekturen von vornherein ab und übt sich in der Urteilsenthaltung gegenüber allen Sinn- und Wirklichkeitskonstruktionen, gleichgültig, ob sie vom Wissenschaftler oder vom Alltagsmenschen ersonnen wurden. Diese "ethnomethodologische Indifferenz" folgt unmittelbar aus der Auffassung, daß es eine objektive Beschreibung der Wirklichkeit nicht gibt. "Realitäten sind immer Realitäten, die im Werden begriffen sind" (Mehan/Wood 1976, S. 60). Sie entziehen sich damit einer objektiven Feststellung und Festsetzung, die die Voraussetzung für eine Unterscheidung zwischen Sein und Schein, Wahrheit und Falschheit und wohl auch für die Beurteilung der Adäquanz, dem Grad und das Maß der Rationalität des Handelns wäre. Die Indifferenz hat allerdings auch eine forschungsstrategische Komponente. Sie soll Garfinkel davor bewahren, in den Objektivismus des Alltagsdenkens zu verfallen und damit den Fehler zu wiederholen, den er an den herkömmlichen Sozialwissenschaften kritisiert. Dadurch, daß er alle Existentialurteile ausschaltet und mit ihnen die Geltungsfragen nach Wahrheit, Richtigkeit etc. unterdrückt, hofft Garfinkel - in ähnlicher Weise wie Husserl durch den Vollzug seiner Epoché - zwar nicht das Reich der transzendentalen Tatsachen, wohl aber das der mundanen Herstellungsmechanismen der sozialen Wirklichkeit freizulegen.

Wenn Garfinkel es also ablehnt, im Konzert mit den konventionellen Sozialwissenschaften dequalifikatorische Urteile über die Rationalität des Alltagshandelns abzugeben, so folgt er damit nur konsequent den Maximen seines Forschungsansatzes. Sie gebieten ihm, statt durch Vergleich und Abstandsmessung den Grad der Rationalität des faktischen Handelns zu ermitteln, der Frage nachzugehen, wie es die Gesellschaftsmitglieder schaffen, ihren Handlungen das Merkmal der Rationalität zu verleihen. Mit dieser Fragestellung wirft Garfinkel das Problem der Konstitution rationalen Handelns innerhalb der Alltagswelt auf, das als Leitmotiv bereits an die Ansätze von Weber und Schütz herangetragen wurde. Ging Weber insbesondere in seinen historischen Analysen davon aus, daß das alltägliche Handeln durch außeralltägliche Ideen mitgestaltet wird und hielt Schütz dem entgegen, daß das Alltagshandeln seine Ausrichtung an dem System von alltäglichen Typisierungen erfährt, so erklärt Garfinkel die gesamte Konstitutionsproblematik des rationalen Handelns zu einer Angelegenheit der Ethnomethoden:

"I use the term *ethnomethodology* to refer to various policies, methods, results, risks and lunacies with which to locate and accomplish the study of the rational properties of practical actions as contingent ongoing accomplishments of organized artful practices of everyday life" (Garfinkel 1972, S. 309).

Die im Begriff Ethnomethodologie zum Forschungsgegenstand erhobenen Alltagsmethoden sind als Mechanismen jeglicher Sinn- und Wirklichkeitskonstitution der Stoff, aus dem die Rationalität des Alltagshandelns gemacht ist. Das bedeutet, daß die Rationalität des alltäglichen Handelns das Ergebnis einer methodischen Hervorbringung repräsentiert und also durch den ständigen Einsatz von Methoden erzeugt wird. Rationalität meint insofern eine methodisch generierte Rationalität. Sie haftet den Handlungen jedoch nicht als eine invariante Eigenschaft an. Die von Garfinkel betriebene Auflösung der Struktur- in eine Prozeßwirklichkeit zwingt vielmehr zu der Einsicht, daß die Alltagshandelnden unablässig darum bemüht sind, sich selbst und anderen die Rationalität ihrer Handlungen aufzuzeigen und für praktische Zwecke festzustellen. Rational bedeutet für Garfinkel deshalb auch stets "rational-for-all-practical-purposes" bzw. "true-for-all-practical-purposes". Er deutet damit an, daß es den Alltagshandelnden um die Herstellung von sogenannten "Situationswahrheiten" im Sinne von Husserl und nicht etwa um jene Objektivität geht, nach der Wissenschaft strebt.

Ein zentraler Stellenwert bei der Herstellung der Situationswahrheiten, d.h. bei der Erzeugung des rationalen Handelns, kommt den "accounts" zu. Sie werden nachfolgend in ihrer Bedeutung zu entschlüsseln sein.

4.3 Die Darstellbarkeit praktischer Handlungen

Garfinkel ist, wie wir sahen, davon überzeugt, daß das rationale Handeln innerhalb der Alltagswelt eine Vollzugsleistung vorstellt und folglich in einem prozessualen Ablauf kontinuierlich hervorgebracht wird. Er nimmt an, daß die Alltagshandelnden immer und überall darum bemüht sind, das Verhalten, das sie bei der Abwicklung ihrer alltäglichen Angelegenheiten an den Tag legen, mit dem Merkmal der Rationalität auszustatten. Bei ihren Bemühungen um die Rationalisierung des Alltagshandelns machen laut Garfinkel die Gesellschaftsmitglieder von sogenannten "accounting practices" Gebrauch. Hierbei handelt es sich um eine ganze Anzahl miteinander verwandter Techniken und Verfahren (eine "family of practices"), denen gemeinsam ist, daß sie die Rationalität des Handelns im Vollzug hervorbringen. Schon der Akt, in dem sich das Handeln realisiert, vollzieht sich als Versuch, eben dieses Handeln "accountable" zu machen. "Accounts" oder - im technischen Sinne das Verfahren des "accounting" - sind demnach die Schlüsselvariablen im Begriffssystem der Ethnomethodologie, über die sich das Verständnis rationalen Handelns innerhalb der Alltagswelt erschließt. Doch leider hat Garfinkel nirgends eine Präzisierung seines Begriffs vorgenommen,[120] so daß dessen Bedeutung nur rekonstruktiv ermittelt werden kann.

In der deutschsprachigen Literatur werden accounts zumeist durch die Synonyme Berichte, Kommentare, Rechtfertigungen, Erklärungen, Bemerkungen und Hinweise wiedergegeben.[121] Die Uneinheitlichkeit der Übersetzungen ist ein deutliches Indiz für die Schwierigkeit, dem Begriff eine klar umrissene Definition zu geben. Diese Aufgabe wird auch dadurch nicht wesentlich erleichtert, daß einige Ethnomethodologen zu Umschreibungen greifen, die ihrerseits wiederum "accounting practices" darstellen. Die Ethnomethodologen scheinen darauf zu vertrauen, daß auch die Bedeutung des "account"-Konzepts erst im Vollzug seiner Verwendung transparent wird. Bei Zimmerman und Wieder trifft man auf den Ausdruck "Geschichten", den sie an die Stelle der Bezeichnung accounts setzen. In einem von ihnen konstruierten Bericht, den ein interplanetarischer Soziologe nach Abschluß seiner Forschungsreise über die Erdenbewohner anfertigen würde, heißt es beispielsweise:

> "Jede soziale Gruppe von Erdmenschen ist dadurch charakterisiert, daß ihre Mitglieder fast ohne Unterlaß damit beschäftigt scheinen, sich selbst zu beschreiben und zu erklären. Praktisch alle Erdenmenschen können solche Geschichten erzählen ... . Es sind Geschichten *über* die Gesellschaft und Ereignisse *in* ihr. Sie organisieren und vervollständigen zugleich die Eigenschaften der Gesellschaft und der Ereignisse, die sie wiedergeben" (Wieder/Zimmerman 1976, S. 105f.).

Zu einer Paraphrasierung greift auch Leiter, der im Anschluß an Wieder und Zimmerman in den "accounts" eine Art von

---

[120] In diese Klage stimmen u.a. auch Weingarten und Sack ein, die schreiben: "Wir haben es bisher vermieden, den alle ethnomethodologische Literatur beherrschenden Terminus 'Darstellungen' (der im Englischen (accounts) noch etwas technischer klingt) zu verwenden. Weder im Englischen noch in der hier gewählten Übersetzung faßt es präzise das, was gemeint ist" (1976, S. 17).

[121] Vgl. hierzu etwa List (1983, S. 59), Buba (1980, S. 81) und Sack/Schenkein (1976, S. 17).

"Miniethnographien" sieht. Sie in dieser Weise aufzufassen, scheint ihm deshalb gerechtfertigt, weil die "accounts" und die Miniethnographien "share similar topics (what people do and why they behave the way they do) and are constructed using the same methods of interpretation" (Leiter 1980, S. 161). Von Scott und Lyman stammt dagegen der Vorschlag einer Festlegung der "accounts" auf die kommunikativen Akte der Entschuldigung und Rechtfertigung. Beide Sprechtypen sind ihrer Meinung nach "sozial gebilligte Vokabulare, die eine Handlung neutralisieren, wenn eines von beiden oder beides in Frage gestellt werden" (Scott/Lyman 1976, S. 73). Ein "account" würde demnach dann abgegeben, wenn ein unpassendes oder fehlerhaftes Verhalten der Korrektur resp. der Legitimierung bedarf. Bergmann hat diese Version des "account"-Begriffs einer kritischen Prüfung unterzogen. Das Ergebnis seiner Untersuchung lautet, daß Lymans und Scotts Interpretation unter dem Mangel einer rein sprechakttheoretischen und damit viel zu einseitigen Begriffsauffassung leidet, die der von Garfinkel beanspruchten Bedeutung seines Ausdrucks nicht gerecht wird. Anstatt nur Entschuldigungen und Rechtfertigungen zu bezeichnen, "umfaßt der ethnomethodologische 'account'-Begriff all jene sprachlichen Handlungen, die - gleichgültig in welche Satzform sie gekleidet sind und zu welchen kommunikativen Zwecken sie im einzelnen produziert wurden - in der sozialen Welt realisiert die Ordnung der sozialen Welt beschreiben und sichtbar machen" (Bergmann 1974, S. 87). Da Lyman und Scott der offenkundigen Bandbreite des Begriffs nicht gerecht werden, zieht Bergmann es vor, ihn durch die Bezeichnung *praktische Erklärung* wiederzugeben.[122] Bergmann weist jedoch auch darauf hin, daß das von ihm vorgeschlagene Synonym nicht von unerwünschten Konnotationen frei ist, die sich aus der Präokkupation des Erklärungsbegriffs durch das deduktivnomologische Wissenschaftsmodell ergeben. Trotzdem scheint seine Option für den Begriff "praktische Erklärungen" von

---

[122] Vgl. hierzu die Übersetzung von Scott und Lymann durch Degenhart und Schröter. Degenhart und Schröter merken an: "Der Terminus 'Verantwortung' legt unserer Ansicht nach eine zu starke Interpretation dessen nahe, was dieser Analyse zufolge geschieht, wenn Handelnde 'accounts' geben oder akzeptieren bzw. zurückweisen. Der Terminus '*praktische Erklärungen*' soll eine solche Interpretation vermeiden, wobei durch das Attribut '*praktisch*' hervorgehoben werden soll, daß hier nicht wissenschaftliche Kausalerklärungen oder Erklärungen mit einem ähnlichen Erkenntnisanspruch gemeint sind" (ed. Notiz in Scott/Lymann 1976, S. 106).

allen Umschreibungs- und Übersetzungsmöglichkeiten diejenige zu sein, die mit Garfinkels Intentionen am allerbesten harmoniert.

Wer eine Erklärung abgibt, bedient sich dabei in aller Regel der Sprache als Ausdrucksmittel. Es ist deshalb durchaus verständlich, daß einige Autoren die accounts mit den verbalen Akten des Darstellens gleichsetzen und und die Behauptung vortragen, daß "*accounts*, in turn, are any intentional communication between two ore more people that covertly or throught practical analysis reveal features of a setting and serve the pragmatic interests of the participants" (Leiter 1980, S. 162). Vollzieht man den Schritt der Identifikation der Erklärungen mit sprachlichen Erklärungen mit, dann muß auch Garfinkels These, daß die Handelnden ihre Handlungen vermöge der "accounts" rational machen, mit Stephan Wolff so interpretiert werden, daß die den Handlungen verliehene Rationalität von deren "sprachlicher Darstellbarkeit" abhängt (1976, S. 143).[123] Häufig genug finden sich in Garfinkels Texten an Stelle des Ausdrucks "accountable" Formulierungen wie etwa "telling", "storyable", "reportable" u.ä.. Als Formen des verbalen Ausdrucks scheinen sie allesamt die Richtigkeit von Wolffs Auffassung zu bestätigen. Dagegen hat allerdings Attewell darauf aufmerksam gemacht, daß der Begriff account eine Doppelbedeutung impliziert, durch deren Verwendung Garfinkel die Darstellungen keineswegs auf die rein verbalen Akte reduziert:

> "Garfinkel uses the nuances of English to express this equivalence between making sense of something and explaining that sense. The word 'account' carries this equivalence; to account for something is both to make understandable and to express that understanding" (1974, S. 183).

"Accounts" umfassen folglich alle Formen sinnhafter Erlebnisverarbeitung. Das fängt bei der perzeptiven Erfassung und Verarbeitung von optischen oder akustischen Reizen an und reicht bis zu den Synthetisierungsleistungen der Beschreibung, Darstellung und Erklärung. Die rein sprachlichen Erklärungen sind definitiv nur ein Teil des Gesamtrepertoirs, das der "account"-Begriff umfaßt, so daß die Rationalität des Alltagshandelns unter anderem - aber nicht ausschließlich - von der sprachlichen Darstellbarkeit abhängt. In Anbe-

---

[123] So argumentiert auch Buba. Er erklärt: "Das Hervorbringen objektiver Umwelt und die objektive Entfaltung von Routinehandlungen des Alltags basiert denn auch auf der sprachlichen Darstellung und Erklärung" (1980, S. 81).

tracht der vielfältigen Formen sinnhafter Erlebnisverarbeitung, die der "account"-Begriff involviert, stellt sich allerdings die Frage nach einem einigenden Prinzip, das die einzelnen Formen miteinander verbindet. Mit Leiter kann es darin gesehen werden, daß "to construct an account is to make an object or event (past or present) observable and understandable (*accountable* in Garfinkel's terms) to oneself or to someone else. To make an object or event observable and understandable is to endow it with the status of an intersubjective object" (1980, S. 162). Das, was alle "accounts" miteinander verbindet also ist, daß sie den Gegenstand, auf den sie sich beziehen, verstehbar und intersubjektiv faßlich machen. Diese Erzeugung von Intersubjektivität und Verstehbarkeit bedeutet, daß die "accounts" in ihrer Anwendung auf die Herstellung der qualitativen Rationalität abzielen, die auf einer elementaren Sinnbezogenheit gründet. Die "accounts" in den verschiedenen Formen der Erlebnisverarbeitung sind demnach gewissermaßen das Vehikel, durch das nach ethnomethodologischem Verständnis innerhalb der Welt des Alltags Rationalität im Sinne von Verstehbarkeit und Kommunikabilität möglich wird.

Wenn Garfinkel davon spricht, daß die Alltagshandelnden fortlaufend darum bemüht sind, ihre Handlungen "accountable" zu machen, so wird das nunmehr als der Versuch erkennbar, die Verhaltensäußerungen verstehbar und erklärbar zu machen. Garfinkels Forschungsinteresse gilt der Frage, auf welche Weise dies den Handelnden gelingt. Dabei legt er das Schwergewicht seiner Recherchen auf den performativen Charakter der "accounts", d.h. auf ihre Herstellung im Prozeß der Handlungsrealisierung, wie das übrigens auch Attwell mit seiner Äußerung belegt, daß "a large part of ethnomethodology become the study of how members build accounts of social action, while doing that action" (1974, S. 182). Mit anderen Worten gesagt: es kommt Garfinkel darauf an, verstehbar und erklärbar zu machen, wie die Alltagshandelnden ihre Handlungen verstehbar und erklärbar machen. Er greift damit offenbar das Thema der Rationalisierung des Handelns auf, dem sich sowohl Weber als auch Schütz in ihren Arbeiten gewidmet haben. Ihren Erkenntnissen, daß die Rationalisierung einen historischen Transformationsprozeß bzw. eine fortschreitende Typisierung beschreibt, schließt Garfinkel sich nicht an. Seiner Meinung nach besteht die Herstellung der Rationalität des Handelns einzig und allein in der Anwendung alltagsweltlicher Methoden der Handlungsrealisierung. Garfinkel betrachtet es gerade als die zentrale Devise seiner ethnomethodologischen Studien, "that the activities whereby members produce and manage settings of organized everyday affairs are identical with members' procedures for making those settings 'account-able'" (1967, S. 1). Er bringt damit zum Ausdruck, daß für ihn eine unauflösliche Identität zwischen den Mechanismen der Handlungsrealisierung und denen der Handlungsintelligibiliseirung besteht. Das drückt sich besonders in seiner paradox klingenden Formel aus, derzufolge Alltagshandlungen Methoden zur sinnhaften Interpretation eben dieser Handlungen sind. Es wäre daher grundsätzlich falsch anzunehmen, daß nach Garfinkels Ansicht die Alltagshandelnden erst handeln und im Anschluß daran - also post hoc - ihren Handlungen Rationalität verleihen. Beide Prozesse, d.h. zu handeln und eine Handlung rational zu machen, sind zwei Seiten ein und desselben Vorgangs. Die Rationalität des Handelns ist das Korrelat des Handlungsvollzuges.

Die Ansicht Garfinkels, daß die Methoden der Handlungsrealisierung mit denen der Handlungsrationalisierung zusammenfallen, wird von einigen Interpreten als ethnomethodologisches *Identitäts*- bzw. *Reflexivitäts*theorem rezipiert, das sich mit Schütz' These einer von Anbeginn typisiert erfahrenen Welt verbindet. Als Vertreter dieser Auffassung ist neben Bergmann (1974) u.a. auch Eickelpasch hervorgetreten. Er schreibt:

> "In Entsprechung zu Schütz' Behauptung, daß die Alltagswelt eine 'von vornherein' typisierte Welt ist, daß also die Welt in den und durch die typisierenden Akte der Mitglieder einer Gesellschaft entsteht, gehen die Ethnomethodologen davon aus, daß die Alltagshandelnden im Prozeß der sozialen Interaktion ihre Handlungen immer schon interpretieren und intelligibilisieren, d.h. sich selbst und anderen verstehbar und erklärbar (accountable) machen" (1983, S. 82).

Die Einsicht in die durchgängige Vorinterpretiertheit der Erfahrungen veranlaßt Garfinkel jedoch nicht wie Schütz anzunehmen, daß das Handeln innerhalb der Alltagswelt ein Handeln im Rahmen von typischen Konstruktionen ist und daß gerade darin dessen Rationalität besteht. Für Garfinkel machen zwar die Handelnden ihre Handlungen rational. Doch kann von dem Bestreben um die Herstellung der Rationalität nicht ohne weiteres auf deren Faktizität geschlossen werden. Das ist ebenso logisch zwingend wie die Differenzierung zwischen der Zubereitung und dem Verzehr - also dem Eßbarmachen und dem Essen - eines Küchengerichts.[124] Die von den All-

---

[124] Zu dem Vergleich siehe Bergmann (1974, S. 93).

tagshandelnden abgegebenen praktischen Erklärungen machen die Handlung nur potentiell verstehbar und erklärbar - "*account-able*", wie Garfinkel sagt. Es werden lediglich Umrisse einer praktischen Erklärung vorgegeben, aus denen die Rezipienten mit Hilfe ihrer Methoden eine vollständige Erklärung erst noch anzufertigen haben. Eine praktische Erklärung ist deshalb auch, wie Bergmann schreibt, "immer nur das Versprechen einer Erklärung - ein Versprechen allerdings, das der Adressat, auch wenn er Zweifel hat und Kritik äußert, dem Urheber zunächst abnimmt, und das der Urheber, auch wenn er Zweifel und Kritik zu hören bekommt, zunächst immer als akzeptiert unterstellt" (1974, S. 93). So verharrt also die Rationalität des Handelns im eigentümlichen Stadium einer bloß virtuellen Rationalität. Sie gilt, mit einem Wort von Schütz, immer nur "bis auf weiteres". Damit deutet sich bereits an, daß Garfinkel einer Position zuneigt, die in der Nähe einer "Doktrin soziologischer Relativität" liegt (List 1983, S. 54). Sie erhält ihre konkrete Gestalt allerdings erst durch die Bezugnahme auf das Konzept der "Indexikalität", das Garfinkel der Linguistik entlehnt.

4.3.1 Die Kontextabhängigkeit alltagspraktischer Darstellungen und das Problem situativer Transzendenz

Das Alltagshandeln wird nach Garfinkel von seinen gesellschaftlichen Urhebern bereits in der Phase seiner Konstitution und nicht erst im Anschluß an den Handlungsvollzug rational, d.h. verstehbar, kommunikabel und intersubjektiv faßlich gemacht. "To do interaction is to tell interaction" beschreibt Attewell (1974, S. 1983) diese konstitutive Gleichzeitigkeit von Handlungsrealisierung und Handlungsrationalisierung. Die Rationalität, die das Handeln im Zuge seiner Genese erlangt, bezieht es aus den praktischen Erklärungen, den "accounts". Von ihnen heißt es bei Garfinkel, daß sie sich durch das besondere Merkmal einer "wesensmäßigen Indexikalität" auszeichnen. Es gibt für ihn schlicht kein "account", das nicht indexikal wäre. Ausnahmslos alle praktischen Erklärungen, gleichgültig wie auch immer sie gebraucht werden, weisen seiner Meinung nach das Merkmal der Indexikalität auf.

Den Begriff der Indexikalität hat Garfinkel den Arbeiten von Bar-Hillel entnommen. Ursprünglich geht er jedoch auf Charles Pierce zurück, der mit ihm ein altbekanntes sprachliches Phänomen einkleidet, das Philosophen, Logiker und Sprachforscher aller Schattierungen beschäftigt hat. Es handelt sich dabei um die bereits in der Antike gemachte Entdeckung, daß es eine Unzahl von sprachlichen Zeichen und Ausdrücken gibt, deren Referenzobjekt, Wahrheitswert und Sinngehalt nur aus dem Kontext heraus erschlossen werden kann, in dem sie produziert worden sind.[125] Eindeutig indexikalen Charakter haben alle deiktischen Elemente der Sprache (die Linguistik rechnet dazu die adverbialen Ausdrücke des Ortes, die Demonstrativ-, die Possessiv- und Personalpronomina wie auch die bestimmten Artikel) und die Sätze, in denen sie vorkommen. Aber selbst bestimmte Satztypen, die keine situationsabhängigen Referenzmittel wie "ich", "du", "hier", "dieser", "jetzt" usw. enthalten, können indexikal sein. Ein illustrative Beispiel dafür wäre etwa die Aufforderung: "Hol' Bier".[126] Ohne den pragmatischen Bezug der Redesituation zu kennen, bleibt im Dunkeln, an wen sich der Befehl richtet, welches Bier (das im Kasten, das an der Theke oder wo auch immer) herbeigeholt werden soll, welche Sorte des gewünschten Bieres gemeint ist etc.. Das ändert sich jedoch sofort, wenn man den Befehl als Teil einer Bauarbeiterszene begreift, in der der ältere Arbeitskollege den Auszubildenden dazu auffordert, von einem nahegelegenen Kiosk das begehrte alkoholische Getränk für die bevorstehende Frühstückspause herbeizuschaffen.[127]

Das angeführte Bauarbeiterbeispiel nimmt auf eine ganz alltägliche Situation Bezug, die als Klischee nahezu jedem vertraut sein dürfte. Situationen dieser Art erlauben die Entschlüsselung einer in ihr getanen indexikalen Äußerung, wenn wir etwas wissen "über die Lebensgeschichte und die Absichten des Benutzers des Gelegenheitsausdrucks, über die situativen und textlichen Umstände

---

[125] Neben der Bezeichnung indexikale Ausdrücke werden ebenso verwendet die Begriffe: "egozentric particulars" (Russel), "tokenreflexive words" (Reichenbach), "okkassionelle Ausdrücke" (Husserl) und "indicators" (Goodman).

[126] Ein ähnliches Beispiel verwendet Habermas (1981, Bd. 2, s. 187). Er benutzt es in seiner Theorie des kommunkativen Handelns dazu, um auf die Dimension der Lebenswelt aufmerksam zu machen.

[127] Ein Beispiel für die Kontextabhängigkeit sprachlicher Äußerungen, das besonders für Kineasten interessant sein dürfte, geben Wilson und Zimmerman:
"Think here of the film in which the dying Citizen Kane utters the word 'rosebud'. Only when the screen flashes on the boy Kane's sled - abondoned when he was taken from his cherished home at an early age - do we see that 'Rosebud' is the name of the sled, and are thereby provided with a context for apprehending the sense and the poignancy of his dying word" (1979/80, S. 57f.).
Mit Wittgenstein könnte man sagen: "Ein Ausdruck hat nur im Strom des Lebens Bedeutung".

der Äußerung, über den vorangehenden Gesprächsverlauf oder über die besondere tatsächliche oder potentielle Interaktionsbeziehung, die zwischen dem Sprecher und dem Hörer besteht" (Garfinkel 1973, s. 203). Im Vergleich dazu hatte Schütz die Situation als segmenthaften Ausschnitt des lebensweltlichen Universums beschrieben, den er die Welt des Wirkens nennt. Sie wird durch das leibgebundene Koordinatensystem der unmittelbaren Reichweite und ihre stets biographische Artikulation bestimmt. Gerade in dem letztgenannten Aspekt scheint zwischen Garfinkel und Schütz Übereinstimmung zu herrschen. Eventuell ließe sich mit Schütz sogar sagen, daß das Besondere einer indexikalen Äußerung darin besteht, daß sie den Index des konkreten und instantanen Jetzt-Hier-So trägt, der den Sinn zu einem partikularen Sinn macht.

Die "accounts" - so zeigt sich nunmehr - dienen einerseits dazu, das Handeln in Situationen rational, d.h. kommunikabel und intersubjektiv faßlich zu machen. Anderseits aber hängt ihre eigene Verstehbarkeit von dem Produktionskontext ab. Wie Elisabeth List schreibt, sind die "accounts selbst situiert und deshalb ihrerseits nicht frei von den Merkmalen linguistischer 'Unschärfe' wie Vagheit und Indexikalität..." (1983, S. 63). Diese Ambiguität sprachlicher Äußerungen gleicht in ihrer Art einem Vexierbild, das je nach Lage ein anderes Gesicht zeigt. Während nämlich die Vagheit indexikaler Ausdrücke sich für die Zwecke der Alltagskommunikation als durchaus nützlich erweist (denn trotz aller linguistischen Unschärfe kann man sich mit ihrer Hilfe schnell und problemlos über etwas verständigen), wird sie überall dort zum Problem, wo es um die Formulierung kontextfreier Aussagen geht. Das ist beispielsweise bei allen Idealsprachen der Fall. Für sie schlagen die indexikalen Ausdrücke als permanentes Ärgernis zu Buche, indem sie immer neue definitorische Anstrengungen erzwingen, um zu klaren und eindeutigen Aussagen zu gelangen. Ähnlich ergeht es allen exakt verfahrenden Wissenschaften. Ihr Ideal einer objektiven Erkenntnis verträgt keine Kontamination der Sprache mit Gelegenheitsausdrücken, die sie auf bestimmte Koordinaten in Raum und Zeit festlegen würden. Um zu intersubjektiv gültigen Aussagen zu gelangen, schreiten die Vertreter eines Modells exakter Wissenschaft daher zu einer gründlichen Säuberungsaktion, bei der die Gelegenheitsausdrücke eliminiert und durch objektive Ausdrücke ersetzt werden. Diese Entindexikalisierungs- oder "Heilungsversuche" - wie Garfinkel sagt - sind seiner Meinung nach Gegenstand der diversen wissenschaftlichen Methodologien:

"Features of indexical expressions have motivated among professionals endless methodological studies directed to their remedy. Indeed, the work by practioners to rid the practices of a science, of *any* science, of these nuisance, because, and in the ways such work occurs in all science, furnishes each science its distinctive character of preoccupation and productivity with methodological issues" (Garfinkel/Sacks 1970, S. 349).

Die Entindexikalisierungsbemühungen gleichen in ihrer Struktur dem von Schütz beschriebenen Kontext der Unterdrückung der Indizes, auf dem seiner Überzeugung nach jede Typisierung beruht.[128] Zwar läßt sich nach Schütz der Vorgang der Typisierung bis auf die Ebene des vorprädikativen Bewußtseins zurückverfolgen, während hingegen Garfinkel die Eliminierung der indexikalen Ausdrücke als eine quasi öffentliche Prozedur begreift; doch stimmen beide Autoren darin überein, daß weder die Typisierung noch die Entindexikalisierung ein exclusives Vorrecht der Wissenschaft ist. Ebenso wie für Schütz die Unterdrückung der Indizes einen originär alltagsweltlichen Vorgang darstellt, geht Garfinkel davon aus, daß die Alltagshandelnden nicht weniger als ihre professionellen Wissenschaftskollegen in den kontextabhängigen Ausdrücken einen Mangel sehen, den es, weil er zu Mißdeutungen und wiederholten Reformulierungen Anlaß gibt, auszuräumen gilt.

Eine Technik, mit der die Alltagshandelnden dem Problem indexikaler Ausdrücke zu Leibe rücken, beschreibt Garfinkel als Methode des "formulating a conversation". Er versteht darunter ein Verfahren, bei dem jeder Teilnehmer einer Unterredung aus dem Gesprächsverlauf "aussteigen" kann, um metakommunkativ das bereits Gesagte "selbst zu beschreiben, ... zu erklären, zu charakterisieren, zu explizieren, zu übersetzen, zusammenzufassen, das Wesentliche herauszuarbeiten, das Übereinstimmen mit Regeln festzustellen oder das Abweichen von Regeln zu konstatieren" (Garfinkel/Sacks 1976, S. 146). Dadurch, daß die Gesprächsteilnehmer ein Gespräch formulieren, hoffen sie die Unter-, Zwischentöne, Bedeutungsüberschüsse, kurz alles das, was durch und in einer Kommunikation geschieht, aus der "Grauzone" der Indexikalität herauszuführen und zu objektivieren. Sicherlich unterscheidet sich diese Technik von den weitaus elaborierteren wissenschaftlichen Methoden. Gemeinsam ist den alltagsweltlichen und szientifischen

---

[128] Vgl. dazu Eickelpasch (1983, S. 78).

Verfahren jedoch das Ziel einer Überwindung der Indexikalität der sprachlichen Zeichen, Sätze und Ausdrücke:

> "Wherever and by whomever practical sociological reasoning is done, it seeks to remedy the indexical properties of practical discourse; it does so in the interests of demonstrating the rational accountability of everyday activities" (Garfinkel/Sacks 1970, S. 339).

Die Formulierung "rational accountability" weist in diesem Zusammenhang darauf hin, daß schon die "*accounts*" das *Ergebnis* von Entindexikalisierungsversuchen sind. Als Form des Umgangs mit dem Problem der Indexikalität stellen sie gewissermaßen dessen Lösungsstruktur dar. Entindexikalisiert werden die sprachlichen Äußerungen und Handlungen, auf die die "accounting practices" sich beziehen. Nur deshalb, weil die praktischen Erklärungen auf eine Absorption von Vagheit und Kontingenz zielen, vermögen sie das Handeln als rational darzustellen. D.h., verstehbar, kommunikabel und intersubjektiv faßlich wird eine Handlung dadurch, daß es gelingt, ihr transsituationale Geltung zu verleihen, die ihr den Charakter eines quasi objektiven Ereignisses gibt. Eine Handlung "accountable" zu machen bedeutet also stets, die Heilung ihrer Indexikalität im Dienste der Rationalität herbeizuführen.

Mit ihrem Bemühen um die rationale Darstellbarkeit der Handlungen auf dem Wege der Entindexikalisierung nehmen die Alltagshandelnden allerdings genauso wie die Wissenschaftler eine Anstrengung auf sich, die von vornherein zum "Scheitern" verurteilt ist. Das unvermeidliche Versagen, in das alle Entindexikalisierungsbestrebungen münden, geht als Tribut auf das Konto der Indexikalität als eines omnipräsenten Phänomens. Sobald ein Gelegenheitsausdruck eliminiert wird, erhebt die Indexikalität einer Hydra vergleichbar ihr vielzüngiges Haupt, um an der vorgeblich gesäuberten Stelle sogleich mit einer neuen Kontamination zu antworten. Jeder Entindexikalisierungsversuch steht unter dem Vorbehalt weiterer Entindexikalisierungen, die unweigerlich von immer neuen kontextuellen Partikeln Gebrauch machen müssen. Alle Heilungsversuche sind in ein unlösbares Regreßproblem verstrickt, durch das die Ersetzung der indexikalen durch die objektiven Ausdrücke im Programmatischen steckenbleibt:

> "*Wherever practical actions are topics of study* the promised distinction and substitutability of objective for indexical expressions remains programmatic in every *particular* case and in every *actual* occasion in which the distinction or substitutability must be demonstrated" (Garfinkel 1967, S. 6).

Insofern das Indexikalitätsproblem nicht endgültig gelöst werden kann, kommt es auch nicht zur Realisierung vollständiger Rationalität. Sie bleibt in Graden defizitär. Dennoch aber reicht sie aus, um von den Handelnden als hinreichend akzeptiert zu werden. Denn an der bereits zitierten Stelle fährt Garfinkel fort:

> "In every actual case without exception, conditions will be cited that a competent investigator will be required to recognize, such in *that* particular case the terms of the demonstration can be relaxed and nevertheless the demonstration be counted an adequate one" (Garfinkel 1967, S. 6).

Die Rationalität des Alltagshandelns erscheint damit als eine fallweise hervorgebrachte Rationalität von beschränkter, auf den je besonderen Fall zugeschnittener Gültigkeit "for-all-practical-purposes".

Garfinkels Behauptung, daß das Indexikalitätsproblem nicht lösbar ist, trifft in ihrer apodiktischen Gewißheit den zentralen Nerv der Wissenschaften, indem sie das hochgeschätzte Ideal der Objektivität und intersubjektiven Überprüfbarkeit als illusorischen Schein enthüllt. Diesem trügerischen Schein erliegen auch Weber und Schütz, die beide für ein objektives Verstehen des subjektiv gemeinten Sinns eintreten. Indessen zeigen Berichte über die Forschungspraxis, daß Garfinkel mit seiner tiefsitzenden Skepsis gegenüber der etablierten Wissenschaft ein Feuer entfacht, dem es allenthalben an nötiger Nahrung fehlt. In ihrer Studie über die "Fabrikation von Erkenntnis" gelangt beispielsweise Karin Knorr-Cetina zu dem recht bemerkenswerten Schluß:

> "Wissenschaftliche Erkenntnisse stellen ... das Produkt komplexer Selektionsprozesse dar, die in dem illustrierten indexikalischen Sinn kontextuell kontingent sind. Sobald die Selektionen des Labors sich zu einem wissenschaftlichen Resultat kristallisiert haben, ist die Kontextualität und Indexikalität der Selektionen nicht mehr sichtbar. Die Wissenschaftler selbst lösen ihre Produkte aus dieser Kontextabhängigkeit, wenn sie sie im wissenschaftlichen Papier in 'findings' umwandeln, von denen sie berichten.
> Um dem wissenschaftlichen Produkt seine Kontextualität und Indexikalität zurückzugeben, muß man ins Labor gehen und seine *Herkunft* beobachten. In Hinblick auf die opportunistische Logik, die wir dabei am Werk finden, erscheint die 'wissenschaftliche Methode' als eine lokalsituierte, lokal sich entwickelnde Praxisform und nicht als Paradigma einer alle Grenzen transzendierenden Universalität. Sie ist nicht kontextfrei, sondern kontextabhängig" (1984, S. 90f.).

Man mag dem hier referierten Einwand mit der Einlassung begegnen, daß - wie so oft - Theorie und Praxis weit auseinanderklaffen und daß eine fehlgeleitete Praxis noch lange keine Argument gegen die

Richtigkeit der Theorie sein kann.[129] Aber auch in theoretischer Hinsicht ist Garfinkels Behauptung der Unlösbarkeit des Indexikalitätsproblems auf Widerspruch gestoßen. So beruft sich etwa Elisabeth List auf Garfinkels Gewährsmann Bar-Hillel, den sie mit den Worten zitiert, daß "etwa 90 % aller Äußerungen im normalen Sprachgebrauch indexikalisch sind" (1983, S. 67). Für List ergibt sich daraus eine beunruhigende Rate von immerhin 10 % objektiver Ausdrücke, die es geboten scheinen lassen, vom Standpunkt der Omnipräsenz indexikaler Ausdrücke abzurücken. Bedauerlicherweise aber hält die Berufung auf Bar-Hillel nicht, was sie verspricht.[130] Im Originalton heißt es bei ihm nämlich, "that more than 90 per cent of the declarative sentence - tokens we produce during our life - time are indexical sentences" (1954, S. 366). Sicherlich wäre es müßig, in einen Streit darüber einzutreten, ob denn nun 91 oder 99 % aller Ausdrücke indexikal sind. Als Konsequenz daraus läßt sich jedenfalls festhalten, daß Garfinkels These mit Zahlenspielen nicht zu erschüttern ist. Auch Elisabeth List scheint das zu bemerken und holt zu einem schlagkräftigeren Gegenargument aus. Am Beispiel der Regeln des Schachspiels führt sie vor, daß es nach ihrer Meinung sehr wohl eine kontextunabhängige Beschreibung geben kann, die sich an folgendem Kriterium bemißt:

> "Für den einfachen Fall des Schachspiels kann eine Regel dann als hinreichend eindeutig expliziert gelten, wenn ihre Explikation so beschaffen ist, daß für jede einzelne Bewegung z.B. des Läufers entschieden werden kann, ob sie einen 'richtigen' Zug darstellt" (1983, S. 68).

Die Beschreibung einer Regel soll die Beurteilung ihrer richtigen Verwendung ermöglichen. Wenn aber die Richtigkeit der Regelapplikation von der Beschreibung der Regel abhängt, kann eine "falsche" Beschreibung ohne weiteres zu einer richtigen Regelverwendung führen, obwohl sie im Sinn des Spiels "falsch" ist. Nicht ohne Grund hat deshalb schon Wittgenstein die These aufgestellt, daß "einer Regel folgen" eine "Praxis" ist (1977, S. 128). Nur sie, die Praxis,

---

[129] Es ist darauf hinzuweisen, daß eine Reihe von Ethnomethodologen die Forschungspraxis selbst zum Gegenstand von Untersuchungen gemacht haben.

[130] Gestützt wird Lists Interpretation allerdings durch die deutsche Übersetzung des ursprünglich in Englisch erschienenen Aufsatzes "Indexical Expressions". In der deutschen Übersetzung heißt es: "Ich verfüge zwar nicht über Statistiken, vermute jedoch, daß 90 % der Aussagesatz-Äußerungen, die wir in unserem Leben machen, indexikalische Sätze und keine Aussagen sind" (1974, S. 174).

entscheidet über die Angemessenheit des Regelgebrauchs. Ein Mißverständnis wäre es zudem anzunehmen, daß Garfinkel die indexikalen Ausdrücke allein deshalb für vage hält, weil sie zur Entschlüsselung ihres Referenzobjektes, Wahrheitswertes und Sinngehaltes auf den Kontext ihrer Produktion zurückgeführt werden müssen. Die Vagheit der indexikalen Ausdrücke entsteht vielmehr aus der Indeterminiertheit, Ambiguität und Kontingenz des Kontextes selbst:

> "The proverbial 'appeal to context' as a means for determination and resolution of 'ambiguities' is inadequate because the context is as 'ambiguous' as the sense of the very aspects it is employed to decide. Indeed, given that the context is functionally related to the sense of the aspect in question, the aspect is a feature of its own context" (Pollner 1970, s. 82; zit. nach Leiter 1980, S. 115).

Allem Anschein nach schwerer als die vorher genannten Einwände gegen Garfinkels These, daß jede Entindexikalisierung und damit die angestrebte Rationalität des Handelns bloß programmatisch bleibt, wiegt die von Tugendhat vorgetragene Behauptung, daß das Referenzproblem indexikaler Ausdrücke lösbar ist. Man kann seiner Meinung nach einen deiktischen Ausdruck verstehen, wenn man seine sprachübliche Verwendungsweise kennt. "Das Wort 'hier' versteht man, wenn man weiß, daß es nach einer Regel verwendet wird, derzufolge es jeweils den Ort identifiziert, an dem der, der es verwendet, sich gerade befindet bzw. auf den er zeigt. Entsprechendes gilt für die anderen demonstrativen Ausdrücke: mit 'ich' identifiziert die jeweils redende Person sich selbst, mit 'jetzt' den Zeitpunkt, an dem sie redet und mit 'dies' einen Gegenstand, auf den sie an dem Ort, an dem sie redet, zeigen kann bzw. (bei Ereignissen) der an dem Zeitpunkt, an dem sie redet wahrnehmbar ist" (Tugendhat 1976, S. 432). Bei einem Situationswechsel können die Gegenstände und Ereignisse der vormaligen Situation nicht mehr mit denselben deiktischen Ausdrücken bezeichnet werden. An ihre Stelle müssen andere Deixeme derselben Gruppe treten. Aus dem "hier" wird dann "dort", aus dem "jetzt" dann "damals" usw.. Die Identifizierungsfunktion der Deixeme belegt Tugendhat speziell an den Demonstrativa. Er stellt fest, "daß die Verwendung des demonstrativen Ausdrucks ... etwas spezifiziert, auf einen Gegenstand bezugnimmt" und zwar deshalb, weil "die Verwendung des demonstrativen Ausdrucks *in* der Wahrnehmungssituation die Spezifizierung derselben Situation bzw. desselben Gegenstandes, der in der Situation wahrgenommen wird, durch einen nicht-demonstrativen deiktischen Ausdruck von außerhalb der Situation antizipiert" (Tugendhat 1976, S. 434f.). Die von Tugendhat aufgezeigte Lösung des Referenzproblems widerlegt Garfinkel im Grunde nicht. Wie bereits oben vermerkt, resultiert für ihn die Ambiguität umgangssprachlicher Ausdrücke und Erklärungen nicht aus deren grundsätzlichen Kontextualität, sondern aus der Vagheit des Kontextes selbst. Hinzu kommt, daß Garfinkel - wie eine Reihe von Interpreten bestätigen[131] - das Thema der Referenz über Bar-Hillel hinausgehend in ein allgemeines Bedeutungsproblem ummünzt. Es bleibt also dabei, daß die Rationalität des Alltagshandelns immer nur zu praktischen Zwecken ("for-all-practice-purposes") und niemals vollständig erreicht werden kann.

In Garfinkels Ausführungen steckt allerdings ein bisher unkritisch reproduzierter Widerspruch, der in der Charakterisierung indexikaler Ausdrücke offen zu Tage tritt. Einerseits wird behauptet, daß man sich mit Hilfe der indexikalen Ausdrücke schnell und problemlos über etwas verständigen kann. Andererseits aber insistiert Garfinkel darauf, daß die Alltagshandelnden Entindexikalisierungen in der Absicht vornehmen "of demonstrating the rational accountability of everyday activities" (Garfinkel/Sacks 1970, S. 339). Wenn eine problemlose Verständigung möglich ist, muß die Frage gestellt werden, warum die Handelnden dennoch an den Ausdrücken herumreparieren? Das kann doch nur bedeuten, daß eine problemlose Verständigung eben doch nicht möglich ist oder daß zwischen einer problemlosen und einer wirklichen Verständigung ein gravierender Unterschied besteht. Welchen Grund sollten sonst die Entindexikalisierungsbemühungen der Alltagshandelnden haben? Garfinkel bleibt die Antwort auf diese Fragen schuldig. Er entzieht sich dem Problem, indem er kurzerhand die Entindexikalisierung zu einem untersuchenswerten Phänomen erklärt:

"If, whenever housewives were let into a room, each one on her own went to some same spot and started to clean it, one might conclude that the spot surely needed cleaning. On the other hand, one might conclude that there is something about the spot and about the housewives that makes the encounter of one by the other an occasion for cleaning, in which case the fact of the cleaning, instead of being evidence of dirt, would be itself a pheneomenon" (Garfinkel/Sacks 1970, S. 347).

---

[131] "That is, Bar-Hillel does not formulate indexicality as a problem of meaning", schreibt beispielsweise Heap (1975, S. 394). Ähnlich äußert sich auch Abercombie (1974).

Wie gesagt geht Garfinkel nicht darauf ein, weshalb die Alltagshandelnden auf einer Entindexikalisierung bestehen, obwohl sie mit Hilfe der kontextabhängigen Ausdrücke eine problemlose Verständigung herbeiführen können. Einen interessanten Lösungsvorschlag zur Beseitigung des Widerspruchs bietet indessen Eickelpasch an. Seiner Meinung nach halten die Alltagshandelnden an der Eliminierung aller kontextabhängigen Ausdrücke aufgrund des praktischen Erfolgs dieser Strategie fest: "Gerade indem die Mitglieder einer Gesellschaft (einschließlich der professionellen Soziologen) in ihrem 'praktischen Denken' und ihren Darstellungen jeden Zweifel an der Faktizität und objektiven Erkennbarkeit der Sozialwelt einklammern, gelingt es ihnen immer wieder, klare, eindeutige und vernünftige Gespräche zu führen, d.h. mit Erfolg zu kommunizieren und interagieren" (1983, S. 80). Die Ausklammerung der Indexikalität täuscht eine vollständige Rationalität vor, erreicht wird sie jedoch nicht. Insofern ist Rationalität immer nur als eine fallweise Stillstellung des Indexikalitätsproblems möglich, das jederzeit wieder aufbrechen und erneut virulent werden kann. In der trotz allem Anschein weiter bestehenden Vagheit und Kontingenz sieht Garfinkel jedoch keinen gravierenden Mangel. Im Gegenteil: Analog zu der These, daß nur Interpretationsoffenheit Interpretierbarkeit erlaubt, ist er der Meinung, daß die "strukturelle Sinnungsgewißheit ... eine konstitutive Bedingung für Sinngewißheit" ist (Bergmann 1974, S. 80). Diese Behauptung eines reflexiven Konstitutionszusammenhangs zwischen Offenheit und Geschlossenheit, Gewißheit und Ungewißheit beinhaltet keineswegs ein logisches Paradox. So verfehlt Elisabeth List das Spezifikum der ethnomethodologischen Position, wenn sie behauptet, daß nach Garfinkels Ansicht "die 'Objektivität' ('Vernünfigkeit' etc.) situierter alltäglicher Erklärungspraktiken *aufgrund* ihrer Indexikalität (Vagheit, Unvollständigkeit, Kontextabhängigkeit) der in ihnen verwendeten Mittel der Darstellung oder Artikulation zustandekommt, oder, um das Paradox im Hinblick auf die wissenschaftskritischen Absichten der Ethnomethodologie noch schärfer auszudrücken: Die 'Objektivität' von faktisch praktizierten Erklärungen wird ermöglicht durch ihre (im wissenschaftlichen Sinne) 'Nicht-Objektivität'" (1983, S. 76). Nicht *weil* die praktischen Erklärungen situiert und damit vage sind, kommt den Handlungen Rationalität zu. Verstehbar und kommunikabel sind die Handlungen allein deshalb, weil die alltagspraktischen Erklärungen die Vagheit und Kontingenz stillstellen, mit der Möglichkeit, diese Stillstellung wieder rückgängig machen zu können. Nur so, d.h. in der Vortäuschung einer gelungenen Eliminierung von Vagheit und Kontingenz, realisiert sich nach Garfinkels Auffassung Rationalität im

Alltag wie in der Wissenschaft. Bei dieser Realisation kommt eine zusätzliche Eigenschaft der alltagspraktischen Erklärungen - ihre Reflexivität - mit ins Spiel.

4.3.2 Das Konzept der Selbstorganisation praktischer Erklärungen

Die alltagspraktischen Erklärungen ("accounts") zeichnen sich zum einen durch eine wesensmäßige Indexikalität aus; zum anderen sind sie bereits das Ergebnis von Entindexikalisierungsversuchen. Die "accounts" heilen die sprachlichen Äußerungen und Handlungen von ihrer Vagheit und Kontingenz und stellen auf diese Weise deren Rationalität im Sinne von Verstehbarkeit, Kommunikabilität und intersubjektiver Faßlichkeit her. Insofern die "accounts" selbst indexikal sind, weil alle Anstrengungen um eine Entindexikalisierung letztlich programmatisch bleiben, ist die von ihnen konstituierte Rationalität nur das Versprechen, uneingeschränkte Objektivität und Verstehbarkeit herzustellen. Das, was durch die Konstruktion von "accounts" erreicht wird, ist eine fallweise Stillegung des Indexikalitätsproblems mit dem Resultat einer Rationalität für praktische Zwecke. Zur Herstellung dieser praktischen Rationalität rekurrieren laut Garfinkel die Gesellschaftsmitglieder auf eine Eigenschaft, die die "accounts" zusätzlich zu ihrer Indexikalität aufweisen, und die in der *Reflexivität* aller praktischen Erklärungen besteht. Garfinkel schreibt:

> "Members' accounts are reflexively and essentially tied for their rational features to the socially organized occasions of their use for they are *features* of the socially organized occasions of their use" (1967, S. 4).

Ähnlich äußern sich auch Wieder und Zimmerman, die die "accounts" Geschichten nennen:

> "Jedenfalls haben alle Geschichten der Menschen, ob sie nun von normalen Leuten oder von jenen professionellen Geschichtenerzählern erzählt werden, vergleichbare Funktionen. Es sind Geschichten *über* die Gesellschaft und Ereignisse *in* ihr. Sie organisieren und vervollständigen zugleich die Eigenschaften der Gesellschaft und der Ereignisse, die sie wiedergeben" (1976, S. 106).

Diese Zitate formulieren die zentrale ethnomethodologische Annahme, daß die ihrem Sinn nach auf den Produktionskontext bezogenen praktischen Erklärungen eben den Kontext mitproduzieren, der die Bedingungen ihrer eigenen Verstehbarkeit festlegt.

Reflexivität soll also heißen, daß die "accounts" ein integraler Bestandteil derselben Situation sind, die sie erklärbar, verstehbar und kommunikabel (rational) macht.

In der ethnomethodologischen Literatur finden sich zahlreiche Anwendungsbeispiele des Reflexivitätstheorems, von denen hier einige wenige vorgestellt werden sollen. Das erste Beispiel stammt von Garfinkel selbst. Es beschreibt die alltagsweltliche Konstitution der Geschlechtsunterschiede männlich/weiblich, von denen normalerweise angenommen wird, daß sie biologisch vorprogrammiert und damit objektiv gegeben sind.[132] "Demonstrationsobjekt" ist die Fallgeschichte von "Agnes", einer zum Zeitpunkt der Untersuchung 19-jährigen, ihrem Aussehen und Verhalten nach prototypischen Frau:

> "Agnes' appearance was convincingly female. She was tall, slim, with a very female shape. Her measurements were 38-25-38. She had long, finde darkblond hair, a young face with pretty features, a peaches-and-cream complexion, no facial hair, subtly plucked eyebrows, and no makeup except for lipstick" (Garfinkel 1967, S. 119).

Ihre weibliche Identität hatte Agnes erst im Anschluß an die Pubertät erlangt. Bis dahin wuchs sie, mit männlichen Geschlechtsorganen geboren, unter den für einen Jungen typischen Sozialisationsbedingungen heran. Sie lernte die Spiele beherrschen, die Jungen spielen, und übte deren Verhalten und Benehmen ein. Im Alter von 16 Jahren verließ Agnes, stets ihrem weiblichem Empfinden folgend, das Elternhaus, um von nun an als Frau zu leben. Agnes veränderte systematisch ihr äußeres Erscheinungsbild, trug Kleider, die Frauen tragen, frisierte ihr Haar und richtete ihre Toilette vollständig an derjenigen einer Frau aus. Doch das allein machte sie noch nicht zu einer Angehörigen des weiblichen Geschlechts. Sie mußte das gesamte Repertoire ihrer Verhaltensweisen umstellen und lernen, wie eine Frau geht, sich bewegt, spricht, reagiert usw. Auf dem Wege zur Konstitution ihrer neuen geschlechtstypischen Identität eignete sich Agnes "passing practices" an, die als Mittel der Darstellung in ihr selbst und bei anderen das Gefühl erzeugten, eine ganz normale Frau zu sein, an deren naturgegebenem Status keinerlei Zweifel besteht. Agnes, so schreibt Garfinkel, "was self-consciously equipped to teach normals how normals make sexuality happen in

---

[132] Es ist dies zugleich ein Beispiel für eine alltagsweltliche Vollzugsleistung.

commenplace settings as an obvoius, familiar, recognizable, natural, and serious matter of fact" (1967, S. 180). Mit ihren Darstellungspraktiken, ihren angeeigneten Verhaltensweisen und Ausdrucksformen beteiligte sich Agnes (reflexiv) an der Herstellung eben jener psychosozialen Wirklichkeit, die sie zur Frau machte und in der sie selbst als solche erkennbar war.

Zur beispielhaften Verdeutlichung des Reflexivitätstheorems trägt auch die von Wieder in einem Übergangsheim zur Resozialisierung von drogenabhängigen Strafgefangenen durchgeführte Studie "Telling the Code" bei. Im Kontakt mit den Insassen und Angestellten der Einrichtung teilte sich Wieder ein informell praktizierter Kodex von Verhaltensvorschriften und -maximen mit, der aus Anweisungen wie etwa die, "gib nie etwas zu", "teile was du hast mit anderen", "verpfeife niemanden" etc. bestand. Der von den Gefangenen benutzte Code war weitgehend indeterminiert und entzog sich deshalb einer vollständigen Beschreibung. Wieder berichtet davon, daß es ihm erst nach Monaten seines Aufenthaltes in der Anstalt gelang, das Verhalten der Gefangenen als regelgeleitetes Verhalten zu verstehen.[133] Der Gefangenencode mußte von ihm aus zahlreichen Einzelteilen zusammengesetzt werden, wie ein Mosaik, dessen Steine ungeordnet über eine weite Fläche im Raum verstreut liegen. Ein Segment diente ihm dabei als Dokument eines zugrundeliegenden Musters, das mit jedem neuen Dokument, das es interpretierte, an Gestalt gewann.[134]

Die im Gefangenencode enthaltenen Vorschriften und Anweisungen hatten für die Anstaltsbewohner die Funktion einer Interpretationsanleitung. In dem Maße, indem etwa die Angestellten das Handeln eines Insassen als dem Code folgend auffaßten, wurde es für sie in seiner Bedeutung verstehbar. Ein Verhalten, das unter normalen Umständen opak erschien, konnte mit Hilfe des Codes in seiner Legitimität und Folgerichtigkeit erkannt werden:

> "'Telling the code' renderd residents' behavior *rational* for staff by placing the acts in question in the context of a loose collection of maxims which compelled their occurence and by portraying the consequences for these re-

---

[133] Damit ist die Bedeutung von Regeln im soziologischen Erklärungsprozeß angesprochen. Im Gegensatz zur herkömmlichen Soziologie interessieren sich die Ethnomethodologen vor allem für das Wie der Regelverwendung.

[134] Vgl. hierzu Kapitel 4.4.1.

sidents who did not comply with these maxims. By describing resident conduct in terms of the normative order which generated it, staff depicted residents as reasonable, acting like Anyman would act under the circumstances" (Wieder 1974b, S. 150).

Der Gefangenencode lieferte jedoch nicht nur plausible Verhaltenserklärungen. Die Beschreibungen in terms des Codes waren zugleich Teil der konkreten Interaktionssituationen. In ihnen entfalteten die Beschreibungen ihre "persuasive" Kraft. Zu deren Verdeutlichung führt Wieder an:

"By saying "You know I won't snitch (a) the resident negatively sanctioned the prior conduct of the staff member or myself. Saying that the question called for snitching was morally evaluating it and rebuffing me or the staff. The utterance (b) called for and almost always obtained a cessation of that line of the conversation ... In terminating that line of talk, it (c) left me or staff ignorant of what we would have learned by the question hat it been answered. And it (d) signalled the consequences of rejecting the resident's utterance or the course of action it suggested" (Wieder 1974a, S. 169f.).

Die Beschreibungen des Verhaltens mit Hilfe des Codes strukturieren eben jenen Handlungskontext mit, den sie beschreiben. Es ist diese Einbettung der Beschreibungen in den von ihnen explizierten Handlungskontext, der den "inkarnierten" bzw. reflexiven Charakter der Beschreibungen ausmacht.

In besonders anschaulicher Form wird nach Wilson und Zimmerman (1979/80) die Idee der Reflexivität durch die "Rubik-Figur" verdeutlicht.

Abb. 1:

Die Figur zeigt je nach dem Blick des Betrachters entweder zwei Gesichter vor weißem oder aber eine Vase vor schwarzem Hintergrund.

Für Wilson und Zimmerman ist von entscheidender Bedeutung, daß "either way the picture is seen, each part of the contour separating the white and black areas takes on an identity only in the context of the other parts and the whole. Thus, for example, one portion of the contour is a nose only in the context of another portion that is a chin, and *vice versa*. Moreover, these can be a nose and a chin only in the context of the face as a whole. But a face can be seen at all only because of the presence of a nose and a chin" (1979/80, S. 59). In der Idee der Reflexivität drückt sich, mit anderen Worten gesagt, die Vorstellung einer wechselseitigen Elaboration von Teil und Ganzem aus. So wie das Teil zum Ganzen beiträgt, so wird durch das Ganze das Teil erst als Teil verständlich.

Abb. 2: (M. C. Escher: Bildergalerie)

Die bei weitem eindrucksvollste künstlerische Umsetzung des Reflexivitätstheorems leistete E. Escher mit seinen phantastisch und paradox wirkenden Lithographien. Die abgebildete Lithographie bringt in der unteren linken Hälfte einen jungen Mann zur Darstellung, der in einer Kunstgalerie eine der dort ausgestellten Graphiken betrachtet. Sein Blick wird von einem Bild gefangen genommen, auf dem ein Schiff zu sehen ist, in dessen Hintergrund sich die Hafenmauer und einige angrenzende Häuser abheben. Folgt man der Häuserzeile bis zum rechten Bildrand, so stößt man auf ein Eckhaus mit einem Portal, das in die Kunstgalerie führt, in der der junge Mann eine Graphik betrachtet. Das Bild, das der junge Mann sich ansieht, enthält ihn selbst als Bildbetrachter. Er konstituiert also das Bild mit, das als Gegenstand seine Aufmerksamkeit auf sich zieht. Für die Ethnomethodologen realisiert sich in dieser Paradoxie das Wesen von Reflexivität.

Systemtheoretiker wie Varela (1985) sehen in Eschers Lithographien eine ästhetische Gestaltung ihres Konzeptes der "Autopoiesis". In der Tat weist das Konzept der "Autopoiesis", dem wir hier nicht im einzelnen nachgehen können, einige interessante Parallelen zum ethnomethodologischen Begriff der "Reflexivität" auf.

Der Begriff der "Autopoiese", der inzwischen durch Hejl (1980) und Luhmann (1982, 1984) Eingang in die sozialwissenschaftliche Diskussion gefunden hat, geht ursprünglich auf Maturana zurück. Eingeführt wurde von ihm der Begriff zur Beschreibung der Organisationsform, durch die sich lebende Systeme als autonome Einheiten konstituieren. Der einfachste Fall, für den das gilt, ist eine Zelle. Nach Maturana ist sie ein "Netzwerk chemischer Reaktionen, die Moleküle derart erzeugen, daß sie 1. durch ihre Interaktionen genau das Netzwerk an Reaktionen erzeugen bzw. an ihm rekursiv mitwirken, welches sie selbst erzeugte, und die 2. die Zelle als eine materielle Einheit verwirklichen" (1982, S. 158). Autopoietische Systeme bringen sich selbst hervor und tragen in Form einer selbstreferentiellen Reproduktion für ihre Erhaltung Sorge. Reproduziert werden nicht nur die einzelnen Elemente, sondern auch die Bezüge zwischen den Elementen, durch die sich das System als Einheit definiert. Die Elemente existieren ihrerseits erst durch diese Einheit, d.h. durch das Netzwerk der einzelnen Elemente, die die Einheit konstituieren. Mit Douglas Hofstadter (1985) könnte man sagen, daß autopoietische Systeme einem "endlos geflochtenen Band" resp. einer "Schleife" gleichen. Damit taucht dann sogleich die Idee der Zirkularität auf. Es hat den Anschein, als ob die Autopoiesis ebenso wie die Reflexivität nichts weiter als einen grandiosen circulus vitiosus beschreibt. Dies erkennen auch Wilson und Zimmerman, die schreiben:

> "The meaning of a gesture or utterance depends on the particular context in which it occurs. Moreover, the elements of that context themselves depend on their own contexts for their meanings. But finally, these latter contexts include the very utterance or gesture with which we began: each element in the situation is reflexively related to the others. Thus, no matter where we start in attempting to fix the context for a given particular, ultimately we are led back to our starting point, the result being apparently, not a infinite regress but an infinite loop" (1979/80, s. 60).

Während Wilson und Zimmerman den Zirkel eher defensiv verteidigen, indem sie ihn als ein empirisch unabweisbares Phänomen ausgeben, spricht Varela (1985, S. 294) offensiv von einem "circulus virtuosus", d.h. einem kreativen Zirkel. Seine Kreativität liegt in der ständigen Neuerschaffung und Bewahrung der Organisationsform des Systems begründet, auf die er sich bezieht.

Sicherlich wird man die "accounts" und ihre situative Einbettung nicht in gleicher Weise wie eine lebende Zelle als System begreifen können. Wenn den praktischen Erklärungen gleichwohl autopoietische Eigenschaften zuerkannt werden, dann deshalb, weil sie ihren erkennbaren Sinngehalt selbst mitproduzieren und zwar dadurch, daß sie zur Gestaltung der Situation beitragen, an die sie ihrem Sinn- und Wahrheitsgehalt nach gebunden sind. Verbindet man diese Einsicht mit der Behauptung Garfinkels, daß die Hervorbringung einer Handlung mit dem Akt ihrer Erklärbarmachung zusammenfällt, dann "müssen einerseits Alltagshandlungen als selbstexplikativ in dem Sinn aufgefaßt werden, daß sie beständig den von ihnen selbst hervorgebrachten und getragenen Situationen und Arrangements ihren intelligiblen Charakter verleihen, und können andererseits die Praktiken des Erklärbarmachens, der Intelligibilisierung nur als konstitutives Element eben jenes sozialen Zusammenhangs begriffen werden, auf dessen sinnhafte Strukturierung sie ausgerichtet sind" (Bergmann 1974, S. 82).

So wie die Indexikalität sich zum einen als nützlich und zum anderen als permanentes Ärgernis erweist, so kennzeichnet auch die Reflexivität der praktischen Erklärungen eine wesensmäßige Ambivalenz. Einerseits machen die Alltagshandelnden fortwährend von der Reflexivität ihrer Darstellungen Gebrauch, um die

Rationalität, d.h. die Verstehbarkeit und Kommunikabilität ihrer Handlungen aufzuzeigen und für praktische Zwecke festzustellen. Indem die Gesellschaftsmitglieder handeln, setzen sie darauf, daß ihre Handlungen sich gemäß der autopoietischen Eigenschaften von selbst erklären und nicht erst verstehbar gemacht werden müssen. Aber obwohl nach Garfinkel "members know, require, count on, and make use of this reflexivity to produce, accomplish, recognice, or demonstrate rational-adequacy-for all-practical-purposes of their procedures and findings" (1967, S. 8), sind sie andererseits an der Thematisierung der Reflexivität ihrer Handlungen und Erklärungen entschieden desinteressiert. Dieses Desinteresse ("the uninteresting reflexivity") erfüllt eine notwendige Voraussetzung im interaktiven Geschehen. Es ist die Bedingung für dessen reibungsloses Funktionieren. Durch das Desinteresse wird nämlich sichergestellt, daß jeder, der an der Interaktion teilnimmt, bis zum Beweis des Gegenteils die Überzeugung teilt, daß das gezeigte Handeln rational und also verstehbar ist. Daß die Gesellschaftsmitglieder kein Interesse an der Thematisierung der Reflexivität zeigen, hat nach Garfinkel zu tun "with reasonable practices, with plausible argument, and with reasonable findings. It has to do with treating 'accountable-for all-practical purposes' as a discoverable matter, exclusively only, and entirely" (1967, S. 9). In gewisser Weise entspricht die uninteressante Reflexivität einer Normalitätsidealisierung im Sinne von Schütz. Denn derjenige, der den Konsens aufkündigt und die Reflexivität thematisiert und damit die autopoietischen Eigenschaften der Handlungen nicht akzeptiert, zeigt das Verhalten eines weltfremden Pedanten,[135] der nicht sieht, was Jedermann zu sehen in der Lage ist, falls er die Normalitätsunterstellung mitvollzieht, nach der das Handeln selbstevident verstehbar ist.[136]

Garfinkels Reflexivitätstheorem vermittel eine Anschauung davon, was es heißt, daß die Alltagshandelnden ihren Handlungen dadurch Rationalität verleihen, daß sie sie rational darstellen. Die alltagsweltlichen Akteure nehmen, indem sie handeln, die selbstexplikativen

---

[135] Garfinkel notiert dazu: "Die Person, die auf solchen harten Regelkanons für die Anwendung von Beschreibungen besteht, *während sie andererseits ihre alltäglichen Interaktionen betreibt*, dürfte als unvernünftig, als Pedant, als Flegel, als Angeber, als unpraktisch, treulos, weldfremd, halsstarrig, egoistisch oder argwöhnisch behandelt werden" (1973, S. 204f.).

[136] Vgl. dazu auch die Krisenexperimente von Garfinkel (1967, S. 38ff.).

oder autopoietischen Eigenschaften der Handlungen in Anspruch, mittels derer sich eine Handlung von selbst expliziert. Es wird gleichsam ein Rationalitätsangebot mit sozialsanktionierter Rückendeckung unterbreitet, die sich aus dem Thematisierungsverbot der Reflexivität herleitet. Da die Reflexivität unthematisch bleiben muß, setzt die annoncierte Rationalität auf Seiten der Interaktionsteilnehmer das *Vertrauen*[137] darauf voraus, daß das Angebot hält, was es verspricht, nämlich eine Rationalisierung des Handelns zu sein. Vertrauen, das als "riskante Vorleistung" (Luhmann) jederzeit auch enttäuscht werden kann, muß insbesondere deshalb investiert werden, weil die Rationalität des Handelns in einem zeitlich dimensionierten Prozeß und nicht als fertiges Produkt hervorgebracht wird. Die Rationalität des Handelns ist eine Vollzugsleistung - treffender noch eine "Vollzugsrationalität" (Bergmann), die auf dem Einsatz diverser methodischer Verfahren fußt. Techniken, die von den Alltagshandelnden angewendet werden, um die Rationalität hervorzubringen, sind die "dokumentarische Methode der Interpretation" und die "Basisregeln der Interaktion".

4.4 *Die Methoden der Rationalitätserzeugung*

4.4.1 Die "dokumentarische Methode der Interpretation"

Die alltagsweltlichen Erklärungen, mittels derer die Gesellschaftsmitglieder ihren Handlungen Rationalität verleihen, sind zugleich indexikal und reflexiv. Einerseits lassen sie sich nur aus dem Kontext heraus verstehen, in den sie eingebettet sind, andererseits tragen sie zur Elaboration eben dieses Kontextes bei und explizieren sich dadurch selbst. Hinter der Inanspruchnahme der selbstexplikativen Eigenschaften stehen als verborgenes Wirkungsprinzip alltagsweltliche Verfahren, durch deren Anwendung sich Rationalität im Vollzug der Alltagsaktivitäten realisiert. Eine der Methoden, die rationales Handeln in der Alltagswelt als Vollzugsleistung konstituieren, bezeichnet Garfinkel als "dokumentarische Methode der Interpretation". Es handelt sich dabei um ein Verfahren, das in seinen Grundzügen erstmals von Karl Mannheim beschrieben wurde. Unter Berufung auf seine Ausführungen legt Garfinkel dar:

---

[137] Zum Begriff des Vertrauens vgl. Garfinkel (1963).

"According to Mannheim, the documentary method involves the search for '... an identical homologous pattern underlying a vast variety of totally different realizations of meaning'. The method consists of treating an actual appearance as 'the document of', as 'pointing to', as 'standing on behalf of' a presupposed underlying pattern. Not only is the underlying pattern derived from its individual documentary evidences, but the individual documentary evidences, in their turn, are interpreted on the basis of 'what is known' about the underlying pattern. Each is used to elaborate the other" (1967, S. 78).

Das Verfahren der dokumentarischen Methode der Interpretation wird von den Alltagshandelnden dazu benutzt, trotz biographie- und situationsspezifischer Differenzen die Rationalität von Handlungen und Ereignissen hervorzubringen und für praktische Zwecke festzustellen. Gesucht wird nach einem "identischen homologen Muster", das die einzelnen Erscheinungen, Ereignisse und Handlungssequenzen erklärt und verstehbar macht. Bei dieser Suche nach einem übergreifenden Schema der Interpretation trägt jede einzelne Erscheinung und jede einzelne Handlungssequenz als Dokument des Musters zur Komplettierung und Bestätigung des Interpretationsrasters bei. Analog den gestalttheoretischen Vorstellungen, nach denen sich Teil und Ganzes wechselseitig determinieren, bedingt das zu deutende Erlebnis das Interpretationsmuster und umgekehrt.

Die dokumentarische Methode der Interpretation stellt eine Entsprechung zu der von Schütz beschriebenen "Synthesis der Rekognition", bei der eine Rückführung von Unbekanntem auf Bekanntes durch Einordnung des Erlebens in ein vorhandenes Deutungsschema erfolgt.[138] Leiter argumentiert außerdem, daß "the use of the documentary method is also the process whereby behavior is experienced as meaningful action *a la* Weber (1974)" (1980, S. 168). Dazu kommt, daß die dokumentarische Methode in einem ausgeprägten inneren Verwandtschaftsverhältnis zu den in der sinnverstehenden Soziologie angewendeten Verfahren steht. Dieses Verhältnis ist derart intim, daß nach Meinung der "Arbeitsgruppe Bielefelder Soziologen", "die geisteswissenschaftliche Tradition der Methodenreflexion in der dokumentarischen Methode der Interpretation wahrscheinlich nichts anderes als ihr schon lange diskutiertes 'hermeneutisches Verfahren der Verstehensmethode' wiederentdecken würde" (1973, S. 235). Das nach einer Formulierung von Mannheim benannte Verfahren wird folglich sowohl von den Alltags-

---

[138] Vgl. hierzu Schütz (1974, S. 112). Zu dem gleichen Zusammenhang auch Eickelpasch (1983, S. 88).

handelnden als auch von den Wissenschaftlern in Gebrauch genommen. Beide betreiben Interpretation in Form einer Auslegung der Einzelerscheinungen auf dem Hintergrund eines unterstellten gemeinsamen Ganzen.

Die aktive Suche nach einem Sinn seitens der Interaktionsteilnehmer erfolgt in der Weise, daß die Handelnden ihre Handlungen genau so aufbauen, daß jeder einzelne Handlungsschritt einen größeren Interpretationsrahmen dokumentiert, den man als Plan oder Absicht der Handlung bezeichnen könnte. Er bleibt den Interaktionsteilnehmern verborgen. Sie erhalten gewissermaßen nur Hinweise und Instruktionen, denen sie nachgehen können, um zu einem Verständnis der Handlung zu gelangen. Verstanden werden kann die Handlung von ihnen jedoch nur, wenn sie bereit sind, derem sukzessiven Aufbau zu folgen und auf eine frühe, starre und eindeutige Fixierung des Sinns zu verzichten. Die Notwendigkeit zu diesem Verzicht liegt in der zeitlichen Struktur des Handelns begründet. In seinem Verlauf verbindet sich jeder Handlungsschritt mit den vergangenen Sequenzen, wie er auf diejenigen verweist, die in Zukunft noch kommen werden. Ebenso wie bei einem Gespräch, in dem "der Sinn des Sachverhaltes, auf den man sich bezieht, ... vom Hörer nicht dadurch entschieden (wird), daß er nur das bereits Gesagte in Betracht zieht, sondern daß er auch dasjenige einbezieht, was im zukünftigen Gesprächsverlauf gesagt sein wird" (Garfinkel 1973, S. 207f.), erschließt sich die Rationalität einer Handlung nur dann, wenn beide Zeithorizonte Berücksichtigung finden.

Der Zeitstruktur des Handelns trägt die dokumentarische Methode der Interpretation in Form einer "retrospektiv-prospektiven Orientierung" Rechnung. Mit ihr wird sowohl das abgelaufene als auch das zukünftige Handlungsgeschehen, so wie es sich wahrscheinlich ereignet haben wird, zur Grundlage der Interpretation gemacht. Das geschieht in der Weise, daß die Interaktionsteilnehmer auf der Basis ihrer Vorerfahrungen ein Vorstellungstableau von der möglichen Gesamtsituation entwerfen, in derem Licht sie das gegenwärtige Handeln zu deuten versuchen. Der von ihnen geleistete Vorgriff auf die noch kommenden Möglichkeiten gleicht dabei stets einem "Sinnentwurf ins Ungewisse". Er steht grundsätzlich in der Gefahr des Scheiterns, da die Deutenden ihren totalisierenden Sinnentwurf auf unzureichender Grundlage entwickeln müssen, und sie nicht wissen können, ob der von ihnen antizipierte Sinn, den sie dem gegenwärtigen Geschehen beimessen, auch tatsächlich derjenige sein wird, den das Handeln nach seinem Vollzug haben wird. Das in prospektiver Orientierung entworfene Vorstellungstableau der künftigen Handlung erfordert daher eine flexible Gestaltung, damit es jederzeit revidiert und an das faktische Handlungsgeschehen angepaßt werden kann. Die eventuell notwendigen Anpassungen betreffen aber nicht nur den vorweggenommenen Gesamtsinn der Handlung; sie zwingen zugleich zu einer Reinterpretation früherer Erfahrungen, die im Lichte der noch kommenden Möglichkeiten gedeutet worden sind. Alles Verstehen im Alltag wie in der Wissenschaft kann infolgedessen nur ein pragmatisches Verstehen sein, das zu einer kurzfristigen Feststellung (im doppelten Sinne des Wortes) der Rationalität gelangt.

In den Vollzug der dokumentarischen Methode der Interpretation geht als stillschweigende Voraussetzung die Unterstellung ein, daß das Handeln verstehbar, kommunikabel und intersubjektiv faßlich ist und daß es sich, falls es nicht sogleich als solches erkannt werden kann, im späteren Verlauf als rational erweisen wird. Umgekehrt setzen die Handelnden voraus, daß die Interaktionsteilnehmer zur Feststellung des Sinns von der retrospektiv-prospektiven Orientierung Gebrauch machen und nicht die Erklärung eines jeden Handlungsschritts einklagen. Es wird angenommen, daß die anderen schon verstehen und dem Handeln einen Sinn zuschreiben werden, der dem gemeinten Sinn entspricht. Garfinkel nennt dies den "Anspruch auf und Unterstellung von Sinneinverständnis" ("pretence of agreement"). Zusammengenommen mit der retrospektiv-prospektiven Orientierung ist sie eine der konstitutiven Unterstellungen, die das Alltagshandeln in gleichem Maße wie den alltagsweltlichen Diskurs trägt:

"The anticipation that persons *will* understand, the occasionality of expressions, the specific vagueness of references, the retrospective-prospective sense of a present occurence, waiting for something later in oder to see what was menat before, are sanctioned properties of common discourse" (Garfinkel 1967, S. 41).

Die dokumentarische Methode der Interpretation mit ihrer retrospektiv-prospektiven Orientierung ist dasjenige Verfahren, das dem Handeln angesichts der unausweichlichen Indexikalität zur Rationalität verhilft. "Gelangt", so Garfinkel, "die Verfahrensregel der dokumentarischen Methode der Interpretation konkret zur Anwendung, dann kann man sogar sagen, daß sie in diesem Falle mit der Methode des Alltagsdenkens und -verhaltens identisch ist. ... Sie ist die immer verfügbare und alle übrigen Verfahren erst ermöglichende

Methode, Feststellungen ihre Rechtsstellung als rechte Grundlage für weitergehendes Schlußfolgern und Handeln zuzuweisen. Und das bedeutet: nur die dokumentarische Methode (ob vom wissenschaftlichen Forscher oder vom alltagsweltlich Handelnden angewandt) ist in der Lage, Feststellungen und ihren Aussageinhalt in den Status sozialer Tatsachen zu erheben bzw. diesen elementar in Rechnung zu stellen" (Garfinkel 1973, S. 199). Nichtsdestoweniger benennt Garfinkel eine Anzahl weiterer Methoden, die in ihrer Eigenschaft, rationales Handeln im Vollzug hervorbringen, nicht weniger bedeutend als die dokumentarische Methode der Interpretation sind. Bezeichnenderweise firmieren sie unter dem Titel "Basisregeln der Interaktion".

4.4.2 Die "Basis-Regeln"

Die dokumentarische Methode der Interpretation als ein von allen Gesellschaftsmitgliedern - also auch den Wissenschaftlern - verwendetes Verfahren, das Rationalität im Vollzug der Alltagsaktivitäten realisiert, brachte bereits zum Vorschein, daß das Handeln innerhalb der Alltagswelt von wechselseitigen Unterstellungen getragen und begleitet wird wie etwa die Annahme, daß die anderen schon verstehen werden und die retrospektiv-prospektive Orientierung in Anspruch nehmen, um zur Feststellung des Sinns zu gelangen.

Garfinkel hat im Laufe seiner ethnomethodologischen Studien eine Vielzahl solcher "Erwarungs-Erwartungen" herausgefiltert, die er vorzugsweise "properties of practical reasoning" oder "background expectancies" nennt. Auf ihre Rekapitulation kann hier verzichtet werden, zumal sie im wesentlichen mit den von Schütz theoretisch postulierten Sozialitätsidealisierungen zusammenfallen, worauf die Bemerkung von Garfinkel verweist:

> "Almost, alone among sociological theorists, the late Alfred Schutz, in a series of classical studies of the constitutive phenomenology of the world of everyday life, described many of these seen but unnoticed background expectancies. He called them the 'attitude of daily life'" (1967, S. 37).

Die Sozialitätsidealisierungen bilden nach Schütz das tragende Fundament der relativ natürlichen Weltsicht, die der dominante Einstellungstypus der Handelnden in der Alltagswelt ist. Vor allem aber schaffen die Idealisierungen ein "reflexionsloses 'Vertrauen' in die Intersubjektivität der Alltagswelt, das von den handelnden Subjekten gewissermaßen als 'Vorleistung' in die soziale Interaktion investiert wird" (Eickelpasch 1983, S. 93). Davon, daß die Idealisierungsleistungen von zentraler Bedeutung für die Konstitution der sozialen Wirklichkeit sind, zeigt sich auch Garfinkel überzeugt. Nachdrücklich unterstreicht er, daß die kontrafaktisch und stillschweigend vorausgesetzten Hintergrunderwartungen für die Stabilität, Sicherheit und Geordnetheit der Sozialwelt einstehen.

Im Unterschied zu Schütz, der die Idealisierungen aus seinen an Husserl geschulten Gedankengängen schöpft, vertraut Garfinkel nicht allein seiner theoretischen Einbildungskraft. An Stelle der phänomenologischen Wesensschau setzt Garfinkel auf das Erkenntnismittel quasi-experimenteller Versuche. Die "Experimente", die von ihm durchgeführt wurden, sind allesamt von der Überlegung inspiriert, daß eine gezielt und kontrolliert vorgenommene Destruktion der alltagsweltlichen Idealisierungen notwendigerweise ihre Ordnung, Sicherheit und Stabilität verbürgende Wirksamkeit sichtbar hervortreten lassen muß. Folglich setzte Garfinkel seine ahnungslosen Versuchspersonen einer systematischen Enttäuschung der von ihnen gehegten Erwartungen aus, verfremdete ihre eingelebten alltäglichen Situationen bis zur Unkenntlichkeit und zerstörte so ihren blinden Optimismus in eine gemeinsam geteilte Welt. In einer Beschreibung seiner Vorgehensweise hält Garfinkel fest:

> "Procedurally it is my preference to start with familiar scenes and ask what can be done to make trouble. The operations that one would have to perform in order to multiply the senseless features of perceived enviroments; to produce and substain bewilderment, consternation, and confusion; to produce the socially structured effects of anxiety, shame, guilt, and indignation; and to produce disorganized interaction should tell us something about how the structures of everyday activities are ordinarily and routinely produced and maintained" (1967, S. 37f.).

Die Reaktion der Versuchsteilnehmer auf die Labilisierung und Destruktion ihrer konstitutiven Hintergrunderwartungen war allenthalben dieselbe: Stets stellten sich Verwirrung, Aggressivität und Unsicherheit ein. Diese gefühlsbetonten Auswirkungen traten schon allein deshalb auf, weil den Probanden qua Experiment jede Möglichkeit zu einer Normalisierung der Situation genommen wurde, so daß sie nicht als "Witz", "Täuschung" o.ä. abgetan werden konnte. Erst die totale Sinnkrise, in die sich die Versuchsteilnehmer gestürzt sahen, demonstrierte, daß zwischen den Idealisierungen und der Ordnung der Welt ein eng geschmiedeter Zusammenhang besteht. Zugleich wurde offenbar, daß derjenige, der die Stabilitätsgrundlagen der Welt antastet und sie aus dem Gleichgewicht bringt, damit einen Angriff gegen ihre moralische Absicherung führt. Alle Dinge, die die "natural facts of life" ausmachen (die Intersubjektivität, Vertrautheit und Ordnung der Welt) - das zeigen die emotionalen Reaktionen der Opfer von Garfinkels Demonstrationsexperimenten - , sind "through and through moral facts of life" (Garfinkel 1967, S. 35).[139]

Die Hintergrunderwartungen oder "properties of practical reasoning" haben nach Ansicht von Garfinkel den Charakter von Regeln, die in jeder Kommunikation und Interaktion fraglos vorausgesetzt sind. Ohne deren Befolgung bricht jedes interaktive Geschehen zusammen, erleidet die Sozialwelt einen Kollaps und über die Gesellschaftsmitglieder stürzen Chaos und Unsicherheit herein. Die Hintergrunderwartungen sind deshalb keine Regeln, die etwa Normen oder anderen Wertvorstellungen vergleichbar wären, von denen eine Bindung und Richtungsweisung des Verhaltens ausgeht. Ihre Sicherheit, Stabilität und Ordnung verbürgende Funktion macht aus den Hintergrunderwartungen *Basis-Regeln* der Interaktion.

Wenn, wie vorangehend erklärt, die dokumentarische Methode der Interpretation im Vollzug der Alltagsaktivitäten zur Konstitution rationaler Handlungen führt, so wird nun ersichtlich, daß dies nicht eine Leistung ihrer selbst, sondern der vielfältigen in ihr involvierten Basismechanismen ist. Sie allein erzeugen rationales Handeln innerhalb der Alltagswelt, indem sie die Kontingenz und Kontextualität der alltagspraktischen Erklärungen überbrücken.

Die Rückführung der Konstitution rationalen Handelns auf die Basismechanismen zwingt augenscheinlich dazu, rationale Handlungen als regelgeleitete Handlungen aufzufassen. Gleichwohl: Der Gebrauch von Basisregeln seitens der Interagierenden bedeutet grundsätzlich etwas anderes als die Bezugnahme auf Normen und Wertvorstellungen, von denen die normativistischen Theorien sozialer Ordnung annehmen, daß sie das Handeln regieren. So hat denn auch Cicourel sein Konzept universal gültiger Basismechanismen ausdrücklich in Abgrenzung zu den normativistischen Ordnungstheorien entworfen, zu denen er u.a. die soziologische Rollentheorie zählt. Speziell ihr hält Cicourel vor, daß sie weder in ihrer rigiden

---

[139] Ähnlich äußern sich auch Cuff und Payne, die schreiben: "Further, these demonstrations also show the moral nature of the familiar social world" (1979, S. 134). Desgleichen auch Eberle (1984, S. 446).

noch in ihrer durch den Symbolischen Interaktionismus domestizierten Variante zu erklären vermag, wie es ego gelingt, bedeutsame Reize wahrzunehmen und "sich selbst an den Verhaltensdarstellungen des jeweils anderen so zu orientieren (d.h. die Reize in einem sozial bedeutungsvollen Zusammenhang zu verorten), daß eine organisierte Antwort entwickelt werden kann, die für alter als wichtig angesehen wird" (Cicourel 1973, S. 167). Die Rollentheorie insinuiert lediglich, daß wir alle auf der Bühne des sozialen Lebens Theater spielen. Durch ihre ausschließliche Konzentration auf das Konzept der Rolle verkennt sie, daß die Voraussetzung jedweden Rollenhandelns die Beherrschung von universal gültigen "Interpretationsverfahren" ist.[140] Allein die Interpretationsverfahren oder "Basisregeln", wie Cicourel diese Techniken alternativ nennt,[141] gestatten es dem Handelnden "Situationshintergründe zu identifizieren, die zu einer 'angemessenen' Bezugnahme auf Normen führen würden. ... Die Basisregeln oder interpretativen Verfahren sind gewissermaßen tiefer strukturelle grammatische Regeln; sie befähigen den Handelnden, angemessene (im allgemeinen innovative) Antworten in wechselnden Situationszusammenhängen hervorzubringen. Die interpretativen Verfahren ermöglichen dem Handelnden, einen *Sinn von sozialer Struktur* im Verlauf wechselnder sozialer Situationszusammenhänge aufrechtzuerhalten... ." (Cicourel

---

[140] Dies verdeutlicht Cicourel exemplarisch an Mead: "Der Meadschen Dialektik von 'I' und 'Me' ist die ausdrückliche Forderung hinzuzufügen, daß der Handelnde als jemand zu begreifen ist, der im Besitz induktiver (interpretativer) Verfahren ist, Verfahren, die entworfen sind, um als eine Grundstruktur zur Erzeugung und Erfassung der beobachtbaren Verhaltensdarstellungen (verbaler und nichtverbaler Art) zu dienen. Eine implizite Basisregel oder ein interpretatives Verfahren in Meads Theorie wäre z.B. der Gedanke, daß Teilnehmer an sozialen Austauschprozessen unterstellen müssen, daß ihr Gebrauch verbaler und nicht verbaler Zeichen oder 'Symbole' 'derselbe' ist oder sie müssen zumindest annehmen, daß diese 'Identität' (idealerweise) besteht" (1973, S. 167).

[141] Eberle merkt dazu an: "Der Begriff der Basis-Regel wurde ... v.a. durch Aron Cicourel ... berühmt, der sie - in Übereinstimmung mit Garfinkel - als interpretative Regeln definiert, welche die Vermittlung von Begriffen wie Status, Rolle oder Norm mit konkreten, alltäglichen Handlungssituationen bestimmen. In der deutschen Rezeption der Ethnomethodologie, die maßgeblich von der Arbeitsgruppe Bielefelder Soziologen (1973) beeinflußt wurde, ist das Konzept der Basis-Regel als fester Grundbegriff verbreitet worden, zu einer Zeit, da ihn - wiederum im Gefolge von Garfinkel - auch Cicourel (1973) bereits durch 'interpretative procedures' ersetzt hatte" (1984, S. 452).
Eberle konstruiert hier eine Verwendungslogik des Begriffs Basis-Regel, die nur bedingt zutrifft.

1973, S. 167). Dieser von den Basismechanismen ermöglichte Sinn sozialer Ordnung ist die Voraussetzung für die Subsumption von Handlungen, Ereignissen und Situationen unter allgemeine Regeln in Form von Normen und Werten. Die Basismechanismen sind demnach konstitutive Regeln. Sie hängen weder von situationalen Umständen ab, noch werden sie durch irgendwelche sozio-historische Bedingungen determiniert. Als universale und invariante Verfahren gleichen sie einem konkreten Apriori jeglicher Kommunikation und Interaktion. Das unterscheidet sie elementar von den normativen Regeln, die in vielfältiger Weise durch den kulturellen Rahmen einer Gesellschaft geprägt sind. Die Bedeutung der normativen Regeln sieht Cicourel darin, daß sie den Handelnden in den Stand setzen, "seine Perspektive von der Welt mit derjenigen anderer in einer aufeinander abgestimmten sozialen Handlung zu verbinden und davon auszugehen, daß Konsens oder geteiltes Einvernehmen die Interaktion steuern" (1973, S. 172). Das Handeln der sozialen Akteure folgt also immer schon zwei verschiedenartigen Regelsystemen. Einerseits gehorcht es den in Verhaltensvorschriften gefaßten Normen und Werten und andererseits unterliegt es einer Lenkung durch Interpretationsverfahren, die an der Basis des interaktiven Geschehens liegen. Dieser analytischen Trennung zwischen den beiden Regelarten entspricht nach Cicourel der von Chomsky in seiner generativen Transformationsgrammatik grundgelegte Unterschied zwischen einer Oberflächen- und Tiefenstruktur der Sprache. Die Parallelität zu Chomskys Differenzierung sieht Cicourel darin, daß die Normen und Werte Oberflächenregeln ("surface rules") zur Feststellung von Konsens sind, währenddessen die Interpretationsverfahren oder Basismechanismen unterhalb der Ebene der Normen Tiefenregeln ("basic rules") repräsentieren, die ein Gespür für die soziale Ordnung erzeugen.[142]

Schematisch lassen sich die Unterschiede zwischen den normativen und den konstitutiven Regeln mit Buba folgendermaßen verdeutlichen:

---

[142] Anfangs hat Cicourel den Unterschied zwischen den Regelarten ebenso wie Garfinkel anhand des Schachspiels erläutert. Vgl. dazu Bergmann (1974, S. 127f.).

"Normative Regeln:	Basisregeln:
1. Sozio-historisch-spezifisch, daher gültig für bestimmte Gruppen, Gesellschaften	1. Universell, identisch für jede alltagsweltliche Kollektivität
2. Konkrete Handlungsanweisungen, bewußt	2. Konstitutionsregeln, die formalpragmatische Voraussetzungen und Elementarleistungen für Interaktionen überhaupt festlegen, bestimmmen, daß und gegenüber welchen Normen man sich verpflichtet fühlt, weitgehend unbewußt
3. Durch Sozialisation erzeugter gemeinsamer Wissensbestand	3. --
4. Intentionales, moralisches Verpflichtungsgefühl bezüglich der Normen	4. Selbstverständlichkeit, rufen kein intentionalmoralisches Verpflichtungsgefühl hervor"

(Buba 1980, S. 95).[143]

Die Basisregeln, durch deren Beherrschung allein die Bezugnahme auf Normen und Werte möglich wird, sind in ihrer Anzahl begrenzt. Insgesamt unterscheidet Cicourel sechs verschiedene Basisregeln oder Interpretationsverfahren.[144] Aufgezählt werden von ihm:

1. *Die Reziprozität der Perspektiven*
   Bei dieser Basisregel handelt es sich um die gleichnamige Idealisierung, die Schütz in seinen phänomenologischen Studien herausgearbeitet hat. Zusammengesetzt ist sie aus der Unterstellung, daß
   a) die Standorte prinzipiell vertauschbar und daß
   b) die Relevanzsysteme kongruent sind.

2. *Die et-cetera-Annahme*
   Die et-cetera-Annahme befähigt die Handelnden dazu, "mit einem gegebenen lexikalischen Item, einer Kategorie oder einer Phrase als einem Index eines umfassenderen Bedeutungs-

---

[143] Es ist nicht allein so, daß Cicourel zwischen normativen und Basis-Regeln trennt. Er schafft zugleich "eine Verbindung der traditionalen normativistischen Theorien sozialer Ordnung mit ethnomethodologischen Konzeptionen" (Wolff 1976, S. 165), indem er zeigt, wie sich die Regeln zueinander verhalten.

[144] Die Anzahl der Regeln schwankt bei Cicourel. In der ursprünglichen Version, die hier zugrunde gelegt wurde, waren es sechs. Später reduzierte er sie auf drei und erweiterte sie schließlich auf die Gesamtzahl vier. Vgl. dazu Cicourel (1975), (1973).

zusammenhanges umzugehen... ." (Cicourel 1973, S. 177). Der umfassende Bedeutungszusammenhang wird in der Erwartung unterstellt, daß er sich durch die zukünftigen Ereignisse und Bedeutungen "ausfüllen" läßt. Cicourel bezeichnet diese Regel auch als eine Subroutine, ohne die die Regel der Reziprozität der Perspektiven nicht wirksam werden kann.

3. *Normalformen*
Die Normalformen sind "Typisierungen gängiger Art", auf die die Gesellschaftsmitglieder stets dann rekurieren, wenn die Reziprozität der Perspektiven fragwürdig erscheint und die empfundenen Differenzen auch nicht mehr mit Hilfe der etcetera-Annahme ausgeräumt werden können. In einem solchen Fall tragen die Typisierungen zu einer Bereinigung der Differenzen bei. Die Normalformtypisierungen werden von den Gesellschaftsmitgliedern nämlich in der Annahme verwendet, "daß jede Kommunikation in einen Korpus gemeinsamer Kenntnisse oder dessen, 'was jedermann kennt', eingebettet ist" (Cicourel 1975, S. 34).

4. *Retrospektiv-prospektiver Ereignissinn*
Der retrospektiv-prospektive Ereignissinn beschreibt die der dokumentarischen Methode der Interpretation zugrundeliegende Regel, solche Äußerungen, die gegenwärtig vage und undeterminiert erscheinen, zunächst einmal passieren zu lassen, in der Hoffnung, daß diese sich zu einem späteren Zeitpunkt erklären lassen. Die Anwendung dieser Regel ermöglicht es allen an der Interaktion Beteiligten auch und gerade angesichts notorischer Ungewißheit und Kontingenz, einen Sinn von sozialer Struktur zu bewahren.

5. *Selbstreflexivität von Gesprächen*
Gespräche signalisieren laut Cicourel den Teilnehmern das Vorliegen einer normalen Situation. Dabei kommt es nicht darauf an, was gesagt wird. Allein die Tatsache, daß ein Gespräch stattfindet und eine Fortsetzung erfolgt, begleitet durch solch reflexive Hinweise wie "ach", "oh" etc., vermitteln den Gesellschaftsmitgliedern das Gefühl, daß "alles bestens" ist.

6. *Deskriptive Vokabularien als indexikale Ausdrücke*
Das Verstehen von indexikalen Ausdrücken verlangt nach Cicourel mehr als nur einen Rekurs auf den pragmatischen Redekontext. Es muß stets auf das Bezug genommen werden,

"was jedermann weiß". Genau dazu tragen die deskriptiven Vokabularien, die Erfahrungen indizieren, bei. Ihre Bedeutung "als indexikalische Ausdrücke liegt darin, daß sie sowohl Gesellschaftsmitglieder als auch Forscher mit 'Instruktionen' zur Auffindung oder Reaktivierung der 'vollen' Äußerungsrelevanz versehen; bzw. auf das verweisen, was jedermann voraussetzen oder 'auffüllen' ('fill in') muß, um die Äußerung eines verstümmelten oder indexikalischen Ausdrucks angemessen zu erfassen, dessen Sinn die Spezifikation gemeinsamer Annahmen über den Kontext (Zeit oder Gelegenheit des Ausdrucks, wer der Sprecher war, wo die Äußerung stattgefunden hat und dgl.) verlangt" (Cicourel 1975, S. 38).

Die Entdeckung der Basismechanismen beschließt gleichsam ein Kapitel der Ethnomethodologie, das mit den alltagspraktischen Erklärungen ihrer Kontextabhängigkeit und Reflexivität aufgeschlagen wurde. Die Basisregeln als konkretes interaktionslogisches Apriori gehen einer Verständigung auf der Ebene der "accounts" noch voraus. Sie ermöglichen die Generierung eines "sense of social structure", der den Handelnden über alle Kontingenz und Indexikalität hinweghilft. Insofern sind die Basisregeln diejenigen Verfahren, die den alltagsweltlichen Darstellungen und damit den Handlungen vor jeder anderen Methode überhaupt erst Rationalität verleihen. So reduziert sich dann die Konstitution verstehbarer, kommunikabler und intersubjektiv faßlicher Handlungen auf einige wenige Techniken, die von den Gesellschaftsmitgliedern zwar fortgesetzt in Anspruch genommen werden, ihnen selbst aber verborgen bleiben. An der Hintergründigkeit dieser Methoden liegt es zugleich, daß auch die konventionelle Sozialwissenschaft von ihnen keinerlei Kenntnis erlangte und dem Glauben verhaftet blieb, daß nur sie über ein Potential von Methoden verfügt, dem sich die Rationalität ihrer Aussagen verdankt. Die von der Ethnomethodologie ermittelten Alltagsmethoden legen demgegenüber Zeugnis davon ab, daß die Handelnden im Alltag wie in der Wissenschaft damit beschäftigt sind, auf methodischer Basis die Rationalität ihrer Handlungen zu konstituieren. Rationales, d.h. verstehbares und kommunikables Alltagshandeln - darin besteht die Grundüberzeugung der Ethnomethodologie - ist stets das Ergebnis der Anwendung eines Arsenals von Methoden, über die die Gesellschaftsmitglieder als eine Art von naturgegebener Kompetenz verfügen.

5.0 Schlußbetrachtung

Mit der Frage nach der Konstitution rationalen Handelns innerhalb der Alltagswelt wurde der Versuch gemacht, einmal - anders als gewohnt - den Blick auf den Gegenstand zu werfen, auf den sich die interpretativen Ansätze der Sozialwissenschaften in ihrem Streben nach Erkenntnis beziehen. Grundsätzlich rechnen sie immer schon mit einer vorinterpretierten und symbolisch vorstrukturierten Wirklichkeit, d.h. mit einem Material, das im Gegensatz zum Universum der unbelebten Natur die Eigenart besitzt, schon vor jedem methodischen Zugriff mit Sinn und Bedeutung ausgestattet zu sein. Diese besondere Struktur des Gegenstandes vorwissenschaftlicher Erfahrung stellt den Soziologen vor die Aufgabe eines verstehenden Nachvollzugs. Er muß, um Aussagen über sein Untersuchungsobjekt treffen zu können, an den Sinn anknüpfen, den die Handelnden mit ihren Handlungen verbinden. Die Ausrichtung auf den Sinn des Handelns hin kann indessen kein Unternehmen sein, das sich im einfühlenden Nacherleben erschöpft. Das Verstehen des Sinns bedarf, soll es sich um eine wissenschaftliche Erkenntnisarbeit handeln, der Anleitung und Kontrolle durch eine Methodik, die aus dem Interpretationsakt eine rationale und damit wissenschaftliche Deutung formt. Aus dem Bedürfnis heraus, zu wissenschaftlich begründeten Einsichten zu gelangen, hat die Verstehende Soziologie den "Typus des zweckrationalen Handelns" erdacht und mit der Bestimmung in den Dienst gestellt, die im Objektbereich anzutreffenden Handlungen nach seiner Maßgabe in ihrem Sinn- und Bedeutungsgehalt zu rekonstruieren. Die mit Hilfe des zweckrationalen Handlungsmodells vorgenommenen Deutungen sollen jedoch nicht nur dem Anspruch auf Wissenschaftlichkeit genügen, sondern darüber hinaus auch ihrem alltagsweltlichen Pendant adäquat sein. Denn schließlich geht die Verstehende Soziologie nicht darauf aus, Sinn und Bedeutung in die soziale Wirklichkeit hineinzutragen. Ihr Bestreben ist es vielmehr, sie in der Wirklichkeit aufzufassen. Die Rekonstruktion alltäglicher

Handlungen am Leitfaden der Zweckrationalität wirft daher die Frage auf, worin die Rationalität des Alltagshandelns besteht und aus welchen Leistungen sie hervorgeht.

Das Untersuchungsinteresse wurde an drei verschiedene theoretische Positionen herangetragen: an den von Max Weber grundgelegten Ansatz einer Verstehenden Soziologie, an die phänomenologisch orientierte Sozialtheorie des Husserlschülers Alfred Schütz und an die von Harold Garfinkel begründete Ethnomethodologie. In der angegebenen Reihenfolge spiegeln die drei theoretischen Positionen Etappen einer Entwicklung wieder, die darauf abzielt, das Verstehen durch eine Analyse seines Gegenstandes auf eine ausreichende Grundlage zu stellen. Das Vordringen bis zur Natur des Erfahrungsobjekts führte in allen Fällen zu dem gleichlautenden Ergebnis, daß nämlich das reale Handeln in keiner Weise den Anforderungen einer instrumentellen Rationalität genügt. Für Weber bewegt sich die Masse des alltäglichen Handelns weit unterhalb des zweckrationalen Kalküls und nicht selten sogar am Rande dessen, was man ein sinnhaft orientiertes Verhalten überhaupt noch nennen kann. Dem schließt sich Schütz mit der Behauptung an, "daß das Ideal der Rationalität kein Grundzug des Alltagsdenkens ist und dies auch nicht sein kann ..." (1972, S. 39). Desgleichen geht Garfinkel davon aus, daß man im Alltag vergeblich nach zweckrationalen Handlungen suchen wird. Nichtsdestoweniger wird in allen drei hier diskutierten Varianten einer "Verstehenden Soziologie" eine elementare und eigenständige Sinnbezogenheit des Alltagshandelns unterstellt. Diese "qualitative Rationalität" des Alltagshandelns stellt keineswegs den defizienten Modus wissenschaftlicher Rationalität dar. Vielmehr ist sie es, die das Alltagshandeln allererst intersubjektiv verstehbar und kommunikabel macht - für den Alltagshandelnden und Wissenschaftler. Sie bildet daher die Möglichkeitsbedingung und das Fundament für jede wissenschaftliche Verstehensmethodik.

Die Ansichten darüber, wie sich die Verstehbarkeit des Alltagshandelns konstituiert, gehen zwischen den drei zugrundegelegten theoretischen Positionen weit auseinander. Weber, mit dem die Diskussion der Konstitutionsproblematik eingeleitet wird, verfolgt dieses Thema innerhalb eines Programms, das sich als Rekonstruktion historischer Lebenswelten begreifen läßt. Untersucht wird die Rationalisierung sozialen Handelns unter dem Gesichtspunkt seiner dauerhaften Organisation. Mit dem auf Dauer gestellten Handeln verbindet Weber die Vorstellung des Alltags. Sie taucht bei ihm zumeist in Zusammenhang mit und in Abgrenzung von dem Außeralltäglichen, Übernatürlichen und Ungewöhnlichen (Charisma) auf. Das dauerhafte, verstehbare Alltagshandeln bildet sich nach Weber unter dem Einfluß und der Mitwirkung von außeralltäglichen Ideen heraus, die eine Kombination mit den alltäglichen Interessen eingehen. Dieses Schema der Konstitution rationalen Handelns wurde von ihm in seiner Studie über die Protestantische Ethik und den Geist des Kapitalismus exemplarisch zur Anwendung gebracht und dabei zugleich bis an die Grenze seiner Leistungsfähigkeit herangeführt. Der Annahme, daß außeralltägliche Ideen das Handeln strukturieren, wird durch die These der Entzauberung der Welt, mit der die übergreifenden sinnstiftenden Weltbilder verschwinden, die Basis entzogen. Zurück bleibt ein Alltag ohne Ausweg, ohne Ausblick, eine Monade ohne Fenster, ein "stahlhartes Gehäuse". Nur ansatzweise läßt Weber erkennen, wie er sich unter den veränderten Bedingungen einer von den außeralltäglichen Ideen entkoppelten Welt weiterhin verstehbares Handeln vorstellt. Zum einen nimmt er an, daß das Charisma, wenn auch in abgemilderter Form, einen Platz in bürokratischen Institutionen findet. Zum anderen setzt er auf den für den Alltagsverstand geltend gemachten *Glauben* an Rationalität und die Verfügbarkeit eines überindividuellen Wertekonsenses. Mit solchen Zusatzannahmen läßt sich die aufgetretene Schwierigkeit jedoch nicht grundsätzlich beheben. Ihre Überwindung verlangt nach einem Denkmodell, das insbesondere in einer Welt angewendet werden kann, in der außeralltägliche Orientierungen ihre Bedeutung für das Handeln verloren haben.

Eine alternative Konzeption stellt der phänomenologische Ansatz von Alfred Schütz vor. Er hebt von Beginn an auf die Erforschung der universalen Strukturen subjektiver Orientierungen *in der Welt* ab. Schütz läßt sich also gar nicht erst auf ein Interpretationsmodell ein, das das Handeln und seine Rationalität auf den Einfluß des Außeralltäglichen bezieht. Verstehbar und intersubjektiv faßbar wird für Schütz das Handeln durch seine Ausrichtung an dem System von Typisierungen, die auf der Ebene des Alltagsverstandes gebildet werden. Die Typisierungen sind die Träger des Alltagswissens, das zu einem geringen Prozentsatz aus privat angeeigneten und zum überwiegenden Teil sozial abgeleiteten Erfahrungen besteht. Das Entscheidende aber ist, daß die Typisierungen eine Abstraktion von dem konkreten Jetzt-Hier-So leisten und in einer Art

Selbsttranszendenz des Alltags mehr vorstellig machen, als in der Erfahrung unmittelbar gegeben ist.

Anders als Weber hat Schütz also keine Schwierigkeiten damit, auch in der entzauberten Welt verstehbare Handlungen voraussetzen zu können. Es hat sogar den Anschein, als sei sein Modell gerade auf die Bedingungen einer Welt zugeschnitten, die eines transzendenten Sinnbezugs entbehrt, währenddessen Webers Konzeption an die gegenteilige Voraussetzung gebunden bleibt. Gegen eine derartige "Arbeitsteilung" aber spricht, daß Schütz mit seinem Ansatz universale Ansprüche verbindet. Demnach müßte es im Prinzip möglich sein, seine Vorstellungen auch auf vergangene Epochen der gesellschaftlichen Entwicklung zu übertragen. Ein solcher Applikationsversuch steht bislang noch aus. Vermutlich könnte er auch nur dann gelingen, wenn man zu einer Historisierung der als invariant unterstellten Strukturen greift und damit der phänomenologisch angeleiteten Analyse eine Lesart gibt, die sie selbst von sich weist. Zuversichtlich äußert sich dagegen Srubar, der Schütz bescheinigt, daß es in seinem Ansatz Übergänge gibt, "die die Ausgestaltung des alltäglichen Systems von Typisierungen an die konkrete historische Situation anknüpfen und damit auch die Möglichkeit bieten, die Typenbildung als historisch bedingt zu fassen" (1981, S. 98). Zu bedenken gibt Srubar aber auch, daß es "historisierender Momente bedarf, die nicht aus dem Schützschen Werk selbst abgeleitet werden können" (1981, S. 99).

Eine ahistorische Betrachtungsweise kennzeichnet auch die von den Ethnomethodologen vorgelegte Version der Konstitution rationalen Handelns innerhalb der Alltagswelt. Zudem kommt auch sie, ebenso wie die von Schütz, ohne jede Bezugnahme auf transzendente Ideen oder Wertvorstellungen aus. Für Garfinkel und alle anderen Ethnomethodologen stellt die Erzeugung rationaler Alltagshandlungen einen methodisch angeleiteten Vorgang dar. Er führt zu einer Rationalität, die rein praktischen Zwecken dient. Das Ideal einer uneingeschränkten Objektivität bleibt stets unerreicht. Der Grund dafür ist, daß es gegen die gleichsam epidemische Krankheit der Indexikalität, die alle sprachlichen Äußerungen und Handlungen unterschiedslos befällt, keinerlei Heilmittel gibt. Erreichen läßt sich lediglich eine kurzfristige Stillstellung der durch die Indexikalität bewirkten Vagheit und situativen Kontingenz.

Aus ethnomethodologischer Sicht machen die Alltagshandelnden ihre Handlungen rational, indem sie sie rational zur Darstellung bringen.

Dabei vertrauen sie, die Akteure, zum einen auf die selbstexplikativen Eigenschaften der praktischen Erklärungen, zum anderen machen sie von der dokumentarischen Methode der Interpretation Gebrauch, um die Einzelerscheinungen vor dem Hintergrund eines unterstellten Gesamtsinns auszulegen. Die eigentlichen Mechanismen aber, die im Alltag wie in der Wissenschaft Rationalität hervorbringen, sind die Basisregeln der Interaktion. Als letztgültige und invariante Universalien der Rationalitäserzeugung sollen sie allen historischen Zeitläufen enthoben sein und in jeder Kultur und Gesellschaft präsent sein. Demnach hätte sich die Konstitution rationalen Alltagshandelns immer schon so, d.h. mit Hilfe der Basisregeln, vollzogen. Demgegenüber hat Wolff den Nachweis angetreten, daß die Basismechanismen keineswegs so geschichtslose Funktionsprinzipien sind, wie die Ethnomethodologen insinuieren. Die "Unterstellung der 'Reziprozität der Perspektiven'" wird seiner Meinung nach "als Basisregel gesellschaftlicher Rationalitätsherstellung ... erst unter den Bedingungen einer bürgerlich-kapitalistischen Gesellschaft in einer ... breiten Anwendung möglich und auch funktional und kann demnach keineswegs als Kennzeichen gesellschaftlicher Rationalitätserzeugung überhaupt angeführt werden. Die darauf aufbauende Idealisierung der 'Kongruenz der Relevanzsysteme' bezieht, soweit sie im Arbeitsprozeß vorgenommen wird, ihre objektive Grundlage aus der Stellung der gesellschaftlich produzierenden Individuen zum Produktionsprozeß selbst" (Wolff 1976, S. 240f.). Die Theorie der Basismechanismen spiegelt die Entindividualisierung der Produzenten im kapitalistischen Arbeitsprozeß. Sie beschreibt daher nicht die *universalen* Strukturen subjektiver Orientierung, sondern "ein ganz bestimmtes historisch vorliegendes Alltagsbewußtsein, nämlich das der bürgerlichen Gesellschaft" (1976, S. 243). Die ethnomethodologische Konzeption der Konstitution rationalen Handelns innerhalb der Alltagswelt ist mit einem historischen Index zu versehen, der ihre Gültigkeit auf die moderne kapitalistische Welt reduziert. Einerseits führt sie über die bei Weber vorgefundene Ausgangslage hinaus, andererseits aber bleibt er hinter deren Erklärungskraft zurück, weil er nicht deutlich machen kann, wie sich vor dem Eintritt in die Moderne rationales Handeln konstituierte.

Ihrem Selbstverständnis nach will die Ethnomethodologie die gegenüber allen herkömmlichen sozialwissenschaftlichen Richtungen radikalere Soziologie sein. Dezidiert lehnt sie das von Weber und Schütz gemeinsam betriebene Verfahren ab, Alltagshandlungen am Leitfaden der Zweckrationalität zu rekonstruieren. Sie sieht darin nichts weiter als einen "ironischen Vergleich", der zu Lasten des alltäglichen Handelns und seiner Rationalität geht. Methodizität, die den Wissenschaften im klassischen Verständnis zur Unterscheidung gesicherter und objektiver Erkenntnisse von bloßen Vermutungen und Meinungen verhilft, formuliert die Ethnomethodologie in ein Merkmal um, das den Handlungen der Laien- wie Berufssoziologen gleichermaßen zukommt. Mit der Aufweichung von Methodizität als dem Diskriminationskriterium geht zugleich der Monopolanspruch der Wissenschaften auf gesicherte und das heißt vor allem objektive Erkenntnis verloren. Was aber tritt an die Stelle des szientifischen Methodenkanons, was nimmt den Platz der Erkenntniswerkzeuge ein? Auf welche Art und Weise gelangt die Ethnomethodologie zu ihren Einsichten, wie soll das Handeln der Gesellschaftsmitglieder verstanden werden, wenn es an einer Theorie methodisch kontrollierten Fremdverstehens fehlt?

Einige Interpreten vertreten die Ansicht, daß die dokumentarische Methode der Interpretation die Forschungsmethode der Ethnomethodologie ist. Diese Auffassung ist richtig und falsch zugleich. Falsch ist sie deshalb, weil die dokumentarische Methode in erster Linie eine Alltagsmethode ist, die von den Gesellschaftsmitgliedern bei der Abwicklung ihrer alltäglichen Angelegenheiten zur Anwendung gebracht wird. Richtig ist die Auffassung, insofern die Ethnomethodologen im Prinzip über keine anderen als die von ihnen ermittelten Methoden des Alltagsdenkens und -handelns verfügen. Ethnomethodologie, das ist die Anwendung und Erforschung der Ethnomethoden ineins. Nur deshalb kann die dokumentarische Methode als eine Forschungstechnik bezeichnet werden.

Die Ethnomethodologie findet also ihr Methodenrepertoire gewissermaßen in der Art und Weise, wie die Handelnden das tun, was sie tun, vorformuliert und ausgearbeitet vor, so daß sie es nur noch aufzulesen braucht, ohne selbst eine Methodik zu erfinden, die den "Tatsachenblick" schärft und lenkt. Und dennoch: Auch wenn sich die Ethnomethodologie derselben Verfahren und Techniken bedient, deren Erforschung sie betreibt, ermittel sie Einsichten, die den Alltagshandelnden in ihrer natürlichen Einstellung verborgen bleiben. Der "Ethno-methodologe" als Handelnder in der Alltagswelt weiß nicht um seine Kompetenz, er könnte die Verfahren, die er verwendet, nicht benennen. Dazu bedarf es eines Einstellungswechsels, eines Heraustretens aus den praktischen Lebensvollzügen. Die Ethnomethodologie als Forschungsunternehmen bewerkstelligt dies, indem sie eine Reduktion eigener Art vollzieht, die man die ethnomethodologische Einstellung nennen könnte. Sie besteht in einer Art "anthropologischer Verfremdung": "Genau so, wie bei kulturanthropologischer Forschung die von der untersuchten Population unbemerkten Selbstverständlichkeiten dem Forscher deswegen auffallen, weil sie eine Differenz zu den Selbstverständlichkeiten seiner eigenen Kultur aufweisen, ihm fremd sind, von ihm zunächst eben nicht als fragloses *Durchführungsmittel* seiner Interaktion mit den 'Eingeborenen' benutzt werden können, sondern als rätselhafter *Untersuchungsgegenstand* sein Interesse fesseln, hat der Ethnomethodologe auch den Selbstverständlichkeiten seiner eigenen Kultur entgegenzutreten" (Patzelt 1986, S. 167). Mit einem Paradoxon formuliert, versucht die Ethnomethodologie der sozialen Wirklichkeit dadurch näher zu kommen, daß sie sich von ihr entfernt.[145]

Ethnomethodologie, das ist - wie bereits vermerkt - die Untersuchung der Alltagsmethoden; andererseits ist sie die Anwendung dieser Methoden als Forschungsmittel, um zu Erkenntnissen über die soziale Wirklichkeit zu gelangen. Der Anwendung und Erforschung der Alltagsmethoden entspricht die von Patzelt vorgenommene Unterscheidung zwischen einer "allgemeinen Ethnomethodologie" und "speziellen Ethnomethodologien". Der allgemeinen Ethnomethodologie geht es seiner Meinung nach darum, "eine allgemeine Theorie wirklichkeitskonstruktiver Formalpragmatik zu entwickeln und deren Wahrheitsgehalt durch empirische Studien auf *gleichwelchen* Feldern konkreter Wirklichkeitskonstruktion zu überprüfen und zu steigern; den *speziellen Ethnomethodologien* geht es darum, anhand von Aussagen der allgemeinen ethnomethodologischen Theorie auf solchen Gebieten sozialen Handelns, in denen aus praktischen (oder theoretischen) Gründen entsprechender Bedarf besteht, das 'Wie' der zum Forschungsproblem gewordenen wirklichkeitskonstruktiven Alltagspraxis aufzuklären" (1986, S. 164). Diese Aufklärung beschränkt sich in der Regel auf eine Explikation der von den Gesell-

---

[145] Vgl. hierzu auch Pollner (1976, S. 297). Die Koinzidenz des Untersuchungsobjekts mit den Mitteln der Untersuchung mag denn auch ein Grund dafür sein, daß viele Ethnomethodologen ihre Disziplin für unlehrbar halten und statt der Orientierung an theoretischen Lehrstücken den praktischen Vollzug der Ethnomethodologie empfehlen. Neuerdings hat selbst Stephan Wolff, der zuvor als energischer Kritiker der Ethnomethodologie in Erscheinung getreten war, sich dieser Empfehlung angeschlossen. (Vgl. Wolff 1983).

schaftsmitgliedern abgegebenen praktischen Erklärungen, und das auch nur unter dem Gesichtspunkt ihrer Produziertheit. Hinsichtlich des Inhalts der "accounts" enthält sie sich jeder wertenden Stellungnahme.

Im Unterschied zu den herkömmlichen sozialwissenschaftlichen Richtungen verfolgt die Ethnomethodologie nicht das Ziel, zu objektiven Erkenntnissen zu gelangen, die in Konkurrenz zum Alltagsdenken stehen. Vielmehr begreift sie sich selbst als eine Spielart des "mundanen Denkens", die sich von der Sprach- und Lebensform der Alltagshandelnden bestenfalls graduell, nicht aber prinzipiell unterscheidet. Die Ethnomethodologie schraubt in gewisser Weise den Anspruch, den sie mit ihren Erkenntnissen verbindet, auf das Niveau des Alltagsdenkens herunter. Aus methodologischer Sicht betrachtet, unterläuft sie damit das Problem der Adäquanz der alltagsweltlichen und wissenschaftlichen Deutungen, das den Startschuß zur Auseinandersetzung mit der Frage nach der Konstitution rationalen Handelns innerhalb der Alltagswelt gab. Das Unterlaufen des Adäquanzproblems und der gezielte Verzicht auf den szientifischen "Tatsachenblick" werden jedoch durch einen eigentümlichen Relativismus erkauft, der die ethnomethodologischen Einsichten in ein Dämmerlicht rückt, in dem alle Katzen grau sind: "anything goes". Eine Wissenschaft vom sozialen Leben wird sich damit nicht begnügen können. Solange sozialwissenschaftliche Forschung nach rationalen Erkenntnissen strebt, ist für sie die Frage nach der Adäquanz ihrer Deutungen ein stets virulentes Problem, an dessen Lösung sich die Relevanz des Erkannten bemißt.

6.0 English Summary

Hermeneutical sociology has been able to assert itself successfully over the years despite its numerous opponents. The debate about understanding and explaining, the occaisional reprise of which seems little more than a futile rearguard action, was never able to put in fundamentally in doubt. Quite the opposite is true: even the proponents of so-called tough methods have to accept this interpretation as an integral part of data collection. New interpretive approaches have without a doubt contributed to this development. They do not merely insist on a strict interpretation of the meaning of behaviour in contrast to the older form of hermeneutical sociology. Over and above this they would like to see feedback between sociological knowledge and everyday knowledge, as well as a reduction in the difference between science's claim to rationality and the structure of meaning of social behaviour in everyday life.

These demands that twin up in the discussion of the everyday world and science are directly related to the relationship between hermeneutical sociology and its topic: social behaviour as the object of research. The question of rationality in everyday life is aimed precisely at this. Sociologists want to discover which object-theoretical assumptions and implications are the basis for the hermeneutical approaches to sociology. Max Weber's fundamental approach to hermeneutical sociology, the phenomenological social theory of Alfred Schütz, a student of Husserl, as well as the ethnomethodology founded by Garfinkel have been chosen as the foundation of the branch of theory of the interpretative paradigm. The view that they have developed of the thing itself, i.e. of everyday behaviour and its innate meaning, is being investigated to see whether a concept of a "concretly apriori" rationality can be developed, which would be a basis for and an integral part of every claim to scientific rationality.

7.0 Literaturverzeichnis

ABERCOMBIE, N., 1974: Sociological indexicality. Journal for the Theory of Social Behaviour, Jg. 4, S. 89-95.

ABRAMOWSKI, G., 1966: Das Geschichtsbild Max Webers. Universalgeschichte am Leitfaden des okzidentalen Rationalismus. Stuttgart.

ADORNO, Th.W., 1973: Nachtrag zu einer Kontroverse (1963): Analytische Wissenschaftstheorie und Dialektik. In: Habermas 1973.

ANGEHRN, E., 1983: Handlungserklärung und Rationalität. Zur Methodologie Max Webers. Zeitschrift für Philosophische Forschung, Jg. 37, S. 341-362.

APEL, K. O., 1955: Das Verstehen. Archiv für Begriffsgeschichte, Jg. 1, S. 142-199

ARBEITSGRUPPE BIELEFELDER SOZIOLOGEN (Hg.) 1973: Alltagswissen, Interaktion und gesellschaftliche Wirklichkeit. 2 Bde. Reinbek.

ATTEWELL, P., 1974: Ethnomethodology since Garfinkel. Theory and Society, Jg. 1, S. 179-210.

AUWÄRTER, M. et al. (Hg.), 1976: Seminar: Kommunikation, Interaktion, Identität. Frankfurt.

BAIER, H., 1969: Von der Erkenntnistheorie zur Wirklichkeitswissenschaft. Unveröffentlichtes Manuskript. Münster.

BAR-HILLEL, J., 1954: Indexical Expressions. Mind, Jg. 63, S. 359-379. (dt. in: Schmidt 1974)

BENDIX, R., 1964: Max Weber. Das Werk. München.

BERGMANN, J., 1974: Der Beitrag Harold Garfinkels zur Begründung des ethnomethodologischen Forschungsansatzes. Diplomarbeit Universität München.

BERGMANN, J., 1980: Interaktion und Exploration. Diss. Konstanz.

BLANKENBURG, W., 1979: Phänomenologische Epoché und Psychopathologie. In: Sprondel/Grathoff (Hg.) 1979.

BLANKENBURG, W., 1983: Phänomenologie der Lebenswelt. Bezogenheit des Menschen und Psychopathologie. In: Grathoff/Waldenfels (Hg.) 1983.

BÖHLER, D., 1985: Rekonstruktive Pragmatik. Frankfurt

BOEHM, R., 1979: Husserls drei Thesen über die Lebenswelt. In. Ströker (Hg.) 1979.

BUBA, H.P., 1980: Situation. Berlin.

BUBNER, R., 1976: Handlung, Sprache und Vernunft. Frankfurt.

BÜHL, W.L. (Hg.), 1972: Verstehnde Soziologie. München

CICOUREL, A., 1973: Basisregeln und normative Regeln im Prozess des Aushandelns von Status und Rolle. In: Arbeitsgruppe Bielefelder Soziologen 1973.

CICOUREL, A., 1974: Methode und Messung in der Soziologie. Frankfurt.

CICOUREL, A., 1975: Sprache in der sozialen Interaktion. München.

CUFF, E.C. / PAYNE, G.F. (Hg.), 1981: Perspectives in Sociology. London.

DIECKMANN, J., 1961: Max Webers Begriff des "modernen okzidentalen Rationalismus". Diss. Köln.

DOUGLAS, J.D. (Hg.), 1970: Unterstanding Everyday Life. Chicago.

DUX, G., 1974: Gegenstand und Methode. Am Beispiel der Wissenschaftslehre Max Webers. In: Dux/Luckmann (Hg.) 1974.

DUX, G. / LUCKMANN, Th. (Hg.), 1974: Sachlichkeit. Festschrift zum achtzigsten Geburtstag von Helmuth Plessner. Opladen.

EBERLE, T.S., 1984: Sinnkonstitution in Alltag und Wissenschaft. Diss. Bern.

EICKELPASCH, R., 1983: Das ethnomethodologische Programm einer radikalen Soziologie. In: Eickelpasch/Lehmann 1983.

EICKELPASCH, R., / LEHMANN, B., 1983: Soziologie ohne Gesellschaft. München.

EISEN, A., 1978: The meanings and confusions of Weberian "rationality". British Journal of Sociology, Jg. 29, S. 57-69.

EISENSTADT, S.N. 1968: Max Weber on charisma and institution building. Chicago/London.

EVANS-PRITCHARD, E.E., 1978: Hexerei, Orakel und Magie bei den Zande. Frankfurt.

FELLMANN, F., 1983: Gelebte Philosophie in Deutschland. München.

FESTINGER, L., 1956: When Prophecy Fails. Minneapolis.

FEYERABEND, P., 1976: Wider den Methodenzwang. Frankfurt.

FOLTER, R.J. de, 1983: Reziprozität der Perspektiven und Normalität bei Husserl und Schütz. In: Grathoff/Waldenfels (Hg.) 1983.

GADAMER, H.-G., 1960: Wahrheit und Methode. Tübingen.

GARFINKEL, H., 1963: A Conception of and Experiments with "Trust" as a Condition of Concerted Stable Actions. In: Harvey, o.J. (Hg.) 1963.

GARFINKEL, H., 1967: Studies in Ethnomethodology. Englewood Cliffs.

GARFINKEL, H. / SACKS, H., 1970: On Formal Structures of Practical Actions. In: McKinney/Tiryakian 1970. dt.: Über formale Strukturen praktischer Handlungen. In: Weingarten et al. 1976.

GARFINKEL, H., 1972: Remarks an Ethnomethodology. In: Gumperz/Hymes (Hg.) 1972.

GARFINKEL, H., 1973: Alltagswissen über soziale und innerhalb sozialer Strukturen. In: Arbeitsgruppe Bielefelder Soziologen (Hg.) 1973, Bd. 1.

GIRNDT, H., 1967: Das soziale Handeln als Grundkategorie erfahrungswissenschaftlicher Soziologie. Tübingen.

GIVANT, M. / BENSMANN, J., 1975: Charisma and Modernity: The Use and Abuse of a Concept. Social Research, Jg. 42, S. 570-614.

GOETHE, J.W., 1980: Die Wahlverwandtschaften. Frankfurt.

GRATHOFF, R. / SPRONDEL, W., 1976: Maurice Merlau-Ponty und das Problem der Struktur in den Sozialwissenschaften. Stuttgart.

GRATHOFF, R., 1978: Alfred Schütz. In: Käsler (Hg.) 1978.

GRATHOFF, R., 1983: Das Problem der Intersubjektivität bei Husserl und Schütz. In: Grathoff, R./Waldenfels, B. (Hg.) 1983.

GRATHOFF, R. / WALDENFELS, B. (Hg.) 1983: Sozialität und Intersubjektivität. München.

GROETHUYSEN, B., 1978: Die Entstehung der bürgerlichen Welt- und Lebensanschauung in Frankreich. 2 Bde. Frankfurt.

GUMPERZ, J.J. / HYMES, D. (Hg.), 1972: Directions in Sociolinguistics. New York.

GURWITSCH, A., 1971: Einführung. In: Schütz 1971a

HABERMAS, J., 1973: Zur Logik der Sozialwissenschaften. Frankfurt.

HABERMAS, J., 1975: Erkenntnis und Interesse. Frankfurt.

HABERMAS, J., 1981: Theorie des kommunikativen Handelns. 2 Bde., Frankfurt.

HABERMAS, J., 1983: Moralbewußtsein und kommunikatives Handeln. Frankfurt.

HABERMAS, J. / LUHMANN, N., 1971: Theorie der Gesellschaft oder Sozialtechnologie. Frankfurt.

HAMMERICH, K. / KLEIN, M., 1978: Alltag und Soziologie - Zur Einführung. In: Materialien zur Soziologie des Alltags. 1978.

HARTFIEL, G., 1968: Wirtschaftliche und soziale Rationalität. Stuttgart.

HARVEY, O.J. (Hg.), 1963: Motivation and Social Interaction. New York.

HEAP, J. / ROTH, P.A., 1973: On Phenomenological Sociology. American Sociological Review, Jg. 38, S. 354-367.

HEGEL, G.W.F., 1980: Geschichte der Philosophie. Bd. 3, Frankfurt.

HEIL, P., 1980: Sozialwissenschaft als Theorie selbstreferentieller Systeme. Diss. Bielefeld.

HELLING, J., 1979: Zur Theorie der Konstrukte erster und zweiter Ordnung bei Alfred Schütz. Diss. Konstanz.

HENNEN, M., 1976: Krise der Rationalität - Dilemma der Soziologie. Stuttgart.

HESSE, M., 1972: In Defence of Objectivity. Proceeding of the Aristotelian Society, Jg. 10, S. 4ff.

HOFSTADTER, D.R., 1985: Gödel, Escher, Bach. Stuttgart.

HUSSERL, E., 1976: Die Krisis der europäischen Wissenschaften und die transzendentale Phänomenologie. Den Haag.

JANSSEN, P., 1976: Edmund Husserl. Freiburg/München.

JASPERS, K., 1953: Allgemeine Psychopathologie. Berlin.

KÄSLER, D., 1977: Revolution und Veralltäglichung. Eine Theorie postrevolutionärer Prozesse. München.

KÄSLER, D. (Hg.), 1978: Klassiker des soziologischen Denkens. 2 Bde., München.

KAHLBERG, S., 1981: Max Webers Typen der Rationalität. Grundsteine für die Analyse von Rationalisierungs-Prozessen in der Geschichte. In: Sprondel/Seyfarth (Hg.) 1981.

KANT, I., 1977: Kritik der reinen Vernunft, Bd. 1. Frankfurt.

KNORR-CETINA, K., 1984: Die Fabrikation von Erkenntnis. Frankfurt.

KÖNIG, R. / WINCKELMANN, J. (Hg.), 1963: Max Weber zum Gedächtnis. Kölner Zeitschrift für Soziologie und Sozialpsychologie, Sonderheft 9, Opladen.

KUHN, T.S., 1971: Die Struktur wissenschaftlicher Revolution. Frankfurt.

LAKATOS, I. / MUSGRAVE, A. (Eds.), 1970: Criticism and the Growth of Knowledge. Cambridge.

LEITER, K., 1980: A Primer on Ethnomethodology. Oxford.

LENZEN, D. (Hg.), 1980: Pädagogik und Alltag. Stuttgart.

LEVINE, D.N., 1981: Rationality and Freedom: Weber and Beyond. Social Inquiry, Jg. 51, S. 5-25.

LIST, E., 1983: Alltagsrationalität und soziologischer Diskurs. Frankfurt.

LÖWITH, K., 1973: Max Weber und Karl Marx. In: Seyfarth/Sprondel (Hg.) 1973.

LUCKMANN, TH., 1979: Phänomenologie und Soziologie. In: Sprondel, W.M./Grathoff, R. (Hg.) 1979.

LUHMANN, N., 1974: Selbststeuerung der Wissenschaft. In: Luhmann 1974.

LUHMANN, N., 1974: Soziologische Aufklärung, Bd. 1. Opladen.

LUHMANN, N., 1982: Autopoiesis, Handlung und kommunikative Verständigung. Zeitschrift für Soziologie, Jg. 11, S. 366-379.

LUHMANN, N., 1984: Soziale Systeme. Frankfurt.

MANIS, I.G. / MELTZER, B.N. (Hg.), 1972: Symbolic Interaction. Boston.

MATERIALIEN ZUR SOZIOLOGIE DES ALLTAGS, 1978. Kölner Zeitschrift für Soziologie und Sozialpsychologie, Sonderheft, Jg. 20.

MATTHES, J. / SCHÜTZE, F., 1973: Alltagswissen, Interaktion und gesellschaftliche Wirklichkeit. In: Arbeitsgruppe Bielefelder Soziologen (Hg.) 1973, Bd. 1

MATTHIESEN, U., 1983: Das Dickicht der Lebenswelt und die Theorie des kommunikativen Handelns. München.

MATURANA, H.R., 1982: Erkennen: Die Organisation und Verkörperung von Wirklichkeit. Braunschweig/Wiesbaden.

McKINNEY, J.C. / TIRYAKIAN, E.A. (Hg.), 1970: Theoretical Sociology. New York.

MEHAN, H. / WOOD, H., 1976: Fünf Merkmale der Realität. In: Weingarten et al. (Hg.) 1976.

MÜHLMANN, W.E., 1966: Max Weber und die rationale Soziologie. Tübingen.

MÜHLMANN, W.E., 1964: Chiliasmus und Nativismus. Berlin.

MOMMSEN, W., 1974: Max Weber. Gesellschaft, Politik und Geschichte. Frankfurt.

MÜNCH, R., 1982: Theorie des Handelns. Frankfurt.

MULLINS, N., 1973: The Development of Specialities in Social Science. The Case of Ethnomethodology. Science Studies, Jg. 3, S. 245-273.

MULLINS, N., 1973: Theories and Theory Groups in Contemporary Sociology. New York.

NATANSON, M. 1979: Das Problem der Anonymität im Denken von A. Schütz. In: Sprondel/Grathoff (Hg.) 1979.

O'NEILL, J., 1978: Vom Wechselbezug zwischen alltäglicher und wissenschaftlicher Erklärung. In: Waldenfels et al. (Hg.) 1978.

NISBET, R.A., 1966: The Sociological Tradition. New York.

PARSONS, T., 1961: The Structure of Social Action, 2 Bde. London.

PATZELT, W.J., 1984: Ein alltagsanalytisches Paradigma? Neue Politische Literatur, Jg. XXIX, S. 3-49.

PATZELT, W.J., 1986: Grundriß einer allgemeinen ethnomethodologischen Theorie. Archive europeen sociology, Jg. XXVII, S. 161-194.

PLESSNER, H., 1963: Erinnerungen an Max Weber. In: König/Winckelmann (Hg.) 1963.

POLANYI, M., 1985: Implizites Wissen. Frankfurt.

POLLNER, M., 1974: Sociological and Common-sense Models of the Labeling Process. In: Turner (Hg.) 1974.

PREWO, R., 1979: Max Webers Wissenschaftsprogramm. Frankfurt.

PSATHAS, G., 1979: Die Analyse von Alltagsstrukturen und das ethnomethodologische Paradigma. In: Sprondel/Grathoff (Hg.) 1979.

RABINOW, P. / SULLIVAN, W.M. (Eds.), 1979: Interpretative Social Science. Berkeley.

RIESEBRODT, M., 1980: Ideen, Interessen, Rationalisierung: Kritische Anmerkungen zu F.H. Tenbrucks Interpretation des Werkes Max Webers. Kölner Zeitschrift für Soziologie und Sozialpsychologie, Jg. 32, S. 93-110.

RITTER, J. (Hg.), 1971: Historisches Wörterbuch der Philosophie, Bd. 1. Basel.

ROTH, G., 1979: Charisma and the Counter-culture. In: Roth/Schluchter 1979.

ROTH, G. / SCHLUCHTER, W., 1979: Max Weber's Vision of History. London.

RYLE, G., 1969: Der Begriff des Geistes. Stuttgart.

SCHELER, M., 1960: Die Wissensformen und die Gesellschaft. München.

SCHELTING, A. von, 1934: Max Webers Wissenschaftslehre. Tübingen.

SCHLUCHTER, W., 1976: Die Paradoxie der Rationalisierung. Zeitschrift für Soziologie, Jg. 5, S. 256-284

SCHLUCHTER, W., 1979: Die Entwicklung des okzidentalen Rationalismus. Tübingen.

SCHMIDT, S. (Hg.), 1974: Pragmatik I. München.

SCHÜTZ, A., 1971a: Gesammelte Aufsätze, Bd. 1: Das Problem der sozialen Wirklichkeit. Den Haag.

SCHÜTZ, A., 1971b: Gesammelte Aufsätze, Bd. 3: Studien zur phänomenologischen Philosophie. Den Haag.

SCHÜTZ, A., 1971c: Das Problem der Relevanz. Frankfurt.

SCHÜTZ, A., 1972: Gesammelte Aufsätze, Bd. 2: Studien zur soziologischen Theorie. Den Haag.

SCHÜTZ, A., 1974: Der sinnhafte Aufbau der sozialen Welt. Frankfurt.

SCHÜTZ, A. / LUCKMANN, TH., 1979: Strukturen der Lebenswelt, Bd. 1. Frankfurt.

SCHÜTZ, A., 1981: Theorie der Lebensformen. Frankfurt.

SCHÜTZ, A. / LUCKMANN, TH., 1984: Strukturen der Lebenswelt, Bd. 2. Frankfurt.

SCOTT, M.B. / LYMAN, S.M., 1976: Praktische Erklärungen. In: Auwärter et al. 1976.

SEYFARTH, C., 1976: Struktur und Reichweite "handlungstheoretischer" Ansätze: Das Beispiel Max Webers. Verhandlungen des Deutschen Soziologentages, 18.2., S. 1100-1127.

SEYFAHRT, C. / SPRONDEL, M. (Hg.), 1973: Seminar: Religion und gesellschaftliche Entwicklung. Frankfurt.

SEYFAHRT, C., 1979: Alltag und Charisma bei Max Weber. Eine Studie zur Grundlegung der 'Verstehenden Soziologie'. In: Sprondel/Grathoff (Hg.) 1979.

SHILS, E., 1965: Charisma, Order and Status. American Sociological Review, Jg. 30, S. 199-212.

SOMMER, M., 1980: Der Alltagsbegriff in der Phänomenologie und seine gegenwärtige Rezeption in den Sozialwissenschaften. In: Lenzen, D. (Hg.) 1980.

SPRONDEL, W.M., 1973: Sozialer Wandel, Ideen und Interessen: Systematisierungen zu Max Webers Protestantischer Ethik. In: Seyfarth/Sprondel 1973.

SPRONDEL, W.M., 1976: Die Kategorie der Sozialstruktur und das Problem des sozialen Wandels. In: Grathoff/Sprondel 1976.

SPRONDEL, W.M. / GRATHOFF, R. (Hg.), 1979: Alfred Schütz und die Idee des Alltags in den Sozialwissenschaften. Stuttgart.

SPRONDEL, W.M. / SEYFARTH, C. (Hg.), 1981: Max Weber und die Rationalisierung sozialen Handelns. Stuttgart.

SRUBAR, I., 1981: Die Konstitution von Bedeutsamkeit im Alltagshandeln. Zur Schützschen Lösung eines Weberschen Problems. In: Sprondel/Seyfarth (Hg.) 1981.

SRUBAR, I., 1981: Schütz' Bergson-Rezeption. In: Schütz 1981.

SRUBAR, I., 1983: Abkehr von der transzendentalen Phänomenologie. Zur philosophischen Position des späten Schütz. In: Grathoff/Waldenfels (Hg.) 1983.

STALLBERG, F.W., 1975: Herrschaft und Legitimität. Untersuchungen zur Anwendung und Anwendbarkeit zentraler Kategorien Max Webers. Meisenheim.

STRÖKER, E. (Hg.), 1979: Lebenswelt und Wissenschaft in der Philosophie Edmund Husserls. Frankfurt.

SWIDLER, A., 1973: The Concept of Rationality in the Work of Max Weber. Sociological Inquiry, Jg. 43, S. 35-42.

TENBRUCK, F., 1959: Die Genesis der Methodologie Max Webers. Kölner Zeitschrift für Soziologie und Sozialpsychologie, Jg. 11, S. 596ff.

TENBRUCK, F., 1975: Das Werk Max Webers. Kölner Zeitschrift für Soziologie und Sozialpsychologie, Jg. 27, S. 661-702.

THOMAS, W.I., 1972: "The Definition of the Situation". In: Manis/Meltzer (Hg.) 1972.

THOMASON, B.G., 1982: Making sense of reification: Alfred Schutz and constructionist theory. Atlantic Highlands.

TOTH, M.A., 1972: Toward a Theory of the Routinization of Charisma. Rocky Mountains Social Science Journal, Jg. 9, S. 93-98.

TUGENDHAT, E., 1976: Vorlesungen zur Einführung in die sprachanalytische Philosophie. Frankfurt.

TURNER, R. (Hg.), 1974: Ethnomethodology. Harmondsworth.

VARELA, F., 1985: Der kreative Zirkel. In: Watzlawick 1985.

VOGEL, U., 1973: Einige Überlegungen zum Begriff der Rationalität bei Max Weber. Kölner Zeitschrift für Soziologie und Sozialpsychologie, Jg. 25, S. 532-550.

WALDENFELS, B. et al. (Hg.), 1978: Phänomenologie und Marxismus, Bd. 3. Frankfurt.

WATZLAWICK, P. (Hg.), 1985: Die erfundene Wirklichkeit. München.

WEBER, M., 1972: Wirtschaft und Gesellschaft. (Studienausgabe). Tübingen.

WEBER, M., 1976: Gesammelte Aufsätze zur Religionssoziologie, Bd. 3. Tübingen.

WEBER, M., 1978: Gesammelte Aufsätze zur Religionssoziologie, Bd. 1. Tübingen.

WEBER, M., 1982: Gesammelte Aufsätze zur Wissenschaftslehre. Tübingen.

WEINGARTEN, E. / SACK, F., 1976: Ethnomethodologie. Die methodische Konstruktion der Realität. In: Weingarten et al. (Hg.) 1976.

WEINGARTEN, E. / SACK, F. / SCHENKEIN, J. (Hg.), 1976: Ethnomethodologie. Beiträge zu einer Soziologie des Alltagshandelns. Frankfurt.

WEISS, J., 1975: Max Webers Grundlegung der Soziologie. München.

WEISS, J., 1981: Rationalität als Kommunikabilität. Überlegungen zur Rolle von Rationalitätsunterstellungen in der Soziologie. In: Sprondel/Seyfarth (Hg.) 1981.

WHORF, B.L., 1963: Sprache, Denken, Wirklichkeit. Beiträge zur Metalinguistik und Sprachphilosophie. Reinbek.

WIEDER, L.D., 1974a: Language and Social Reality. Hague.

WIEDER, L.D., 1974b: Telling the Code. In: Turner 1974.

WIEDER, L.D. / ZIMMERMAN, D.H., 1976: Regeln im Erklärungsprozeß. Wissenschaftliche und ethnowissenschaftliche Soziologie. In: Weingarten et al. 1976.

WILSON, T.P. / ZIMMERMAN, D.H., 1979/80: Ethnomethodology, Sociology and Theory. Humboldt Journal of Social Relations. Jg. 7, S. 52-88

WINCKELMANN, J., 1952: Legitimität und Legalität in Max Webers Herrschaftssoziologie. Tübingen.

WINCKELMANN, J., 1980: Die Herkunft von Max Webers 'Entzauberungs'-Konzeption. Kölner Zeitschrift für Soziologie und Sozialpsychologie, Jg. 32, S. 12-51.

WITTGENSTEIN, L., 1977: Philosophische Untersuchungen. Frankfurt.

WITTGENSTEIN, L., 1977: Tractatus logico-philosophicus. Frankfurt.

WOLFF, S., 1976: Der rhetorische Charakter sozialer Ordnung. Selbstverständlichkeit als soziales Problem. Berlin.

WOLFF, S., 1983: Die Produktion von Fürsorglichkeit. Bielefeld.

ZIJDERVELD, A.C., 1972: The Problem of Adequancy Reflections on Alfred Schutz's contribution to the Methodology of the Social Sciences. Archiv Europeen Sociology, Jg. XIII, S. 176-198.

ZIMMERMAN, D.H. / WIEDER, D.L., 1970: Ethnomethodology and the Problem of Order: Comment on Denzin. In: Douglas (Hg.) 1970.

ZIMMERMAN, D.H. / POLLNER, M., 1970: The Everyday World as a Phenomenon. In: Douglas (Hg.) 1970.